新时期体育产业创新与运营管理研究

郑　春　著

西北工业大学出版社
西　安

图书在版编目（CIP）数据

新时期体育产业创新与运营管理研究/郑春著. —西安：西北工业大学出版社，2022.8
ISBN 978-7-5612-8339-4

Ⅰ. ①新… Ⅱ. ①郑… Ⅲ. ①体育产业-产业发展-研究-中国②体育产业-经营管理-研究-中国 Ⅳ. ①G812

中国版本图书馆 CIP 数据核字（2022）第 149856 号

XINSHIQI TIYU CHANYE CHUANGXIN YU YUNYING GUANGLI YANJIU

新时期体育产业创新与运营管理研究

郑春　著

责任编辑：万灵芝　隋绍兰　　**策划编辑：**张　晖
责任校对：曹江　　**装帧设计：**董晓伟
出版发行：西北工业大学出版社
通信地址：西安市友谊西路 127 号　　**邮编：**710072
电　　话：(029) 88491757，88493844
网　　址：www. nwpup. com
印 刷 者：西安真色彩设计印务有限公司
开　　本：787 mm×1 092 mm　　1/16
印　　张：13
字　　数：313 千字
版　　次：2024 年 1 月第 1 版　　2024 年 1 月第 1 次印刷
书　　号：ISBN 978-7-5612-8339-4
定　　价：68.00 元

前言

体育产业在国民经济中的地位越来越高，扮演着越来越重要的角色。在社会主义市场经济条件下，体育产业市场发展的动力十足，已初步形成一个相对健全的体育产业体系，为我国国民经济的发展作出了突出贡献。

体育产业作为社会产业结构中的重要内容，既具有社会效益，又有经济效益，在整个社会产业中占据着重要的地位，对周边产业的发展产生了重要的影响，因此，体育产业受到各个国家或地区相关部门的高度重视。当前，我国的城镇化水平不断提升，居民的消费水平也得到了较大的改善和提高，这样的背景对社会产业结构的调整与优化提出了较高的要求，各项产业必须赶上时代发展的潮流，加大创新力度，获得快速发展，体育产业也是如此。在当今社会快速发展的背景下，体育产业的创新与发展面临着机遇和挑战。当前，我国已成为一个体育大国，正处于由体育大国向体育强国迈进的战略时期，必须进一步深化体育产业改革，推动体育产业结构升级，加快体育经济快速转型，构建体育产业生态体系，推动我国体育产业可持续发展。

本书以新时期体育产业创新与运营管理为研究主题，介绍了体育产业基础知识与基本理论，分析了与体育产业发展相关的受众心理、营销心理以及消费心理，探讨了体育产业的创新与发展，阐述了体育产业运营管理的原理与策略，以及不同类型体育产业的运营管理。

在编写本书的过程中，笔者参阅了相关文献，在此谨向其作者深表谢意。

由于水平有限，书中不足之处在所难免敬请广大读者批评指正。

著　者

2022 年 3 月

目录

第一章　体育产业概论

当前体育产业的发展是一个体育运动逐渐走向商业化、职业化并与其他行业不断融合的过程。就目前而言，中国体育产业蓬勃发展，已经成为国民经济中一个新的经济增长点。要推进体育强国建设，必须增强体育产业的实力，在整体上推动体育工作各项内容的协调与完善。

第一节　体育产业的相关概念

从世界范围来看，体育产业正处于蓬勃发展之中，一些发达国家的体育产业已经形成较为完善和健全的发展体系，体育产业的发展不仅对竞技体育、群众体育、体育文化有推动作用，而且对推进体育强国建设也具有十分紧迫的现实意义。

一、体育产业的概念

尽管体育产业得到了很大程度的发展，但是关于体育产业的概念，目前还没有统一的说法，国内外不同专家学者所持有的观点也存在着一定的差异性。下面就对体育产业的概念进行深入全面的分析和阐述。

（一）体育产业概念的界说

1. 体育产业外延的广义说

“体育产业外延的广义说”，主要是指国内外学者在产业外延广义化的共同点。关于“体育产业外延的广义说”的表述中，较为典型的为：与体育有关的一切生产、经营活动部门的总和。其产品包括体育物质产品、体育服务和劳务产品；健身娱乐、竞技观赏业、体育传媒业、体育用品业、体育广告业、体育博彩业、体育饮品业等都属于其内容的范畴。

通过上述对“体育产业外延的广义说”的了解，可以看出，其将生产物质产品的企业纳入体育产业的范畴，外延泛化的问题是较为显著的，具体来说，主要体现在以下几个方面：首先，物质产品与服务或劳务的产品属性是完全不同的，彼此间没有替代的可能，故两类产品不符合同一商品市场的产业划分标准；其次，物质产品与服务或劳务产品在生产技术和工艺上的差异性也是较为显著的；最后，生产物质产品的部门与提供服务或劳务产品的部门与产业分类法的要求也不相符。由此可以得知，“体育产业外延的广义说”不仅与经济学原理不相同，同时也与逻辑学规则相悖。

2. 体育产业的体育事业说

所谓的“体育产业的体育事业说”，就是指体育事业包含了体育产业，或称体育产业是社会主义市场经济运行体制下的体育事业，它是体育事业由传统的计划经济转到社会主义市场经济体制下的称谓。

“体育产业的体育事业说”所存在的问题主要表现为：概念关系不明，并且不符合现行实际改革。一般来说，任何学科的研究概念均有其特定指涉的本质内涵和相对明晰的外延结构，换句话说，就是研究概念都是以特定的有形现象或抽象内容为基础而产生的，以高度提炼的方式予以实现的一种概括。如果将体育产业与体育事业放在同一层次上来进行考察，就可以发现，这两者之间的内涵与外延的差异性是较为显著的，属全异关系的概念，换句话说，就是产业是同类经济活动的总和，而事业是创造公益性、福利性公共产品的组织单位的集合。

3. 体育产业的体育事业可营利部分说

所谓的“体育产业的体育事业可营利部分说”就是指从实用性的角度提出了体育产业就是体育事业中可进入市场并可获得经济利益的那部分经济活动的总和。

“体育产业的体育事业可营利部分说”存在的问题较多，其中，较为显著的有以下三个方面。

第一，概念的定义具有不完全性的缺陷，具体来说，就是事物性态的过程描述，并非就是事物的本质属性。

第二，这种界说对原来体育事业中就没有的但现确已成为体育产业构成部分的产业部门进行了排斥，换句话说，就是将现代保龄球服务部门、高尔夫球服务部门等在社会发展中为适应需求结构变动所产生的新兴的具有体育原生属性的产业部门排斥掉了。

第三，产业划分类型和层次存在着边界不清的问题。“体育产业的体育事业可营利说”在判定体育产业的外延结构时，没有对第二次产业和第三次产业的划分规则引起重视，而是将获取经济利益作为唯一标准，以此为思维逻辑来认识体育产业，回到“体育产业外延的广义说”的路径上就成为一种必然。

4. 体育产业外延的狭义说

所谓的“体育产业外延的狭义说”，就是指体育产业是生产和提供体育、运动服务或劳务产品的企业集合，或称以活动、劳动形式向全社会提供各类体育服务的行业总和。对产品的非实物性较为重视，以劳务或服务的“活动”形式存在，并提供满足人的身心等方面需求的使用价值，生产过程是消费者直接参与并享受的过程，这些都是这一界说的主要特点所在。

“体育产业外延的狭义说”与产业经济学理论和逻辑学的规划是较为相符的，具体来说，主要体现在以下三个方面。

第一，将生产和提供体育、运动服务或劳务产品的企业作为指涉对象，对体育产业的产品属性的同质性进行了明确的规定，与“具有某种同一属性经济活动”的产业定义和以相同商品市场为单位的产业划分规则是相符的。

第二，体育、运动服务或劳务产品的生产过程和技术工艺存在着一定的相似性，具体来说，两者的基本要素都是人体运动，运动设施、设备等，生产所需的投入品也是较为相似的，都需按解剖、生理、力学等原理和规则生产体育产品等。

第三，以活动劳动的形式生产或提供体育、运动服务或劳务产品的产业是与A. Fisher、C. Clark、S. Kaznets等人创立并发展的二次产业分类的标准相符的，换句话说，就是体育产业属于第三次产业的范畴。

（二）国外体育专家对体育产业概念的理解

从当前的形势看，国外大部分体育专家及学者对体育产业概念的界定都有自己独特的见解，某些地方甚至存在着一定的分歧。但是，从总体上来说，国外众多的专家及学者对体育产业概念的界定都基于操作性层面，具体来说，就是对体育产业研究的可行性较为偏重，但不仅仅局限于体育产业的理论方面。比如，有的学者将体育产业的概念界定为向购买者提供体育、健身、娱乐和休闲产品的市场；有的学者把体育产业界定为生产体育活动的企业或组织；有的学者将体育产业分为主体产业和相关产业等。

另外，国外的体育专家及学者在对体育产业进行研究和探索时，往往都会把体育产业看作是体育物质产品与服务产品生产企业或组织的集合。他们对体育产业内涵与外延的理解的差异性也是存在的，因此，关于国外专家对体育产业概念的界定也没有一个统一的定论。尽管如此，但有一点是可以确定的，那就是绝大部分专家及学者都将体育健身娱乐业、体育竞赛表演业、体育用品制造业与销售业、体育场馆服务业归纳到体育产业当中，认为这些类型的体育产业形成了整个体育产业的主干产业。

（三）国内专家学者对体育产业的认识

我国在体育产业的研究方面，也存在着一定的差异性。这在一些文件中就有所体现。比如，我国的《体育产业发展纲要》将体育产业分为三大类：第一类为体育主体产业，如体育竞赛表演、训练、健身、娱乐等的经营；第二类指为体育活动提供服务的体育相关产业类，如体育用品、器械的生产经营等；第三类是体育部门开展的旨在补助体育事业发展的其他各类产业活动。而《国民经济行业分类》则将体育产业从卫生、体育和社会福利中调整出来，与文化、娱乐共同构成文化、体育娱乐业，只对体育产业的类别归属进行了划分，并未对体育产业的概念做出界定。

另外，我国体育方面的专家学者，在经过长期的探索后，也纷纷发表了对体育产业的认识和观点，具体来说，具有代表性的观点有以下几个方面。

第一，体育产业是指进入市场实行商业化经营的体育活动范畴。其包括的内容主要有运动训练与竞赛、体育健身娱乐、体育辅导与培训等几个方面。

第二，体育产业为第三产业中的一个部门，即体育产业或体育业，它是国民经济的重要组成部分。

第三，体育产业是同类体育劳务企业的总和，但不包括体育相关产品企业。

第四，体育产业主要包括体育活动自身的经营，与体育紧密相关的产业，体育系统组织的各种商业经营活动三大类。

第五，体育产业主要分为核心产业、中介产业和外围产业三个板块。核心产业主要包括体育健身娱乐、竞赛表演等市场；中介产业主要包括体育经纪市场和体育媒体市场等；外围产业主要包括体育用品市场、体育旅游市场和保险市场等。

第六，广义的体育产业是指包括以盈利为目的的体育企业和各种公益性、事业性体育机构；狭义的体育产业则指体育企业的集合。

第七，体育产业是指与体育运动相关联的一切生产经营活动。通常情况下，体育产业不仅仅局限于直接的服务和劳动。第二产业中的体育服装等产品以及第三产业中体育旅游、体育媒体、体育彩票等也都属于体育产业的范畴。

从上述几个观点中可以看出，我国大部分体育专家及学者对体育产业的概念都有自己独特的见解，由于研究的着眼点不同，因此对体育产业的理解也存在着一定的差异性，对此我们要综合以上专家及学者的观点，从整体上来把握体育产业的概念。

二、体育产品

（一）体育产品的概念

在体育产业中，由体育生产活动产生的，并且可以满足人们某种体育需求的劳务产品，就是所谓的体育产品。体育产品主要有以下几个方面的性质。

1．“体育性”

体育产品是由体育活动产生的，而非其他活动。

2．“生产性”

体育产品是在体育生产活动中产生的，它属于生产性的劳务活动，是一种产出品而非投入品。

3．“劳务性”

体育产品是以服务的形式向消费者提供的劳务产品，这种服务形式属于第三产业的内容。

4．“满足体育需求性”

体育产品是为了满足人们的某种体育需求而产生的，这种需求与体育运动的发展水平及体育产业的发展状况有着密切的关系。

（二）体育产品的分类

通常情况下，可以将体育产品大致分为三种类型，即体育健身休闲产品、体育竞赛表演产品以及体育技术培训产品，具体如下。

1．体育健身休闲产品

满足人们健身和休闲娱乐需要的各类体育产品的集合，就是所谓的体育健身休闲产品。体育健身休闲产品的范畴较为广泛，健身指导、锻炼咨询、体育医疗咨询以及各种休闲体育服务等都属于这一范畴。

作为体育产品的重要组成部分，体育健身休闲产品对消费者有着一定的要求，主要表现为直接参与各种体育消费活动。随着现代社会的不断发展，现代文明病成为人类发展的隐患，在这样的形势下，人们对健康和生活质量的要求越来越高，因此体育健身休闲产品就受到人们的高度重视。人们都希望通过参加各种各样的休闲健身活动来增强自己的体质，以抵抗现代文明病的侵袭。

2. 体育竞赛表演产品

一定的体育组织为满足人们娱乐和审美的心理需求而组织和策划的一系列体育比赛或者竞技表演，就是所谓的体育竞赛表演产品。通常来说，体育竞赛表演产品的提供者主要是各种营利性或非营利性的体育组织。消费者在进行体育消费的过程中，并不是直接参与其中，而是通过观看与欣赏的形式进行消费。发展到现在，体育竞赛表演产品已成为现阶段体育产品的重要组成部分，它对于刺激和发展人们的体育需求具有重要的作用。

3. 体育技术培训产品

伴随着体育运动赛事的发展而产生的一种对运动员或体育人才进行培训，以使其竞技能力得到提高的一种服务，就是所谓的体育技术培训产品。体育技术培训是由体育教师或教练员等通过一定的训练手段和方法培养运动人才的过程。体育技术培训的产品就是指其中的训练方法、手段等，这种产品的生产与消费对整个体育产品的质量有着非常重要的作用。在竞技体育快速发展的今天，现代运动竞赛的高度发展使得体育技术培训产品越来越多，科学化程度也越来越高。

（三）体育产品的特征

体育产品除了具备一般产品的特征外，其自身还具有较为显著的特征，具体来说，主要从以下几个方面得到体现。

1. 非实物性

在体育产业中，体育产品的基本生产活动就是体育运动，而体育运动本身是不会产生任何实物产品的。因此，体育产业概念中提到的体育健身产品、体育竞赛产品、体育训练产品、体育信息产品乃至体育无形资产等都属于非实物形态，这种非实物形态主要由体育产品的非实物性特征所决定。

2. 生产和消费的不可分割性

在体育产业中，体育产品具有生产和消费的不可分割性的特征，具体来说，这种不可分割的特征主要表现在时间、空间以及对体育活动的亲身参与三个方面，具体如下。

第一，从时间上来说，其不可分割性主要表现在生产过程与消费过程的同时开始与结束。由于体育产品是以体育服务的形式出现的，因此，一旦体育比赛或者体育锻炼活动结束，人们的观赛活动或锻炼活动也随之结束。在体育赛事欣赏中，人们在观赛后，能够保留的也就只有手里的门票、身上的汗水和脑海里的回忆，这一过程是不能重复和储存的。所以说在时间上，体育产品的生产与消费是同步进行的。

第二，从空间上来说，其不可分割性主要是指体育生产活动和消费活动往往是在同一空间中实现的，如健身房和比赛现场。

第三，对体育活动的亲身参与是无法替代的。人们要想获得比赛的感受必须要靠自己亲身的体验，一个人是不可能通过别人来实现健身的目的的，也不可能让别人代替自己获得观赏比赛的愉悦感。因此，体育消费者必须要亲临现场，亲身参与其中，才能真正完成对体育产品的消费过程，在消费过程中达到自己的目的。因此说，消费者对体育产品消费的亲身参与性也对体育产品的生产和消费的不可分割性产生了重要的决定性作用。

3. 需求层次的高端性

一般来说，人的需求可以划分为生存需求、享受需求和发展需求三个层次，这三个层次是人们不同发展阶段的不同追求。人们对于体育产品的需求属于高层次性需求，这主要表现在以下三个方面。

第一，满足基本的生存需求并不是人们对体育产品的唯一需求。衣食住行是人们生活中的必需品，而体育需求并不是人们生存所必需的，也就是说如果人们离开了体育运动，并不会对其生存构成威胁，充其量只是影响到了人们的生活质量而已。因此，在经济学中，生活必需品被描述为替代性很低，甚至是替代弹性几乎为零的产品，而体育产品的替代性则较高。

第二，人们对体育产品的需求能够使享受性需求得到一定的满足。在现实生活中，人的需要是不断发展和变化的。当人们基本的生存需要得到满足后，就会追求更高层次的享受。这种高层次的享受就包括人们对生活质量和自身健康状况的关注。而体育产品对于提高人们的生活质量具有重要的作用。当人们的可支配收入达到一定水平后，参与体育运动和体育赛事欣赏就成为满足人们享受性需求的重要形式。

第三，人们对体育产品的需求能够在一定程度上满足人们的发展性需求。这一特征主要表现在两个方面。一方面，人们在基本的生存需求得到满足后，会产生更高的欲望，对生活质量的要求会更高，如强身健体、进行体育娱乐发展身心等，而体育产品则能在很大程度上满足人们的这种需求。另一方面，人们对体育的需求可以看作是一种重要的人力资本投资。人力资本一般被理解为通过人力投资形成的、附着于劳动者身上并能够为其带来持久性收入来源的生产能力。人们通过体育产品的消费，能使体力有所增强，使劳动力的再生产得以实现；通过体育产品的消费，能够使疾病减少，进而使缺勤的情况减少，使劳动生产率得以提高；通过体育产品的消费，能够使健康状况得以改善，延长工作的年限；通过体育产品的消费，能够使压力有所缓解，社会适应性有所提升。

4. 消费结果的不可预测性

在体育产业中，体育产品具有的消费结果的不可预测性特征主要从以下几个方面得到体现。

第一，在体育产业中，体育产品是以活劳动的形式提供的，而活劳动具有不可完全重复性的特点。因为每一次劳动过程，劳动者都会受主客观等因素的影响，因此其劳动过程很难保证完全一致。

第二，体育产品要作用于人，而每个人的情况又存在着较大的差异，如同样是“瘦身运动”，由于每个人的体质都是不同的，锻炼后最终的结果也难以预测。

第三，在体育运动中，高水平的竞技体育比赛最难预测。当消费者购买到一场比赛的入场券时，比赛的激烈程度、比赛的走向、比赛结果等都难以在比赛前预测出来。

5. 质量评判的差异性

体育产品具有质量评判的差异性特征，主要从以下两个方面得到体现。一方面，在同一项体育赛事中，由于消费者主观感受具有一定的差异性，观众在观赏体育赛事时，会根据自己的好恶或者知识、经验的不同，对场上球员的表现及比赛的结果做出截然不同的评价。另一方面，在娱乐健身活动中，要想满足绝大多数消费者的需求是非常困难的一件事情，如有的消费者会对健身器材有意见，有的会对服务态度有意见。这也恰恰是服务类产品的特点之一。

6. “最终产品”特性

供最终消费和使用的产品，就是所谓的“最终产品”。在体育产业中，体育产品就属于服务业提供的产品，因而就具有最终产品的特性。体育产品“最终产品”的特性主要表现为中间投入率小和中间需求率小。中间投入率是指各产业的中间投入与总投入之比，其能够将各产业为生产单位产值而需要从其他产业购进中间产品所占的比重反映出来。中间需求率是指各产业的中间需求与总需求之比，能够将在各产业的产出中有多少是作为中间产品为其他产业所需求反映出来。体育产品这一种特殊的产品形态，其价值主要是由活动消耗构成的。而原材料消耗的比重较小，因而中间投入率小。除体育无形资产一般是作为其他产业的投入品被购买的，它的消费者主要是企业而不是个人，不具备最终产品消费的特征。大多数体育产品被作为其他产业投入品的比例很小，所以体育产品又具有中间需求小的特点。因而体育产品具有最终产品的特性，能够使人们的基本需求得到较好的满足。

三、体育市场

（一）体育市场的概念

整个社会市场体系中执行其特殊职能的一个子系统，就是所谓的体育市场，其改变具有广义和狭义之分，具体如下。

从广义上来说，所谓的体育市场，就是指全社会体育产品交换活动的总和。这不仅包括体育劳务和服务产品的交换活动，也包括和体育有关的产品，如运动服装、运动饮料、运动器材等的交换活动，同时还包括一些体育要素，如体育资金、体育人才等的交换活动。

从狭义上来说，体育市场则是指直接买卖体育服务产品、参与或观赏体育活动的场所。比较具有代表性的有对外开放的体育场馆、游泳池、健美健身中心、各种收费的体育培训班等。

（二）体育市场的要素

体育市场的基本要素主要有三个方面，即体育消费者、体育消费欲望和体育消费水平。

1. 体育消费者

购买体育消费品的人，就是所谓的体育消费者。代表性地观看体育比赛和表演；购买运动器材和运动服装；参加健身活动消费的人都属于体育消费者。

2. 体育消费欲望

对体育消费品存在一定的消费欲望和消费需求，就是所谓的体育消费欲望。

一般来说，经济发达和体育意识较高的国家和地区，其体育消费的欲望比较强烈。

3. 体育消费水平

按人口平均的体育消费资料的消费数量，就是所谓的体育消费水平。一般而言，体育消费水平的高低能够将一个国家或地区的经济发展水平反映出来。总之，体育市场的这三个要素之间是相辅相成、相互依赖、相互制约的关系，三者缺一不可。

（三）体育市场的特点

体育市场具有较为显著的特点，具体来说，主要从体育实物消费品市场、体育服务消费品市场以及体育要素市场三个方面得到体现。

1. 体育实物消费品市场的特点

以实物形态向体育消费者提供体育实物消费品的市场，就是所谓的体育实物消费品市场。一般而言，体育实物消费品市场的特点主要有以下几个方面。

（1）市场需求要求有所差别

体育实物消费资料有专业和业余之分，专业的体育实物消费需求要求较高，业余的要求则相对较低。因此，生产厂家要以不同的市场需求为主要依据来开发不同的体育实物消费品，从而使不同的市场需要都得到较好的满足。

（2）市场需求具有周期性的特点

某一运动可能会在一定时期内风靡某一地区，这时该地区的这一运动项目器材的需求量相应增加，但当流行期过后，对该运动项目器材的市场需求会相应减少。因此，体育实物消费品的经营管理者要善于掌握并抓住市场需求信息，从而能够使自己的产品做到适销对路。

（3）消费者人数较多

人们参加体育活动，进行体育锻炼都需要一些运动装备，如运动服装、运动器材等，而这些运动装备都属于体育实物消费资料，因此体育消费者越多，对体育实物消费品的市场需求也就越大。

2. 体育服务消费品市场的特点

不提供实物产品，而以活劳动形式向体育消费者提供体育消费品的市场，就是所谓的体育服务消费品市场。具体来说，体育服务消费品市场的特点主要表现在以下几个方面。

（1）市场需求具有一定的波动性

由于受到外界因素和主观因素的影响，世界各国各地区的体育服务产品的市场需求存在着较大的波动性。这种波动性和一个国家或地区民族的兴趣爱好及社会文化有一定的联系。体育产业经营管理者只有理解和掌握这一特点，才能达到事半功倍的效果。

（2）市场需求具有一定的不平衡性

体育服务产品的社会需求，在很大程度上受到社会生产力发展水平及经济发展状况的影响。一般地说，经济较发达的国家或地区，人们对体育服务产品的市场需求较大，经济比较落后的地区，对体育服务产品的市场需求相对较弱。因此，体育产业经营管理者，要以这一不平衡性为主要依据来有针对性地开展体育经营管理活动。

（3）时间和空间具有一定的一致性

体育服务产品在时间上和空间上是统一的，究其原因，主要是由于体育工作者生产体育服务产品的这一劳动过程，又是体育消费者对体育服务产品的消费过程，买卖双方、生产者和消费者的行为被融合在一个过程之中。所以，体育产业经营管理者，要对两个方面进行充分的考虑：一方面，是体育消费者体育消费需求的数量和质量；另一方面，是体育消费者在交通和时间上的方便。

（4）时间和季节存在着一定的差异性

由于体育消费者参加体育活动，观赏体育比赛均在余暇时间里进行，因此体育劳务或服务产品的市场需求在时间上的差异性较大。一般来说，晚上大于白天，节假日大于平时。再则，由于某些体育劳务或服务产品的消费需求和季节变化、天气变化有着一定的联系。如夏天对游泳池、水上乐园等消暑型的体育劳务或服务产品需求较大，冬天则几乎没有。天气晴好，气候宜人，对体育劳务或服务产品的社会需求会相应增加；刮风下雨，风云突变，会造成原有的体育消费需求因气候原因而被迫取消。如观看球赛，原来打算到现场观看的，届时正好下雨，也许就不去现场，而改为观看电视转播。因此，这就要求体育经营管理者要对这一差异性有一定的了解和认识，从而取得较好的体育经营效益。

3. 体育要素市场的特点

以体育资金、体育人才、体育技术等体育事业发展的各种要素形态存在的特殊消费品市场，就是所谓的体育要素市场。体育要素市场主要包括体育资金市场、体育人才市场、体育技术市场等几个方面，每个方面都有其各自的特点，由此也将体育要素市场的特点充分体现了出来。

（1）体育资金市场的特点

体育资金市场主要由体育广告、体育彩票、体育股票、体育债券、电视转播权的出让及体育无形资产的开发等部门的经营活动所组成。其特点主要表现为：利用当代体育运动的巨大魅力、感召力和吸引力，以体育的经济功能和社会功能为依托，来激发社会上企业财团以及消费者对体育进行投资。

（2）体育人才市场的特点

体育人才市场主要是指运动员和教练员的有偿流动市场，一般实行明码标价。体育人才市场的供需双方通常不直接见面，而由经纪人或经纪人组织从中牵线搭桥。

（3）体育技术市场的特点

体育技术商品的交换市场，就是所谓的体育技术市场。当前，已初步形成的体育科技市场的基本内容有承担科研项目、进行科研咨询、出售科研成果、转让科研专利、开展技术咨询、技术服务、技术培训、技术入股和体育科技用品的研制与开发等。体育技术产品本身的特殊性决定了体育技术产品市场也有不同于一般体育商品市场的特点，具体来说，主要表现在以下几个方面：

第一，体育技术市场通常是卖方垄断市场，往往供给者只有一个，而需求者则较多。

第二，在体育技术市场上成交的体育技术产品，往往都是一次性的。

第三，体育技术产品的价格大都是通过供需双方的协商确定。

四、体育消费

（一）体育消费的概念

体育消费是在社会经济和媒体产业高度发展的基础上建立起来的，如果没有一定的经济基础或者现代媒体业的产生，体育消费是不可能得到发展的。因此说，体育消费是经济水平和媒体业共同发展的产物。经过一段时间的发展，体育消费成为推动各行业发展的重要动力，同时也作为重要因素对经济、文化发展产生重要的影响。

在现代生活中，体育消费是人们生活消费的重要组成部分。体育消费就是人们根据自己的需要和条件，在寻求和购买各种体育产品（服务）的行为过程中对体育消费资料的使用和消耗。

一般来说，体育消费主要包括两个部分，一个是体育机关及运动队等在日常训练、科研活动中对体育物质资料的消耗，属于体育行政管理部门的消费；一个是为满足居民个人生活和健身需要而对各种体育物质资料的消耗，属于居民个人体育消费。

体育消费并不是一时一日而成的，它是社会生产力发展到一定阶段的产物，是人们的物质生活在得到基本满足的条件下而产生的一种选择，是人们对体育功能新认识的一种新型消费类型，是人们在闲暇时间里自由选择的一种个人消费行为。随着现代社会的不断发展，以及闲暇时间的不断增多，人们的生活方式开始发生逐步的转变，开始由健身化向休闲化转变，这就在一定程度上对人们的体育消费水平的不断提高起到积极的促进作用。

（二）体育消费的类型

一般来说，以消费者所获得的不同功能的体育消费品为依据，可以将体育消费大致分为以下几种类型。

1. 观赏型体育消费

观赏型体育消费是指人们用货币购买各种入场券及门票，以观看体育比赛来达到愉悦身心目的的各种消费行为。较为具有代表性的有观看足球世界杯、中超比赛、田径世锦赛等。

2. 实物型体育消费

实物型体育消费是指人们用货币购买各种与体育活动有关的体育物质消费资

料的行为。较为具有代表性的消费行为有：购买运动服装、运动护具、运动器材、运动纪念品、体育彩票等。

3. 参与型体育消费

参与型体育消费是指人们用货币购买参加体育活动的权力、享受相应服务的消费行为。这种消费类型是体育消费的核心内容，最能代表体育消费的特点。

总的来说，在现实生活中，不同类型的体育消费并没有明显的界限，各种体育消费类型互相交叉在一起，在人们的体育消费中，既有参与型消费、实物型消费，又有观赏型消费，人们通过这一消费活动在使自己的精神文化生活得到较大丰富的同时，也在一定程度上推动了体育产业的发展。

（三）体育消费的结构

体育消费结构能够在一定程度上将人们体育消费的内容、消费水平以及消费质量反映出来，同时，也能够将人们对体育消费的满足状况反映出来。可以说，体育消费结构是人们在总体体育消费过程中所消费的各种不同类型的体育产品（包括体育劳务）的比例关系。

1. 以全社会或家庭为单位来看

目前我国最基本的体育消费结构是人们购买体育用品、体育服装、体育赛事门票以及体育健身等之间的比例关系。总体来看，居民的体育实物消费比重要远远大于非实物体育消费。由于各地区的经济水平有所差别，这也就决定了东部、南部地区的体育消费水平要高于西部、北部地区的情况。

2. 以消费群体的角度来看

体育消费结构主要是大众消费者和商务消费者之间的比例关系。大众体育消费者是体育产品的最终用户，在消费过程中所产生的各种支出构成了体育市场交换价值的一部分。而商务性消费则主要包括政府机关、赞助商和媒体等单位。商务消费者往往不直接参与消费体育产品的过程，而是通过购买、流通和转换体育消费产品，从而构成了体育市场的另一个收入来源。

（四）体育消费的特征

通常情况下，体育消费的特征主要表现为体育特征、经济学特征、理性消费特征和文化特征等几个方面。下面就对这几个特征进行分析和阐述。

1. 体育特征

体育消费所具有的体育特征是指消费者以体育运动为中心，采取各种方式进行的体育消费，重点在于体育运动。人们参与体育消费，主要有主动体育消费和被动体育消费两种。主动体育消费是一种积极的社会体育行为，是体育运动发展和社会发展水平的一个重要标志。

2. 经济学特征

人们在参与体育消费的过程中，主要是通过货币交换的形式进行消费的。体育消费者只有支付一定的现金，才能获得相应的体育产品或服务，因此我们就可以从经济学角度去考察人们的体育消费行为，由此可以得出，体育消费具有经济学特征。

3. 理性消费特征

人们参与体育消费是一种有意识的行为，这种行为是具有理智性的并且是可重复的消费行为。

4．文化特征

人们的体育消费行为与自身的文化素质之间有着密切的关系，体育消费者的消费观念和方式反映了不同的文化传统，这也是体育消费者所选择的生活方式的重要组成部分。由此可见，体育消费也具有一定的文化特征。

五、体育资本经营

（一）体育资本经营的概念

在体育经济、社会活动中，以体育资本增值为目的的经济活动，就是所谓的体育资本经营，具体来说，主要是指体育货币资本、体育人力资本的经营。从某种意义上来说，体育资本经营作为一个经济学属性的概念，是资本运营的理念模式在体育领域中的推广和运用。

（二）体育资本经营的特点

相较于体育生产经营来说，体育资本经营是以体育资本直接运作方式实现体育资本的增值的，而往往不会通过体育商品这一中介，或者以体育资本的直接运作为先导，通过体育物化资本的优化组合，从而使其运行效率和获利能力得到有效的提高。体育货币资本、体育人力资本等要素资本化的基础上，在体育产权层次上间接支配体育资本各要素，就是所谓的体育资本的直接运作。从实质上来说，体育资本经营就是以证券化了的体育资本，可以按证券化操作的体育物化资本为基础，通过优化配置来使其生产率得到有效提升，从而使体育资本市场价值得到有效提高的经营活动。鉴于此，体育资本经营具有较为显著的特点，具体来说，主要表现在以下几个方面。

1．体育资本经营的目的方面

体育资本经营的主要目的在于较高的体育资本收益。为此，体育资本经营要求将有关的体育财产资本化。体育资本经营不仅表现为体育货币资本、体育虚拟资本彩票、产权凭证三种形式，同时也将其自身特点的体育的人力资本经营表现了出来。

2．体育资本经营的对象方面

体育资本经营的对象是证券化了的体育物化资本，而不是体育产品、器械、场地等体育物化资本，如股票，是可以按证券化了的体育资本操作的体育物化资本；如股权，可以转化为股票、股权的有形资产和无形资产。通常来说，体育资本经营与体育资产的具体使用相关的生产销售等经营活动没有太大的关系。体育资本的收益、市场价值以及相当的财产权利，是体育资本较为注重的方面。

3．体育资本经营的核心方面

体育资本经营的核心在于运行效率问题。具体来说，就是如何通过优化配置提高体育资产的运行效率、体育货币资本与体育人力资本的运行效率，从而对体育资本的不断增值起到积极的推动作用。在运作方式上，主要有两种形式：一种是表现为以产权市场为依托，实现体育产权交易，卖出收益较低的资产，买进预期收益率较高的资产，使体育资本结构不断优化，确保体育资本的保值、增值的转让权的运作；一种是表现为以获取较高的收益为目的，长期持有某一体育企业，如俱乐部的全部股份或部分股份，并能参与有关的战略决策的收益权和控制权的运作。

（三）体育资本经营的内容

相较于一般意义上的资本来说，体育资本有着较大的差别，具体来说，其所包含的内容主要有两个方面：一方面，是资本市场上的各种货币资本；另一方面，是各种体育市场的虚拟资本、技术和人力资本。从广义上来说，体育资本运营将资本运营仅仅存在于企业的局限打破，以体育赛事为代表的项目运作等各方面也将其充分体现了出来。

近年来，资本风险投资和项目管理的理念被一些体育赛事的承办及经营者运用到体育赛事的运作管理中，通过利益共享、风险分担的方式，将赛事的各项收益进行分割，将银行、保险、风险投资公司、彩票发行商等资本运作主体引入赛事的运作经营中，使体育赛事融资渠道得到进一步的拓宽，将体育赛事的经营转化成为集合各种性质资本的投融资项目形式，使体育资本经营的效率得到了非常大的提高，盘活了投资。使得体育资本经营展现前所未有的活力，其高风险高回报的投入产出模式，吸引了大量的资本注入，成为拉动产业经济发展的一大动力。

（四）体育资本经营的作用

中国体育需要进行资本经营，其不仅与体育发展的方向有着非常密切的关系，同时，也是体育发展的一个重要动力。从体育资本经营的内涵及其变化发展的过程看，其在很多方面都有着较为重要的作用和意义，具体来说，主要从以下三个方面得到体现。

1. 能够使中国体育企业的发展速度进一步加快

经过不断的发展，我国的体育竞技已经取得了理想的成绩，规模也越来越大。但是，不可忽视的是，我国体育企业也存在着一些问题，比如，有的体育俱乐部营利水平下降，亏损严重，有的与体育联姻的企业在低效、无效甚至负效运营，大量的存量资产难以流动重组，经营机制不活，资本运营率不高，有的濒于破产。从实际意义上来说，这种俱乐部，有关的企业问题是在计划经济体制下积累起来的，有的是在改革过程中形成的。从总体上说，导致这些问题的原因主要是缺乏资本和资本经营观念，不懂得体育货币、体育人力可以转化为资本，鉴于此，可以开展体育资本经营。体育资本经营活动能够对体育货币、体育人力向资本转化起到积极的促进作用。

2. 有助于体育企业改革、经济增长方式的进一步优化

包括体育资本在内的体育生产要素的组合和利用方式，就是所谓的体育经济增长方式。长期以来，在体育领域是实行计划经济体制下的粗放型的增长方式，表现为在体育领域中依靠大量增加体育生产要素以求体育经济增长，形成了一定的结构性矛盾，具体表现为：资产存量大，体育企业规模小，素质不高，小而全，重复分散等。对于此，体育资本经营通过促进资产的流动重组来使体育经济增长方式得到改进和优化。由此，可以将体育资本经营的作用大致归纳为两个方面：一方面，是体育产权证券化的作用，具体来说，就是体育资本经营要求在证券化了的资本，或按证券化操作的资本基础上进行，这就使体育企业的资产在体育资本市场和体育产权市场流动，从而也为体育资产的重组奠定了较好的基础；另一方面，是体育资本经营机制的作用，具体来说，体育资本经营的一个核心指标，是体育资本的利税率和体育资本的回报率。为此，体育企业经营者必然会自

觉地按体育资本经营的规律操作，这样在体育资本经营机制作用下，长期的粗放经营使得大量资产闲置，长期在低效、无效、负效状态中运行。

3. 能够对现代企业管理制度的建设起到积极的促进作用

体育资本经营对于体育领域或体育相关领域的体育现代企业制度的建立和发展会产生有利的影响，通过现代企业制度的建立，来为体育资本经营的实施奠定良好的基础。换句话说，建立体育领域的现代企业制度就是要建立适应市场经济要求、产权清晰、权责明确、政企分开、管理科学的现代企业制度，确定体育企业的法人财产权，明确体育投资主体和建立规范化的体育企业法人治理结构及其约束机制，使体育企业如俱乐部成为真正的体育市场竞争主体，使体育企业以体育资本为核心经营，并将体育资本的保值、增值以及体育资本效率和体育资本收益最大化，是体育企业经营的根本目标所在。体育资本经营对完善体育领域的现代企业制度具有积极作用，其对于体育企业的法人财产权的确立，体育企业的投资主体的明确，以及整个社会的资本市场都会产生积极的促进作用，因此可以说，其对资本市场包括体育资本市场的发育也会产生非常积极的影响。

第二节　体育产业的内容与类别

随着体育运动的不断发展，与之相关的体育产业的内容也逐渐得以丰富，体育产业的类型划分也越来越明确，越来越细致。下面主要对体育产业的内容和类别进行分析和阐述，从而更好地了解体育产业。

一、体育产业的内容

体育产业能够使人们对体育的多样化需求得到满足，是一切生产性组织和经营性组织的集合，是包括体育生产制造业、体育用品销售业、体育设施业、体育服务业等在内的综合产业。体育产业的内容主要包括四个方面，即体育本体产业、体育相关产业、体育延伸产业和体育边缘产业。

（一）体育本体产业

体育本体产业指以体育自身特性为主要依据而进行生产、服务的部门，比较具有代表性的有体育培训业、竞赛表演业等，是一种产业部门群。

（二）体育相关产业

体育相关产业指以体育为资源和手段进行生产、服务的部门，比较具有代表性的有体育用品制造业、体育广播等，是一种产业链。

（三）体育延伸产业

体育延伸产业指在体育产业周围形成的综合性的行业网络，各个行业之间没有性质上的联系，只有形式上的联系，比较具有代表性的有体育赛票、体育保险、体育旅游、体育经纪等，是一种行业网络。

（四）体育边缘产业

体育边缘产业指为了更好地发挥体育本体产业的效益而提供综合服务的部门，比较具有代表性的有为体育活动提供的饮食、住宿以及纪念品等，是体育本体产业的重要组成部分。

二、体育产业的类别

在体育产业的分类上，国内外体育专家所持有的观点也存在着一定的差异性。下面就对此进行详细的分析和阐述。

（一）国外体育专家对体育产业的分类

国外体育专家及学者关于体育产业分类的观点主要集中在以下三个方面。

1. 皮兹模式

皮兹模式是由学者皮兹于1994年提出的，这一模式把体育产业分为体育表演、体育生产、体育推广三类。

2. 米克模式

米克模式是由米克于1997年提出的，这一模式把体育产业分为体育娱乐、体育产品、体育支持性组织三类。

3. 苏珊模式

苏珊模式是由苏珊于2001年提出的，这一模式将体育产业划分为体育生产和体育支持两大类，其中体育支持类还可以扩展为政府内相关的体育机构、各级种类的体育协会、体育管理公司、体育媒体、体育用品的制造和销售、体育设施的建设与运营等六类。

总体来看，国外体育专家及学者对体育产业的分类是在当代西方社会经济条件下，体育产业的生存和运作方式的基础上进行的。在西方发达国家，体育产业的发展时间较早，体育产业被普遍认知为向市场提供体育娱乐产品的行业，基于此，国外体育学者及专家对体育产业的分类基本上是按照体育娱乐产品的生产、营销、组织管理的业务流程的细分。他们对体育产业分类的思路基本相同，就是以体育娱乐产品的生产与管理流程为依据来进行分类，在这一前提下，体育产业系统主要分为三个部分，即体育生产子系统、体育营销子系统和体育支持保障子系统。

另外，体育产业链上下游的关系也可以作为一种划分标准来进行分类，按照这一划分标准，能够将体育产业划分为上游产业、中游产业和下游产业。其中，上游产业是指体育产业的原产业，主要反映体育产业的原生态，包括健身娱乐业和竞赛表演业；中游产业是指间接为健身娱乐业和竞赛表演业服务的支持性产业，包括体育器材、体育服装、体育鞋帽、体育媒体、体育中介、体育培训、体育场馆运营、体育保健康复等；下游产业是指间接为上游和中游产业服务的相关产业，缺少下游产业并不会对原产业的生存和运作产生影响，包括体育食品、体育饮料、体育旅游、体育建筑、体育博彩、体育房地产等。

依据体育产业链上下游关系的划分标准，是与体育产业发展特点相符的，它主要对体育产业是以体育活动为原点的生产、经营以及开发的产业链进行了阐述，同时，也将体育产业与一般产业之间的关系表明了出来，将体育产业自身的特点突出出来。

在现代市场经济条件下，体育产业的发展和革新的速度是非常快的。例如，群众体育中的体育活动因组织方式的变革而产生了健身娱乐业；竞技体育中的体育活动因竞赛组织的商业化和职业化的发展而产生了竞赛表演业。围绕这两个主业，经过不断地变革与发展又产生了一系列衍生性的产业。在新时期我国体育产业发展的过程中，必须要将群众体育和竞技体育的发展作为重中之重，因为这两个主业是整个体育产业发展的源头，只有上游产业做好了，中游和下游产业才能得到更好的发展。

（二）国内体育专家对体育产业的分类

国家体育总局颁发的《体育产业发展纲要》（以下简称《纲要》）中也对体育产业进行了类型的划分。具体来说，就是将体育产业主要划分为体育主体产业、体育相关产业和体办产业，这一划分方法是国内关于体育产业最为权威的划分方法。

1. 体育主体产业

体育主体产业是指由体育部门管理、能发挥体育自身价值和功能的、提供体育服务为主的体育产业经营活动。体育主体产业主要包括竞技体育产业、体育教育科技产业、群众体育产业、体育彩票和体育赞助等。

2. 体育相关产业

体育相关产业是指与体育有关的其他产业的生产和经营活动，如体育场地、体育器材、体育服装、体育食品、体育饮料、体育广告和传媒经营与管理等。

3. 体办产业

体办产业是指体育部门为创收和补助体育事业的发展而开展的、体育主体产业以外的生产经营活动。

体育商品不同的性质是《纲要》对体育产业进行类型划分的重要依据。这一划分标准可以将体育产业分为两大类：一类是可以分为竞赛表演、健身娱乐、体育媒体、体育旅游、体育培训、体育博彩、体育中介、体育康复保健等的体育服务业；另一类是可以分为体育器材、体育服装、体育鞋帽、体育食品、体育饮料、体育建筑等体育配套业。

需要注意的是，《纲要》对体育产业的类型划分既有一定优点，也存在着一定的缺点。具体来说，优点主要表现在两个方面：一方面，其将体育产业的概念与分类突出了出来；另一方面，这一分类方法具有加强的可操作性，对于体育市场的培育和发展是较为有利的。缺点主要在于这种分类是站在部门管理的角度上对体育产业的分割，在此标准下，第一类和第三类产业是体育部门管得着的，第二类则是体育部门管不着的。因此，从这一方面看，《纲要》对体育产业分类的科学性是较为欠缺的。

第三节　体育产业的属性与特征

体育产业具有其本身的特殊属性，同时，也具有较为显著的特征。需要强调的是，我国的体育产业与世界范围内的体育产业在特征上存在着一定的差异性。

一、体育产业的属性

体育产业是在现代市场经济条件下形成的一种产业形态，可以说，体育产业是体育运动由原来自给自足的自为模式向组织化、生产化、消费化和盈利化的产业运营模式转变的产物。体育产业是在市场经济条件下，体育活动组织专门化、参与消费化、运作营利化孕育的新型产业形态。它的外显形式是体育商品的不断涌现，以及体育经营企业的不断扩张。但是判断体育产业属性的关键在于其价值内核，因为价值内核对体育产业的存在与发展产生了重要的决定性作用，如果体育产业没有了价值内核，则体育产业将不复存在。由此可以判定体育产业的基本属性只能是隶属于第三产业的现代娱乐业。

另外，在体育相关产业中，体育服装、鞋帽、器材、食品、饮料等大量的实物性商品也存在着，这些是否属于体育产业，要通过体育产业的概念来判定。首先，体育服装、器材等实物性产品都是围绕体育活动而开展的，二者有着明显的主副关系。体育物质产品的生产经营作为主业配套而存在，并不构成对体育产业本质的否定；其次，世界上所有的国家都将体育服装、器材等的生产和经营排除在体育产业之外，这已经形成了一个共识。很多国外学者认为，判定体育服装、器材等实物产品是否属于体育产业的关键在于使用此种产品的意图和此种产品的最终市场。社会大众使用体育服装、器材等实物性产品的根本意图是进行体育活动，而这些产品最终的市场也属于体育消费市场。由此可以得知，应该将这些体育实物产品归为体育产业一类。

从上述内容中可以得知，在认识与了解体育产业的基本属性时，要本着透过现象看本质的原则进行。不仅要坚持本质的规定性，即坚持娱乐业是体育产业的基本属性；还要坚持体育产业上下游之间的天然联系，不能把体育产业只限定在只提供体育服务产品的一维空间。只有这样，才能对体育产业的本质属性有更加深入的了解和认识。

二、体育产业的特征

体育产业有着较为显著的特征，而对于世界体育产业和我国体育产业来说，两者的特征是有所差别的。下面就分别对世界体育产业和我国体育产业的特征进行分析和阐述。

（一）世界体育产业的特征

世界体育产业的显著特征，主要表现在以下几个方面。

1. 商业化程度较高

目前，体育产业进入了一个快速发展的阶段，体育产业渗透进社会生活的各个方面、各个行业之中。而体育产业的高度商业化是其发展的主要特征之一。以美国 NBA 职业篮球联赛为例，NBA 是迄今为止最成功的体育经济产品之一。NBA 利用多年积累下来的完善的市场运作、成熟的商业理念、全方位的产品包装等将其商业帝国成功地推向全世界。

2. 有着广泛的影响力

随着现代文明病的不断肆虐，人们对体质健康提出了更高的要求，在业余时间大多数人倾向于参加各种各样的健身运动。由于人们可以在体育运动中体验到健康和乐趣，因此世界体育人口的数量呈现出不断增长的趋势。现代体育产业的魅力巨大，尤其体现在商业价值上，它吸引着众多的公司以体育赞助和广告的形式参与到体育产业中来，影响力非常广泛。

3. 有着较高的产业产值

随着现代社会的不断发展，经济水平也上升到了一个新的高度。随着人们体育活动需求的不断增长，体育产业的产值也在不断地提高。体育产业消耗能源少，环境污染少，符合转变经济增长方式的要求，是一个可以长期存在和可持续发展的产业。

4. 从业人数较多

由于体育产业有着较为广泛的影响，因此，这就促使体育产业成为就业的重要途径，也在一定程度上解决了就业难的问题，因此，具有促进就业的特征。伴随着体育运动的社会化、职业化、商业化，体育产业的国际化程度正在不断加强，体育产业必将在扩大内需、吸纳就业等方面，在国民经济发展中发挥巨大的推动作用。

（二）我国体育产业的特征

相较于西方国家的政治体制来说，我国是具有中国特色的社会主义国家，因此，我国体育产业的特点与西方国家体育产业的特点也存在着一定的差异性。我国的体育产业具有体育事业和体育产业之分。具体来说，可以从以下三个方面得到体现。

1. 属性和特点的差异性

体育事业更注重社会效益，具有公益性和福利性，满足社会精神文明的需求是其主要任务。体育产业对经济效益更为注重，具有商业性质。谋求获利则是其主要目的所在。

2. 资金来源方面的差异性

我国现行的财税政策表现为，财政上，事业单位所需资金是由国家财政拨款，企业所需资金是通过自筹或由银行贷款。税收方面，办事业不收税，办企业则交税。

3. 经济性质方面的差异性

事业经济的性质是产品经济，主要是靠行政指令来运行，在其运行机制中，以福利、公益和社会效益为主。产业经济的性质是商品经济，主要是靠市场调节来运行，其运行机制要求以经营为主，并在提高社会效益的基础上不断提高经济效益。

第二章 体育产业的基本理论

第一节 体育产业结构的基本理论

一、体育产业结构的概念及研究

（一）体育产业结构的概念

产业结构是工业经济的重要研究设施之一，体育产业的结构是这个设施的其中一部分。具体来说，体育产业部门之间的技术经济关系与数量关系之间的关系就是所谓的体育产业机构。从这个概念可以看出，从生产技术的角度来看，运动和服务产品的实物生产部门的所有产品之间存在相互依赖性和局限性的联系。除此之外，体育产业总产值的分布和包括体育资源在内的所有经济资源的分配可以体现在体育产业的结构中。

（二）体育产业结构的相关研究

在体育产业结构中，几乎所有分支行业都是紧密关联的，而且各个部门之间的关系也非常紧密。这是对各种体育产业的要素和结构之间的联系和作用的明确反映。例如，健身娱乐的发展对体育用品行业的发展产生积极影响。周边体育产业的发展需要本体论体育产业。体育产业的发展是与支持周边体育产业的本体论分不开的。纵观体育产业的产业链，每个环节都将对整个体育产业的发展产生决定性的影响。所以，为了理顺体育产业的结构，有必要全面分析研究体育产业结构的各个组成部分和环节，并结合这些要素和环节进行综合研究。研究每个元素和环节要从两方面来进行：定性和定量。在这个过程中，还应该注意不同元素和不同结构之间的相关性分析。

二、体育产业的基本结构形态

（一）体育产业的投资结构

各行业体育产业投资总额的分布称为体育产业投资结构，体育产业投资结构具体包括两种：股票结构和不断增长的投资结构。向上投资结构的固化状态是股票结构，在研究体育产业结构的过程中，投资结构的研究必然是不可避免的。调整投资结构是规范体育产业结构的起点。投资结构中两种结构类型的调控对体育产业的整体结构产生了不同的效果，具体分析如下。一方面，对存量结构进行调整是优化体育产业结构的基本内容，具体是指将体育产业内部低效率行业的存量降低，并促进低效率行业向高效率行业流动和重组的实现。另一方面，对增量投资结构进行调整，就会对未来一定时期内体育产业的生产和消费关系、地区分布状况、内部各行业之间此消彼长的关系等情况产生影响，甚至是决定性的影响。不可否认的是，调整增量投资结构是实现存量结构调整的基本手段。

（二）体育产业的产值结构

体育产业的产值结构包括两种类型：内部结构和外部结构。体育产业的发展程度可以从体育产业的外部结构反映出来，而体育产业内各产业的相对地位则通过其内部结构来体现。

1. 体育产业产值的外部结构

运动制造业在国内生产总值的总价值的百分比是体育产业输出值的外部结构，体育服务可以满足人们对高品质生活、时尚和个性的需求。人们的需求层次与经济发展成正比，需求水平随着经济的发展而逐渐增加。随着体育产业发展水平的提高，其在国民经济中的地位越发重要。

2. 体育产业产值的内部结构

体育产业生产总值与国内分支机构的比例是体育产业产值的内部结构。在衡量体育产业内部结构时，体育产业产值的内部结构是应该引用的指标，一个国家或地区的体育产业特性可通过体育产业产值的内部结构得到体现。

体育产业和体育是一个有机的整体。应基于本体论产业发展体育产业的整个开发。具体来说，只有健身娱乐行业得到发展，对体育运动服装、器材的需求量才会逐步增加，体育用品行业才能得到一定的发展；只有当竞技体育行业广泛开展，逐步提高体育竞技水平，才能激发人们对体育的热情，越来越多的体育人才会成长和发展经纪体育、媒体、广告、游戏、赞助商等相关行业。另一方面，周边产业的发展也将带动体育本体的开发。

（三）体育产业的需求结构

1. 国内需求和国外需求

按照体育市场形成的区域，体育需求可以分为内需和外需，在当今经济全球化背景下，体育产业的发展必须走出国门，走向全球化。这是一个长期发展的方向和趋势。体育产业国际化的趋势可以反映在世界杯、NBA 和奥运会等大型体育赛事中。

2. 中间需求和最终需求

（1）中间需求

由体育用品（货物或实物服务）作为中间投入物而产生的投资需求是所谓的中间需求，可称为“生产和消费需求”。例如，健身房购买运动器材是运动的中间需求。

（2）最终需求

最新的体育需求是消费过程中体育产品的最终消费，也可称为“生活消费需求”例如，健康俱乐部的成员支付金钱参加俱乐部活动是一项明确的体育要求。

3. 政府需求和私人需求

根据体育要求的各个主题，体育需求可以分为两类：政府需求和私人需求。

（1）政府需求

目前，在大多数国家，政府鼓励体育设施建设，鼓励体育事业的发展。在这种情况下，政府对体育用品的需求正在逐步形成。例如，组织体育比赛和体育队伍的建立是政府需要的体现。

(2) 私人需求

如果体育市场发展成熟，私人需求是体育需求的重要组成部分。体育需求结构分析是体育发展战略的重要条件，它不仅适应体育产业结构，而且能够促进体育产业的快速发展。

(四) 体育产业的就业结构

在所有行业中，全体员工的分布是所谓的产业就业结构。外部和内部就业结构是体育产业就业结构的两种类型，外部就业结构指的是在总就业量中，体育产业吸纳的就业人数所占的比例，而内部就业结构指的是不同行业在体育产业中所吸纳就业的结构比重。一方面，体育产业的发展离不开最重要的经济资源之一，也就是劳动力。任何行业都需要足够数量的高素质的人才，在缺乏劳动力的行业，发展将不可避免地受到影响。另一方面，体育产业本身的需求和技术也会影响体育产业的就业结构。如果公司对体育产业的需求增加，体育产业的就业需求将相应增加。但是，在体育产业的技术发展水平很高的情况下，所需工作量就会减少，并且对劳动力质量的要求也会提高。

三、体育产业结构的特征

(一) 整体性

基于系统角度而言，系统的结构指的是系统的不同元件之间的联系、如果这些元素分离，那么这种联系就不可能存在，实际上，系统结构和系统元素是不可分割的，我们不能简单地将系统的结构视为一组简单的元素或元素的融合品。系统结构基本上是不同元素之间关系的总和（如互惠关系、交互等）。系统结构及其运动的本质也是在不同元素的互相影响中形成的。在体系结构的诸多要素中，无法探寻此种体系结构的属性以及运动规律。相对来讲，每个因素的性质和运动取决于系统总体结构的属性和运动规律，其会发挥出限制性的和主导性的功用。

体育产业是集体的，组成这个集体的因素有两个部分。一部分是公众体育活动和体育服务，其余都涉及以下活动：在体育产业的各种活动之间的密切联系。不同活动之间的相关性非常强，关系更加复杂。如果体育产业由不同的部分组成，就不会产生很多效果。正因为体育产业是简单元素的集合，其集体效果是非常强的，因此我们可以看到体育产业的巨大集体效应是其结构的内在属性。

只有充分整合体育产业结构的要素和环节，全面分析，才能对体育产业结构有一个全面的把握。在整个体育产业结构中，每个要素的生存和发展都依赖于其他因素。生成一个元素可能是另一个元素的投入，一个元素的引入也可能是另一个元素的行业目标。从总的角度来看，任何单独的因素都不具备体育经济发展的总体效果。体育产业的整体效应不只是各要素功能的总和，它比每个部分的功能总和要大得多。

(二) 自发性

发展和优化产业结构需要保持系统结构的完整性，同时进行有效的转换生成，这就要求产业机构实现自律，这是体育产业机构的自发性特征。

体育产业结构的自我调控指的是通过体育产业经济体制的内在机制，可以对体育产业的结构进行自发的建设，并促进体育产业结构的完善。体育产业处于不断变化的状态中，这主要体现在其结构、内部要素和外部环境等方面：体育产业经济体系中的每个子系统都在不断自我组织和适应，似乎有操纵这些子系统的“看不见的手”。另外，“看不见的手”主要是由于各子系统之间的协同作用和竞争而产生的。

（三）转换性

事实上，系统结构的“转换”正是生成系统结构的过程。系统结构的构成或加工功能是系统在其规律的控制下，不断对新材料的加工和管理，以反映出其自身新结构的能力。基本上，体育产业的结构问题是资源配置问题，我们可以从资源转换的角度来分析体育产业的结构。换句话说，体育产业通过产业结构的有效运作，不断从外界引进材料、能源和信息，以及在不断地生产和创造各种体育产品方面，处于一定资源之下以取得成效，满足社会群体的不同社会需求。体育产业的结构转换是重新调整体育产业内的资源，调整不同部门之间的资源比例，尤其是调整劳动力、资金等行业内不理想的其他子行业运动。相关产业结构变量促进了产业发展，促进了体育产业结构的整体优化。

（四）层次性

一般来说，不管是哪一种系统，都可以分解成多个子系统。而且，任何系统都可以与其他系统组合成为一个更大的系统。体育产业体系也是如此。大型系统包括小型系统，小型系统可以细分为更小的系统。

体育产业的结构是在各种因素综合作用下形成的，许多因素都会限制体育产业结构的形成。因此，体育产业发展的各个阶段都会出现不同程度的产业结构。从体育产业结构层面分析，体育产业结构体系的特征可以从不同的角度发现，这对我们深入研究和认识体育产业的发展现状和结构方向具有重要意义，体育产业水平的结构反映了体育产业结构的优化，这主要是通过分析体育产业结构的属性和质量来实现的。

第二节　体育产业组织的基本理论

体育产业组织是指市场经济条件下市场形成和体现的国内体育产业公司之间的利益关系，主要包括交换关系、竞争垄断关系、市场占有关系、资源占用关系等。体育产业组织理论是分析体育产业运行过程中的这些复杂关系，发现体育产业内企业关系变化的规律以及对企业经营业绩的影响。产业组织理论是一个由市场结构、市场行为和市场绩效组成的理论体系，作为产业组织理论的体育产业组织理论，还有必要研究内部市场结构、市场行为和体育产业市场表现之间的逻辑关系。

一、体育市场结构

所谓结构是指构成系统的要素与其特征之间的内在联系。体育市场结构是指体育产业内部市场关系的特征和形式。通常在体育行业内存在着卖方（企业）之间、买方（企业或消费者）之间、买卖双方之间以及市场已有的买卖方与正在进入或可能进入该市场的买卖双方之间在数量、规模、市场份额、利益分配等方面的关系。体育市场中不同市场参与者的地位、作用和比例以及市场上商品交易的特征构成了体育产业市场的结构，上述体育市场中各种市场参与者之间的关系主要集中在竞争和垄断关系上。

（一）体育市场结构类型

西方经济学通常将市场结构分为四种基本类型：①完全竞争；②完全垄断；③寡头垄断；④垄断竞争。

完全竞争又称为纯粹竞争。产业集中度在完全竞争的市场结构中极其低，大量的买家和卖家集聚于市场上，每个买家和卖家参与交易的商品数量是市场商品交易总量中的一个极小部分，每个买家和卖家的市场交易行为都不足以影响市场价格，他们都是既定价格的接受者而非决定者或影响者。完全竞争市场上产品的同一性很高，产品具有完全的可替代性，所以任何卖家都不会主动降低价格以增加销售量。在完全竞争市场上不存在任何进入和退出壁垒的问题，资源流动程度很高。完全竞争的市场信息非常完整。经济学家普遍认为，完全竞争的市场只是一种理想的市场。在现实社会中，只有农产品等一些作物接近这种类型的市场。

完全垄断的市场结构是与完全竞争相对的另一种极端的市场结构类型。在完全垄断的市场上存在百分百的产业绝对集中度，也就是说，所有产品都是由一家企业提供的。完全垄断厂商所提供的产品没有直接的替代品。由于存在最低资本规模、技术独占、专利和版权等法律上的特许经营权以及完全垄断本业所采取的防守性策略等方面的壁垒，使得任何一家别的厂商都无法进入到这类产品的生产和销售中来，完全垄断市场同样是一种少见的市场类型。

市场寡头垄断是有少数大企业共同控制着大部分某种产品的生产和销售的市场结构。在寡头垄断市场上，由于大部分产品的生产和销售是由少数几家大企业控制的，每一家企业的产品都有很高的市场份额，所以产业集中度很高。寡头垄断企业所生产的产品有两种情况：产品具有较高的同质性，寡头企业之间存在战略依存关系；产品有较大的差异，彼此相关程度较低。由于产业内的少数大厂商在资金、技术、生产和销售规模、产品知名度和社会影响力、销售渠道等方面占有绝对优势，所以，新厂商很难进入到这个行业的生产和销售中来。当然，由于投资规模和生产规模巨大，要从这个市场中退出也很困难。寡头垄断是一种现代市场经济中比较普遍的市场结构类型。

垄断竞争的市场结构是另一种在现代市场经济中普遍存在的市场结构类型，也是一种比较接近现实的市场结构，垄断竞争的市场结构中企业数量比较多，每一家企业的市场份额比寡头垄断的企业要小得多，因而单独一家企业很难对整个市场产生实质性影响。与完全竞争的企业不同，垄断竞争市场的企业生产的是差别产品，由于垄断竞争市场企业的规模都比较小，所需的投资规模自然也比较小，而且技术门槛比较低，所以企业进入和退出壁垒都比较容易。

当体育逐步市场化以后，体育作为一种产业必将与其他产业一样，按照产业发展的内在规律运行。首先，体育企业要以利润最大化作为企业经营的基本目标。除了各级政府提供的公共体育产品以外，所有由企业提供的体育产品都属于商业体育产品。生产商业体育产品的企业，追求利润最大化是其根本性的利益动力机制。如果一家体育企业不能通过经营体育产业而获得最大化的利润，该企业理性的选择将是退出体育产业，把所拥有的资本和劳动转移到有利可图的产业中去。既然体育企业以利润最大化作为企业经营的基本目标，自然会根据市场供给和需求的关系确定产量和价格，不断进行技术创新和成本优化，以保证在激烈的市场竞争中处于有利地位；其次，体育产业内部的企业基于企业内外部条件总是处于不同的市场结构之中。由于体育器材、设施、服装制造业同时属于其他不同的产业门类，我们暂时可以不做讨论。那么，体育企业的典型形态就主要是各种职业俱乐部、商业俱乐部及休闲健身中心、不同层次赛事组织者等，这些企业分别属于不同的市场结构，所提供的体育产品的同一程度也各不相同，进入不同市场结构的困难程度也各不一样。而且，所有体育企业都试图通过提高产品差异化程度来维持一定程度的垄断，也试图提高投资率、拥有先进的设备和技术、实施一些战略障碍等来阻碍其他竞争者进入。

（二）决定体育市场结构的因素

工业经济认为，市场集中度、产品差异化、进入和退出壁垒、市场价格的需求弹性、市场需求的增长速度和短期的成本结构共同决定了市场结构。市场集中度、产品差异化和进出障碍是影响市场结构的最重要因素。在讨论决定体育市场结构的因素时，也主要关注这三个方面。

1. 市场集中度

市场集中度是用来表示一个特定的行业或市场结构和相对比例卖方或买方的数量指标。由于市场集中度可以反映垄断和集中在特定的行业或市场的程度，产业组织理论认为，市场集中度是影响市场结构的主要因素，买方集中现象通常只发生在某些特定行业。因此，当人们研究市场结构时，主要研究零售商的集中度。

市场集中程度取决于许多复杂因素，如公司规模、市场容量规模、行业壁垒高度以及横向并购的自由度。通常人们认为，公司的规模和市场容量是决定市场集中度的主要因素。首先，如果一个行业的市场容量保持不变，一些公司的比例越高，市场集中度就越高。总的来说，扩张公司有内在的冲动。为了实现规模经济，公司尝试降低单位产品的销售成本，扩大生产规模，增加市场份额，在行业中形成一定的垄断力量，从而为获取垄断利润创造条件；公司规模的扩大经常被公众看作企业家能力的标志，扩大公司规模将成为企业家的积极追求。技术进步是企业规模扩大的重要推动力。技术进步的突出表现是新的机器设备、新的生产工艺的使用，这使得生产效率大大提高，企业规模也因此而迅速扩大。特别是在一定的时间期限内独家技术进步很可能使公司的规模扩大，加速公司的成长。尽管为了保持经济的活力，许多国家都会制定反垄断法规，对大规模的企业联合和兼并行为进行限制。但是，经济全球化使每一个国家的企业都要面临不同国家同类企业的竞争，为了提高国内企业的国际竞争力，政府应该放松对企业并购的限制，甚至采取措施建立具有较强竞争力的巨型跨国公司。其次，市场容量的变化会影响相反方向的市场集中度，通常情况下，当市场容量减少或没有改变时，大公司会试图加强并购以获得更大的市场垄断力量来取得更多的收益。相反，市场容量增长将有助于降低市场集中度。当然，当市场容量扩大，大企业都处于竞争的优势地位时，往往会获得扩张的最有利时机。如果市场容量的增长速度比大企业高，那么市场集中度可能会减少。这导致市场容量的变化在很大程度上取决于经济发展的步伐、居民收入水平和消费结构的变化以及该国的宏观经济政策。

运用市场集中度原则对体育市场结构进行分析，会发现体育市场集中度呈现两个主要特征：首先，竞技体育经营业、体育用品业、体育广告业市场集中度高于大多数产业部门的市场集中度。竞技体育经营业基本形成了完全垄断的市场结构和寡头垄断的市场结构，在大部分赛事组织上，是由一家赛事组织机构完全控制或在区域范围内由几家赛事组织机构分别控制，因而市场集中度可以达到100%。体育用品业市场集中度也非常高。从美国商务部的有关资料来看，美国体育用品市场70%，以上的份额是由四家最大的体育用品企业所控制。而在其他产业部门，除了极个别部门外，绝大多数部门四家最大的企业所控制的市场份额都低于70%。即使垄断程度很高的石油部门，四家最大的企业所控制的市场份额也不足40%。而体育广告业中大型赛事的广告经营主要由四五家公司控制。其次，体育、休闲和健身市场的集中度非常低，运动休闲市场的典型特征是，客户的要求多样且复杂。少数公司很难满足具有不同需求偏好的大量体育消费者的需求。在这样的市场中，企业只能进行严肃的市场细分，结合体育人口的空间分布，选择最有利的商业方向，并确定操作和企业的位置的最佳水平，否则难以生存和发展。体育休闲健身市场的特点也决定了大资本不可能进入这一领域，其结果是，这个市场的集中度在一个非常低的水平。

2. 产品差异化

市场集中度可能不能完全反映垄断与行业组织的竞争程度。因为产品差异化程度是非常重要的，即使市场集中度较高，也会显示激烈竞争的特征。

产品差异意味着，当公司向消费者提供产品时，通过各种方法创造出引发消费者偏好的特异性，以便消费者能够有效地将其与其他竞争性公司提供的类似产品区分开来，从而在激烈的市场竞争中取得优势。通过对产品差异化战略的实施，影响消费者的购买行为，并创建消费偏好和忠诚这些产品。产品差异化形成的途径特别多，主要包括加大研发力度以便及时优化产品的结构、功能和质量，设计产品的独特外观，提供更具体、高质量的服务，利用不同的分销渠道或新的独特的广告和促销活动，产品差异化的核心就是形成可区别性和不可替代性，市场结构将逐渐向垄断竞争的市场结构发展。最终，这也会导致寡头垄断和垄断市场结构。产品差异化的市场结构的直接影响主要有两个方面：首先，公司可以维持或提高公司的市场份额和市场集中度，扩大产品差异化的规模，上位企业的垄断程度得以维持或提高，即使规模较小的下位企业也会因此改变自己在整个行业中的地位。其次，现有企业产品差异化战略的实施可以培养消费者的偏好和对公司产品的忠诚度。这实际上给新公司试图进入市场制造了一定的障碍。

体育产业作为一个重要的产业门类，同样存在着产品差别性问题，并且有着自己的特点，这就是体育产业的特殊性。从竞技体育经营业来看，不同赛事组织者提供的体育服务产品是有差别的，如足球世界杯与奥运会就在内容和形式上有着许多不同而形成差别，但这类赛事有相当程度的替代性关系。所以，国际奥委会与国际足联通过协商把比赛时间和比赛地点进行调整，避免双方对体育消费者的争夺。欧洲三大足球赛事之间尽管存在差别，但同样存在较高程度的替代性关系。此外，处于同一联赛的俱乐部，为了争夺观众和电视转播权的销售，会采取多种多样的产品差异化策略，如引进超一流的体育明星加盟、组建表演水平很高的啦啦队、个性独特的赛场环境和营造热烈的气氛、提供消费者的附加消费等，保证更多特色性的产品，从而使产品的差别程度和市场的集中度提高。

相对于竞技体育经营业市场来说，体育休闲健身市场的产品差别性程度要高很多。原因是体育休闲健身产业所面对的消费者特点是：数量庞大，并且消费者的兴趣各不相同，居住不集中，喜欢就近消费。这就必须满足不同消费者多样化的需求，提供不同的体育休闲健身产品。例如，我国东部发达地区的体育休闲健身企业提供的体育休闲健身项目要达到 20 种以上，而且每年都会有一些新的项目被开发出来，以供消费者消费。

3. 市场进入壁垒与退出壁垒

根据产业经济学的分析，市场进入堡垒和退出壁垒考察了新企业与原产业企业之间的竞争关系，以及新企业进入市场后市场结构的调整和变化：市场进入壁垒和退出壁垒反映了特定市场潜在的、动态的竞争和垄断程度。

所谓进入壁垒，指的是在和之前的企业进行竞争的过程中，新的或潜在的企业遭遇到对其不利的因素。这些因素主要包括：①组织进入；②政策法律制度；③产品差异化；④规模经济；⑤绝对成本优势。绝对成本优势指的是基于固定产量，相较于新的或潜在的企业来讲，当前既有企业可以用较低的成本生产出相同的产品。因为原企业成本低，新企业进入市场后，与原有企业相比，处于竞争劣势。原企业的绝对成本优势主要来源于对优良生产技术的控制，优先获取先进的稀缺资源的能力，包括管理能力以及从供应商处获得更优惠价格的原料等投入要素的能力。规模经济壁垒使新企业在竞争中处于劣势地位，比原有企业生产成本要高很多，原因是新企业进入某一产业初期时很难形成规模经济。在产品差别化程度较高的行业中，构成进入壁垒的一个更为重要的因素就是产品差别。经过长期努力的原有企业，已经形成有较高知名度和美誉度的品牌，拥有具有很高忠诚度的消费者群，新企业要突破产品差别化壁垒，从原有企业那里争取消费者，要付出很高的销售成本。政府的政策与法律同样会构筑新企业进入的壁垒，如政府给予原有企业的进出口许可证，差别性的专利制度和税收壁垒以及政府制定的产业规模控制政策都会成为新企业进入的壁垒。另外，阻止新企业进入的还有在寡头垄断行业中寡头们所实施的利润率控制措施，以及针对新企业制定的歧视性价格等方式和行为。

退出壁垒是指企业难以退出某一产业部门的情况，无论是主动还是被动。退出壁垒的主要有资产的专用性和沉没成本、解雇费用和政府政策法规限制，一般情况下，资产的专用性越强，沉没成本就越大，而企业就越难以退出；企业如果要退出某一产业部门，就必须解雇工人，所以必须支付数额很大的退职金、解雇工资，即使继续留用工人，也要支付相当数量的转岗培训费用；为了阻止其退出，一些公用事业部门、特许经营部门会被政府制定特殊政策法规。

体育市场的进入壁垒和退出壁垒有两种极端的情况存在。体育赛事市场是进入壁垒和退出壁垒都很高的市场，而体育休闲健身市场则是进入壁垒和退出壁垒很低的市场。体育赛事市场的寡头垄断市场结构特征和完全垄断的市场结构特征主要是通过很高的市场进入壁垒和退出壁垒体现出来。极其详细的章程和各种规则是所有的具有重要影响的赛事组织机构必不可少的，并制定了严格限制进入和退出体育赛事市场的规定。所有的成员组织和运动员必须严格遵守这些章程和规则的要求，否则将会受到严厉的惩处。对成员单位而言，如果违背了有关规定，将会受到取消会员资格、停止各种活动、断绝经费支持、处以巨额罚款等多种形式的惩处。运动员如果违背了有关规定，也会受到停赛、禁赛、终身禁赛、罚款等形式的处罚，一旦想退出的话十分困难，坚决退出则会面临很高的风险。体育休闲健身市场跟其他大众服务业相似，企业数量多、规模小，企业自身难以设置进入壁垒，政府的产业政策往往又是持鼓励态度。所以，这类市场的进入壁垒和退出壁垒非常低。

（三）市场结构的测量

1. 单个企业垄断势力的测量

勒纳指数和贝恩指数是测量单个企业垄断势力大小的主要方法。

勒纳指数是美国学者阿贝·勒纳提出的，他为我们提供了一种以垄断势力为基础的测量市场结构的方法，该方法避免了必须从大量销售资料中推断垄断势力的问题。其计算公式为：

$$L = (P - MC) / P$$

其中，L是勒纳指数；P是价格；MC是边际成本。

很显然，价格对边际成本的偏离程度是勒纳指数所测量的。勒纳指数越大，从边际成本价格来说就会有更大的偏差，一家公司的垄断力量就越强。但是，勒纳指数在实际的垄断势力测量中存在着比较严重的缺陷。首先，勒纳的垄断势力指数在实际的测量中要求人们能够测量边际成本，这是一件非常不容易的事情，同时增加了问题的复杂化的是要求价格必须有可比性。其次，它不考虑公司潜在的垄断行为，而是衡量企业的实际行为。此外，这种方法是建立在比较静态的价格理论之上的，它无法告诉我们目前的边际成本和价格之间的差额是否理所当然地由过去行为引起。事实上，造成这种差额的原因很多，而不仅仅是垄断。

贝恩指数是通过考察利润来测量市场结构的指标，是由现代产业组织理论的先驱之一贝恩提出的。他的理由是，在一个市场中若持续存在超额利润，说明就存在着垄断因素。其计算公式为：

$$I_B = (P - AC)/P$$

贝恩指数是用企业所获取的超额利润来测量垄断势力的大小。超额利润越大，贝恩指数越高，说明垄断势力越强，贝恩指数比勒纳指数用于计算更容易，因为贝恩是利用平均成本指数。但是，垄断并不是超额利润产生的唯一原因，技术进步和经营水平的提高都会产生超额利润。而且，即使没有超额利润也并不是没有垄断势力。所以，贝恩指数告诉我们的是可能的垄断势力而不是对垄断势力的直接计量。此外，与勒纳指数一样，贝恩指数也是建立在比较静态的价格理论之上的。

2. 产业垄断和竞争程度的衡量

对产业垄断和竞争程度的衡量，人们通常运用产业集中度、洛伦茨曲线、基尼系数、赫芬达尔指数、交叉弹性、指数等指标。产业集中度是最常用、最简单的测量产业竞争性和垄断性的指标。产业集中度一般是整个市场或行业中用某一产业内规模最大的前几位企业的有关数值（产值、产量、销售额、职工人数、资产总额等）所占的份额来反映该产业的集中程度。其计算公式为：

$$CR_n = \sum_{i=1}^{n} X_i / \sum_{i=1}^{N} X_i$$

在这个公式中，CR_n 是指由 N 家企业组成的某一产业部门中最大规模的几家企业的产业集中度，通常人们计算的是四家或八家企业的产业集中度。产业集中度指标测算比较容易，也能较好地反映产业内的生产集中程度以及竞争和垄断的情况。产业集中度指标也存在一些短处，如这一指标忽略了其他企业的规模分布情况，只反映了最大的几家企业的总体规模，无法反映最大企业之间的相对关系，至于该产业部门的产品差异情况和市场份额的变化也得不到反映。此外，在计算产业集中度指标时，要根据同一产业部门或不同产业部门不同时期的特点，选择不同的数值作为计算的基础数据。否则，会出现高估或低估产业集中度情况的问题。

为了反映整个产业的集中度，也可以用洛伦茨曲线和基尼系数弥补工业集中指数的不足，洛伦茨曲线反映了中小企业的累计数量与规模份额的累计比例之间的关系。基尼系数能把非均匀系数用定量指标反映出来。

由于上述三个指标都不同程度存在一定缺陷，研究产业组织的学者们引进了赫芬达尔指数，赫芬达尔指数是一种测量产业集中度的综合指数。它是指一个行业中各市场竞争主体所占行业总收入或总资产百分比的平方和。计算公式如下：

$$I_H = \sum_{i=1}^{n} (X_i/T)$$

在这个公式中，是指该产业部门中第家企业的规模占整个产业规模的比重。相对于其他指标，赫芬达尔指数在产业集中度测定时兼有绝对集中度和相对集中度指标的优点，而且不受企业数量和规模分布的影响，能够较好地测定产业集中度变化。

不同产品之间的交叉弹性主要反映了有关产业或产业之间的替代性和互补性。一般来说，交叉弹性越大，说明不同产品之间的替代性越强，企业之间的竞争性也就越强。所以，对不同产品之间的交叉弹性的测定，可以反映出生产这些产品的企业之间的垄断与竞争关系。

熵指数是借用信息理论中熵的概念，具有平均信息量的含义。其计算公式为：

$$I_H = \sum_{i=1}^{n} S_i \cdot \log \frac{1}{S_i}$$

公式中为第个企业的市场份额。熵指数与赫芬达尔指数一样，也是一个反映市场中所有企业竞争和垄断的情况的综合指数，不同的是分配给各个企业市场份额的权数不同。

二、体育市场行为

体育市场行为是指体育企业和体育组织为了实现最大的利润目标或者更高的市场份额而采取的适应市场供求关系变化的战略决策行动。体育市场结构的现状和特点将制约体育市场的行为，而体育市场的行为将影响和改变体育市场结构的状态和特征，一般来说，寡头垄断市场的竞争行为是体育市场竞争行为的主要研究对象。

（一）体育市场的竞争行为

体育市场的竞争行为主要有定价行为、广告行为和兼并行为。

1．定价行为

体育组织或体育企业的市场定价行为由于其目标的不同所采用的定价方式也会有较大差异。如果体育组织或体育企业的目标主要是实现最大化的利润，可能主要采取成本加利润的定价模式、价格领先制定价模式；如果体育组织或体育企业的目标主要是追求更高的市场占有率，则主要采取降价策略为主的竞争性定价模式。

在体育市场上，如果市场竞争程度不高，许多企业都会采取最为简单的成本加利润定价模式。成本加利润定价法就是在平均成本的基础上加上一个预期的利润水平的定价方法，这种定价方法计算非常简单，如果市场竞争不够激烈，市场供求关系又比较稳定，通过实施成本加利润定价法，企业就能够获得预期的利润水平。但是，这种方法又是一种单边的主观定价行为，在激烈竞争的市场环境中，有可能完全失效。例如，体育休闲健身市场在许多地方一旦发展起来，由于企业提供的产品具有较高程度的替代性，为获取更大市场范围所进行的市场竞争就会非常激烈，其中价格竞争是最主要的竞争手段之一，成本加利润的定价方法就很难适应这种市场环境，从国内外的经验来看，在竞争比较充分的市场上，企业更多采用的是习惯定价法、按竞争性产品价格定价法、按生产能力定价法、比较定价法、区域定价法等。

价格领先制定价模式是寡头垄断的市场主要的定价方式。在体育市场上，价格领先制的实施主要是由一家体育企业或组织首先调节价格，其他体育企业或组织则跟随领先企业或组织相应采取行动。价格领先制也有多种具体的定价模式，如主导企业定价模式、串谋领导定价模式、晴雨表型领导定价模式等，主导企业定价模式一般是由规模最大、市场份额最高或社会影响力最高的企业首先确定价格，其他企业自愿跟随或者被迫跟随确定自己的价格。例如，国际奥委会和国际足联由于其所拥有的绝对权威和广泛的社会影响力，使其所确定的比赛门票、赞助费门槛等就能对相应的洲际比赛、各个国家的大型比赛的比赛门票、赞助费门槛产生决定性的影响，串谋领导定价模式是几家规模很大、实力和社会影响力相当的企业通过串谋共同确定价格，其他企业跟随确定价格的模式。例如，国际奥委会、国际足联等国际体育组织之间都会采取串谋的方式确定比赛时间、门票价位、赞助费门槛等。采取晴雨表型定价模式的情况主要出现在市场集中度比较低、竞争相对充分的市场上。在这种情况下，首先是由对市场条件变化更具有敏感性和预测能力的领导企业对价格进行调整，其他企业以其对领导企业的信任程度为基础，对自己的产品价格做出相应调整。由于企业规模比较接近，所以企业之间的行动协调比较困难，这就使得这种模式具有不稳定性。

以追求更高市场占有率为目标的竞争性定价模式，根本方法是降低价格，但因具体目的不同又有掠夺性定价、限制性定价两种方法。

掠夺性定价也叫作驱逐对手定价，是指某一企业为了把对手挤出市场或逼退潜在的竞争对手所采取的降低价格的策略，在体育产业成长过程中，特别是竞技体育经营业以外的体育产业门类，一些具有较强实力的企业为了提高自己在特定区域市场中的产业集中度，逐步形成垄断地位，往往会采用这一策略性的定价行为。掠夺性定价策略有三个主要特征：一是掠夺性定价策略具有暂时性。一旦竞争对手被驱逐出市场，企业会很快恢复较高的价格。因为任何企业都不会在承担亏损的情况下向市场提供产品。只要竞争对手退出市场竞争，企业就会立即把价格提高到足以获得经济利润的水平以上。二是掠夺性定价策略的实际目的是缩减供给量而不是增加需求量，只有把竞争对手挤出市场，企业才能实现较高的产业集中度，才能确定具有垄断性的产量和价格，并保证企业获得最大化的利润。三是采取掠夺性定价策略的企业都是具有实力的大企业。在差别很大的大企业和小企业之间容易发生掠夺性定价行为，因为实行这一策略大企业也要在短期内蒙受一定的损失，所以大企业更愿意通过兼并来消灭竞争对手。除非兼并成本过高，或者小企业愿意鱼死网破地对抗时，大企业才采取这一措施。

限制性定价也叫作组织进入价格，是指企业把价格定在获取经济利润同时不会引起新企业进入的水平上。对潜在企业而言，当面对这一价格时会认为进入这一市场只能引起价格下降而失去利润空间，所以投资于该领域没有实际意义。企业采取限制性定价策略的直接目的是阻止新企业的进入，实质上是一种牺牲部分短期利益以追求长期利润最大化的行为，因此，限制性定价策略与掠夺性定价策略一样，都是企业长期定价的策略行为。不同的是，采取限制性定价策略的企业在短期内仍然有一定的利润，而采取掠夺性定价策略的企业要在短期内承担一定程度的亏损。限制性定价策略所定价格的高低要受到市场进入壁垒的程度和规模经济的影响。一般来讲，市场进入壁垒的程度越高，限制性定价策略所确定的价格就会越高，因为市场进入壁垒已经在很大程度上阻止了新企业的进入，这时就没有必要用很低的价格来强化进入壁垒。反之，如果市场进入壁垒的程度很低，要阻止新企业的进入必须按平均的甚至更低的利润水平定价。当规模经济成为主要的市场进入壁垒时，企业在制定价格时：一要考虑让没有达到一定规模的企业无利可图，被迫退出市场；二要适当增加产出，尽可能减少新企业能够得到的市场份额，使新企业因市场份额不足而无法进行规模经营，导致成本上升，最终退出市场。

除了上述价格策略以外，体育组织或企业还会实施价格歧视策略，以达到提高市场占有率、获取更高利润的目的。

价格歧视也称为差别价格，是指企业针对不同的消费者制定不同的价格。价格歧视可分为一级价格歧视、二级价格歧视、三级价格歧视三种类型。一级价格歧视也称为完全价格歧视，是指企业对其所销售的每一单位产品都向消费者索要最高的可能价格。一级价格歧视对企业来讲应该是最为理想的情况，但只有在销售者与消费者进行单独的一对一销售谈判中才能实施，对体育组织或者体育企业来讲是根本无法实现的。二级价格歧视就是企业按照消费者购买商品的数量来确定价格。这种情况比较普遍。体育组织和企业也可能实行二级价格歧视，如健身俱乐部实行的会员价格和非会员价格的区分，一些大型联赛实行的全赛季票价和单场票价的区分，都是典型的二级价格歧视。三级价格歧视是指企业把市场分成两个或多个不同的子市场，同一种商品在不同的子市场按不同的价格进行销售。三级价格歧视的条件有两个方面，一是市场分割，二是需求弹性不同。对体育市场而言，这也是一种常用的价格策略。例如，NBA 联盟在不同国家推广 NBA 时，对发达国家和不发达国家就执行不同的票价，一些体育休闲企业在其他城市建立分支机构并进行市场推广时，也可能根据这些城市居民的收入水平采取低于原有城市价格水平的市场价值，以吸引更多的体育消费者进行消费。

2. 广告行为

广告行为是企业普遍采用的非价格竞争行为：向消费者提供产品信息，引入产品功能，引导消费者购买。广告分为信息性广告和劝说性广告。信息性广告主要是为消费者提供产品的价格信息、产品的功能和特点、销售的地点和方式、售后服务等。劝说性广告主要是为了使消费者建立起产品差别性认识并形成对产品的良好感觉，从而影响潜在消费者的消费决策。劝说性广告在一些情况下有可能掩盖信息，迷惑消费者，把无差别产品当作差别产品。

企业的广告行为能够对市场结构产生普遍的影响。首先，企业的广告行为能够促进消费者对企业所提供产品差异性的认知。广告是企业向消费者传递产品差异性信息的最重要的手段和途径，企业可以通过广告中的有效诉求，让消费者切实认知其所提供产品的与众不同，以便把这些产品与其他企业提供的竞争性产品区分开来。其次，企业的广告行为可以增强进入壁垒。消费者的主观喜好和对自己所提供产品的忠诚度能够被企业大量的广告投入所影响，从而提高企业本身和其所提供产品品牌的知名度。当一家企业通过比较系统、持续的广告运作，使得企业和特定产品成为一种在一定区域范围内文化、质量、消费档次的象征时，企业广告投入实际上就成为一笔巨大的无形资产，潜在的市场进入者要在这种情况下进入这个市场，从原有企业手中分得一部分市场份额，必须投入更多的广告费用以克服原有企业已经形成的商誉，这无疑使其在竞争中处于劣势地位。由此来看，企业的广告行为是产业内部不同企业之间市场份额差距扩大和市场结构发生变迁的重要原因。

体育市场上企业的广告行为既具有所有企业广告行为的一般特征，也具有自己的特殊性：除了竞技体育经营业以外，其他体育产业部门的广告行为符合企业广告行为的一般特征，只是这些体育产业部门的广告能够更多地利用名人效应和赛事效应。例如，体育服装鞋帽制造企业或者签约一些国际级别的受到人们普遍喜爱的体育巨星作为代言人，或者作为赞助商在一些重大的国际比赛赛场、世界著名的联赛赛场进行产品推广，从而极大地增加了产品品牌的知名度和产品销售量。

体育市场上比较复杂的是竞技体育经营业的广告行为。一是大型体育赛事既需要通过广告进行广泛的宣传，又是其他企业广告宣传的载体。这个特征是生产物质产品企业的经营活动根本无法具备的。大型体育赛事的组织者为了吸引更多的体育消费者观赏体育比赛，必须对赛事进行广泛宣传以取得最大化的利润。体育比赛一旦举行，马上会成为现场体育观众和电视观众关注的焦点，所以许多大型企业为了获得赛场广告权宁可重金资助体育赛事。而对电视观众来说，精彩、激烈的体育赛事有着巨大的吸引力，这又是电视台插播广告的最好机会，所以为了电视转播权电视台会不惜重金购买赛事的转播权。因此，竞技体育经营业的广告实际上是在与广告媒体的商业合作中实现的，而不需要投入巨额的广告费用。体育赛事组织机构最重要的工作是提供最为精彩的赛事并对媒体企业进行销售推广。二是大型体育赛事往往会得到政府的高度重视和支持。大型体育赛事被许多国家或者城市当作宣传自己国家或城市的一个重要平台和名片，甚至会当作拉动相关产业发展的重要动力，所以政府也会利用自己的宣传工具和手段为这些赛事进行广泛的宣传。这就大量节省了赛事组织机构的广告成本。三是大型赛事一旦被广大体育消费者所认可并形成在全社会有广泛影响力的品牌，每一个体育消费者事实上也就成为一个广告宣传者，这也就降低了大规模广告宣传的必要性。尽管如此，任何体育赛事也都需要体育赛事组织机构运用多种广告形式进行赛事推广，这还是要支付一定的费用的。

3. 兼并行为

企业兼并行为是指两个以上的企业在自愿基础上依据法律规定，通过订立契约而结合成为一个新的企业的组织调整行为。由于企业兼并行为使市场集中度得到较大幅度的提高，市场进入壁垒的程度有所增加，从而使兼并后的企业能够获得更为强大的市场支配力量并导致垄断的出现。所以，人们一般认为以企业兼并为主的企业组织调整行为是对市场关系影响最大的市场行为。

企业兼并行为有横向兼并、纵向兼并、混合兼并三种类型。

横向兼并也叫作水平兼并，实行兼并的企业属于一种产业、生产一类产品或处于一种加工工艺阶段，在体育产业内部横向兼并经常发生，如许多著名的体育用品生产企业都是在不断兼并生产同类产品的其他企业的基础上逐步成长起来的。在竞技体育经营业中横向兼并相对要少一些，但也时有发生，如NBA联盟中的许多球队就兼并过低一层次的球队。

纵向兼并也叫作垂直兼并，实行兼并的企业之间存在前向或后向的联系，分别处于生产和流通的不同阶段。这种兼并方式在竞技体育经营业中比较普遍，一些体育用品或体育设施制造企业对职业俱乐部的兼并，一些著名的职业俱乐部对体育用品零售企业的兼并，都属于这种类型。

混合兼并也叫作复合兼并，是指属于不同产业、生产工艺上没有联系、产品完全不同的企业之间的兼并。例如，英国著名的胶片生产公司API公司对美国

DC联队的收购，英国投资公司对苏格兰、意大利、捷克、希腊、法国等国家足球俱乐部的收购，都属于这种类型。

现实的体育市场上的企业兼并行为在许多情况下是难以区分属于哪一种类型的，20世纪90年代以来体育市场上掀起的企业兼并浪潮，也说明了体育市场上的企业兼并行为同样具有高度的复杂化特征。

有一家著名的产值达100亿美元的巨型跨国公司叫作Interpublic集团。1997年该公司成立了Octagon体育经销公司，Octagon公司是一家在15个国家拥有多个分支机构的跨国公司，主要经营媒介和广告服务。公司旗下有三个广告公司、一个世界上规模最大的媒介经营公司、一个公共关系机构。公司的业务范围涉及体育赛事广告经营、电视转播权的经营、英联邦运动会和板球世界杯赛的经营、一些著名运动员的代理、世界特技自行车系列赛的经营等多个领域。在全世界拥有780家公司、200家报纸、一家出版社的默多克公司，从1992年开始涉及足球市场，通过经营英超联赛的电视转播权，取得商业上的巨大成功。埃托尼克公司为了保持在美国国内市场的竞争力并能够进一步向国际市场进军，2007年看中了意大利乐途体育用品公司，并实现合并，意大利乐途体育用品是欧洲领先的足球鞋和网球鞋制造商，其销售网络覆盖全球80个国家。合并后，该公司的产品清单可涵盖高尔夫球鞋、跑鞋、步行鞋和保龄球鞋，并有机会在美国市场销售该公司的产品。

（二）体育市场的协调行为

体育市场的协调行为是指体育市场上的体育企业或组织为了某些共同的目的而采用互相调节的市场行为。在体育市场上，有两种最基本的市场关系：竞争和合作。在很多情况下，体育组织之间、体育企业之间因各自的利益而展开激烈的竞争，但为了避免由于过于激烈的竞争导致两败俱伤的局面，它又不得不相互妥协以达到对各方都有利的目标。体育市场的协调行为并不是体育组织之间或企业之间通过艰苦的谈判达成协定或契约来实现的，一般采取的是共谋的形式。这主要是因为除了竞技体育经营业以外的其他产业领域在许多国家都要受到反垄断法规的约束。体育市场的协调行为主要有价格协调和非价格协调两种形式。

体育市场上的价格协调行为是指体育组织之间或体育企业之间就其所提供的产品的价格决定问题相互协商并采取共同行动。体育市场上的价格协调行为通常有卡特尔和价格领先制两种形式。在存在寡头垄断市场结构的体育市场上，任何体育组织或企业的收益不仅取决于其自身的决策和行动，而且要受到其他体育组织或企业决策和行动的影响。卡特尔就是以限制竞争、控制市场、谋求最大化的利益为目的的体育组织或企业通过共谋或串谋的形式进行的一种价格协调行为。例如，国际奥委会与其他国际体育组织之间就电视转播权、赛事标志使用权等无形资产的价格进行磋商并形成默契，实际上就是组成了卡特尔。区域性的体育垄断组织或企业也会以卡特尔的形式就赛事门票的价格、服务的价格、设施使用的价格、电视转播权和标志使用权的价格等进行磋商和串谋并达成一致性的意见。卡特尔具有不稳定特征，如果出现私自背离默契或协议的情况，将会导致卡特尔的解体。

体育市场上的非价格协调行为与卡特尔非常类似，同样是通过共谋或串谋的形式实现的，只不过共谋或串谋的内容不是产品的价格而是产品供给的时间、地点、规则等方面的问题。例如，国际奥委会与其他国际体育组织就通过共谋的形式来决定奥运会与各种国际体育专业赛事的比赛时间、间隔时间、比赛地点、比赛规则，以避免因赛事冲突造成赛事之间的直接替代，运动员在不同赛事参与上分流使得比赛质量下降，体育消费者在不同赛事观赏上分流使得收益下降等问题。

三、体育市场绩效

所谓体育市场绩效，指的是基于特定体育市场结构，采取特定的市场行为，促使体育产业在诸多方面获得市场经济效益，这些方面囊括了技术进步与产品质量、成本与价格、品种与产量以及利润等。从本质来讲，体育市场绩效一定程度上体现了体育市场运作效率以及资源配置的好与坏。

产业组织理论在研究市场绩效时是基于社会的角度来考虑的，认为如果以效率为标准，从抽象的分析来判断，最有效率的经济就是完全竞争的经济。而使经济偏离完全竞争的经济状态的原因是垄断，会造成效率的损失。市场绩效本身包含着价值判断问题，因而具有高度的复杂性。经济学家通常采用的方法是首先假定企业的唯一目标是追求利润最大化的情况下讨论抽象的企业经济效率，主要是判断产业的效率在多大程度上接近于完全竞争状态。一是利润率的高低。通常衡量市场绩效的指标是利润率。因为在完全竞争的市场上，资源配置最优，社会效率最高，企业只能获得正常利润，并且企业利润率趋向平均化。所以，企业利润率的高低和是否存在平均利润率就体现出产业组织的市场绩效。二是价格成本差。价格成本差实际上就是勒纳指数和贝恩指数。这两个指数分别从不同角度反映了市场集中的程度和垄断势力的强弱，从而能够体现这种市场结构对完全竞争的市场结构的偏离程度。三是托宾值。托宾值是指企业资产的市场价值与企业资产重置成本之比。如果值大于1，则表明股票和债券所测得的市场价值大于目前市价重置的资产成本，表明企业可以在市场上获得垄断利润。托宾值越大，企业获得的垄断利润越大，社会福利赤字越大，市场绩效越低。

因为市场结构和市场行为综合反映了市场绩效，所以仅仅停留在上述层面的评价是远远不够的。市场绩效评价只有充分考虑相互矛盾、相互影响的资源配置效率、技术进步、社会福利水平、社会公平等多个因素，密切结合市场的真实情况，综合评估资源配置效率、产业的规模结构效率、技术进步程度三个方面，才能对市场绩效进行有效评价。对体育市场绩效的评价同样必须基于这三个方面。

（一）体育市场的资源配置效率

经济学的基本原理告诉我们，资源配置效率的主要体现是社会总效用或者社会总剩余的最大化，也就是社会福利的最大化。在对资源配置效率进行评价时，经济学家一般用消费者剩余、生产者剩余和社会总剩余来衡量资源配置效率的状况：消费者剩余是指消费者按照一定价格从所购买的某一商品中获得的效用减去为此所支付的价格之后的净得利益；生产者剩余是指企业的销售收入与生产费用的差额；社会总剩余是消费者剩余和生产者剩余之和。经济学家认为，如果市场机制运转良好，市场竞争充分，资源配置的效率就比较高；反之，如果市场竞争不够充分，市场垄断程度比较高，资源配置的效率就比较低。经济学分析表明，与完全竞争的市场相比较，垄断企业通常以较高的价格和较低的产量供给产品，从而攫取了相当部分的消费者剩余，导致了社会福利水平的下降。此外，垄断企业为了谋取和维持其垄断地位还会采取诸如大量的广告、提高进入壁垒的程度、特殊的产品差异化策略等措施，并为此支付巨额的费用，这种不是产品生产和销售所必需的开支，客观上会加重消费者的负担，同样是社会资源的浪费。

在体育产业发展的过程中，体育组织和体育企业作为市场经济条件下的一种特殊的企业类型，与其他企业一样是硬的预算约束下的市场主体，把追求利润最大化作为企业经营的基本目标，所以衡量体育市场的资源配置效率，必须以社会福利的最大化作为最根本的尺度，也就是要考察体育资源的配置是否能够或者最大限度地实现了有限的体育资源的最佳配置、生产者实现了利润最大化、消费者实现了剩余最大化或者最大程度的效用满足。考察体育市场的资源配置效率，一是要考察产业的利润率。体育市场的竞争越是充分，体育资源在企业间自由流动越容易，企业平均利润率越低，平均化程度越高，体育消费者能够获得的福利也就越是趋于最大化。事实上，考察体育产业的利润率，在一定水平上能够明确地推断体育市场对完全竞争市场的远离程度，进而就会知道体育消费者所获的利益与最大化利益之间的差异。二是要考察进入壁垒的程度和市场集中度，进而推断市场竞争是不是充分。三是要考察政府对市场的干预程度，从而来推断市场机制是不是被扭曲，是不是存在市场失灵的状况。四是要考察消费者对于体育产品的需求情况，从而来推断体育产业给消费者带来的效用或利益有多大。

（二）体育产业的规模结构效率

产业的规模结构效率也叫作产业组织的技术效率。因为规模经济的存在，体育资源的利用效率被各种体育资源在体育产业内部的分配状况所影响。体育产业的规模结构效率是指体育资源的利用状况，是从体育产业内部规模经济的实现程度的角度来考虑的，主要包括三个方面：一是实现经济规模的程度。在现实经济生活中，没有一个产业的所有企业都完全符合规模经济的要求。根据贝恩对美国20个产业的调查研究，即使美国这样经济高度发达的国家的大多数产业中，仍然有10%～30%的产品产量来自非规模经济的企业。这些企业利润率比较低，有的尽管长期亏损，但仍不退出市场，继续进行生产。而且在部分产业中存在超经济规模的过度集中，有一些大企业经营成本明显高于规模较小的企业。体育产业中的许多经营领域同样存在着未达到经济规模的产品生产和供给者，特别是体育休闲健身业这种情况十分普遍，许多虽然企业规模很小，但是运营成本很高，这就影响了体育资源配置的效率。体育场馆经营业中经营供过于求的问题在体育产业中相对比较严重，如我国许多城市的体育场馆能够充分利用的不足50%，在大多数时间存在比较严重的设施闲置。二是经济的合理垂直结合及实现程度。体育产业发展过程中，各个具体产业门类之间存在一定程度的连续流程性质的先后向关联，这些产业部门之间必须有一个合适的比例，包括体育产业规模结构效率或内部结构的合理化。一般来说，用垂直产出占生产的各个阶段产出的比例来表示经济规模的垂直程度。三是企业规模能力的运用。主要有两种情况：一些企业市场集中度低，缺乏规模经济，并有各种程度的设施搁置和利润率低；一些企业已达到规模经济水平，但设施仍然没有得到充分利用。

（三）技术进步的程度

广义层面的产业技术进步囊括了劳动投入、资本投入之外的全部有利于经济发展的因素；狭义上的产业技术进步则指的是产业之中的创新、创造以及技术转移。在产业组织的生产行为和结构的诸多层面都能够体现出技术进步，产业的技术特性与产品具有紧密的联系，大容量、高效率的技术发展与必要的资本壁垒和经济规模相关，技术进步的类型、程度和条件都与企业的兼并和产业集群化发展存在密切的关系。技术进步程度主要反映经济效率的动态性，是衡量市场绩效的重要标准，体育产业由于其所具有的高度竞争性和所提供服务的消费者直接感受的特征，从一开始就与技术进步和创新紧密关联在一起，竞技体育的训练水平、比赛成绩、场馆设施、运动装备无不充分体现着技术进步和创新，也正是不断的技术进步和创新活动，使得竞技体育的观赏性大大提高，使体育消费者获得极大的满足。体育休闲健身产业源于不断的技术进步和创新，使广大的参与性体育消费者获得了内容更为丰富、方式更为多样、效果更为明显的休闲健身消费。其他体育产业门类更是与技术进步和创新活动密切相关。从总体来看，体育产业的技术进步程度主要通过体育产业的增长和体育消费者所获得的福利增长体现出来。

第三节　体育产业政策的基本理论

一、产业政策及产业政策体系

（一）产业政策的概念

20世纪70年代后期，产业政策开始渐渐引起各国的高度重视并被各国采用，产业政策理论基础和实践基础的研究作为只有三十多年历史的较新的经济调控手段，相对于经济学来说还处于摸索阶段。因此，各国经济学界对产业政策的理解和解释也有很多不同，以致英语中到现在还没有一个与产业政策完全相对应的词汇。英文的 industry 一词指工业，其他类似的词汇还有结构政策（structural policy）、积极调整政策（positive adjustment policy）、产业战略（industrial strategy）等。因此，还没有一个人们公认的一致的产业政策的观念，如今比较典型的有下面几种：①从宏观经济政策方面研究，认为产业政策是有关政府产业的所有政策的整合。例如，产业政策是与产业有关的所有国家的法律和政策；产业政策是有特定产业指向政策的总的概括，目的是实现某种经济和社会目标而制定的。②基于供给管理政策方面的研究，指出产业政策作为一种政策举措，旨在促使供给结构可以最大程度上同需求结构的要求相符合。譬如，产业政策可以理解为在社会供给层面，国家推动或调节经济增长的方法和措施的总称。③基于市场和政府二者间的关系层面研究，指出产业政策即为对市场漏洞的填补，换句话说，在市场调整出现不利因素的情况下，政府采取诸多弥补的政策方式，如产业政策可以理解为政府采取的旨在对不同产业内部营利性企业的特定经营活动或者产业间的资源分配进行改变的政策。④从国际竞争力政策方面研究，也就是政府选择发展或控制某些产业及其有关活动的政策的总的概括，目的是提高本国产业的国际竞争力。比如，产业政策是政府计划在国内发展或控制各种产业的有关活动的总和，以此来取得在全球的竞争能力。产业政策作为一个政策体系，是经济政策三角形的第三条边，它是对货币政策和财政政策的填充。⑤从产业赶超政策方面研究，以为产业政策就是工业后落后国家选择的政策的总的概括，目的是超越工业先进国：例如，产业政策就是“当其他国家的产业都领先于一国产业时，或者是其他国家领先于本国，为增强本国产业所采用的各种策略”。

⑥从规划的方面研究，有一种说法是，产业政策是一个计划，是政府改变未来产业结构目标的行动。工业政策是一种更先进的国家干预或干预经济的形式，这是一个以全国统筹发展为基础的更加完整细致的政策体系，而不仅仅是某一个或两个行业的地方政策。

结合上述因素和各种概念，产业政策是根据政府的需要、国民经济发展的现状和发展以及在一定时期内国内行业的发展趋势，通过对资源的有效配置和产业结构的高效率增加行业的供给强度：一系列的战略政策是为了鼓励生产力的进步和工业的增长，修复市场壁垒，提升国内产业的竞争力，证明动态比较优势。

（二）产业政策的基本体系

产业政策是一个内容涉及产业各个方面的体系，长期以来引起了世界各国的重视，但大多数国家尚未能形成完整的产业政策体系。产业政策是从产业经济的角度考察国民经济发展的政策体系。产业政策体系的完整性，按照其内容来讲，起码囊括了三方面：产业发展政策（构成要素主要包括产业全球化政策、产业投融资政策）、产业经营政策（构成要素主要包括产业组织政策、产业技术政策）以及产业关系政策（构成要素主要包括产业布局政策、产业结构政策）。

1. 产业关系政策

产业关系政策是调节同一区域和区域产业关系关联的政策。关系政策主要包含产业结构政策和产业布局政策，产业结构政策通常是指政府的政策，包括产业结构的发展，在不同时期和决定期间各行业的变化趋势，通过判断行业的比例、相互关系和产业发展序列，以实现产业结构的调节，从而促进国民经济的增长。产业发展规律的优先性是产业结构政策的主题。其政策的关键在于确定结构和政策的方向、产业的采用、支柱产业的兴起、产业的维持、赞助和支持，以规划产业发展的基本结构，完成产业结构的协调。无论是发展工业还是发展二次产业，经济增长和结构转型都有特殊期限。因此，每一个政策时期都会有不同的选择。产业布局政策通常是由政府的产业区位原则和国民经济条件以及不同时期的区域经济发展状况所决定的，它是在产业空间布局和区域经济协调发展的基础上设计和实施的，旨在实现世界产业政策。区域发展中心的选择和产业融合发展政策的制定是产业布局政策的内容。产业布局政策包括两个方面：国家产业结构和区域产业结构。

2. 产业经营政策

各行业的有效运作，是劳资关系协调和升级的坚实基础。产业经营政策主要包含产业组织政策和产业技术政策。产业组织政策一般是指政府按照不同时期的特殊对象制定和采用市场结构，协调市场活动的政策。其目的是优化行业内部资源配置，管理行业内企业之间的关系。其本质是调解竞争与规模经济的冲突，维护市场规范，监督有效竞争。政府是产业组织政策的实施主体，协调行业内部关系结构和企业之间的关系，并重点包括垄断的遏制，不正当竞争和不正当交易的防范，企业的并购政策和中小企业政策。产业技术政策通常是指根据经济发展状况和不同时期的预测，指导、选择、鼓励和掌握工业技术发展的政府规则的一般性概述。它的直接政策目标是工业技术，它是确保工业技术有效发展的主要途径。

3. 产业发展政策

产业发展政策是对产业发展的一系列具体政策的概括总结，是实现产业全球化和产业现代化的目的。产业投融资政策是产业发展的根本。产业全球化指的是全球范围内产业的升级和行为，以及世界范围内产业结构的演进和升级。经济全球化是产业全球化的主题，为了在全球化浪潮中获得更多的利益，有必要在全球化的背景下实时调整各种产业政策，使我国的产业发展符合世界的需要和时代的需要。产业全球化政策是对经济全球化背景下实现产业结构优化升级和实现产业国际竞争力的国家政策的概括。

二、体育产业政策的定义与影响

（一）体育产业政策的定义

所谓体育产业政策是指为了实现社会经济与国家发展目标的顺利实现，政府和体育主管部门进行有计划的干预和引导，通过一系列的政策工具和经济方法，影响体育产业的形成和发展的经济政策。

（二）体育产业政策对体育产业发展的影响

1. 对合理地发展体育产业结构具有推动作用

在体育产业结构变化中，体育产业政策发挥着极其关键的作用；政府可以基于整个宏观经济的层面，制定并实施基于越来越多的趋势不断变化的供应和市场需求的体育产业的科学决策，并通过经济形势调整体育产业不同部门间资源的合理分配和相关行政法律。

2. 可以弥补市场失灵和为体育产业分配资源

历史经验表明，在不同国家，产业政策最常见的功用是对市场失灵予以抵消。市场机制不具有万能性，对于提供公共产品的企业和部门，在不完全竞争、垄断和对外经济方面，价格机制不能有效地划分各自的资源。这是市场机制的局限性。科学合理的体育产业政策和市场机制相结合可以最大限度地减少工业效益造成的市场失灵，促进体育产业的发展。

3. 实现体育产业的超常规发展，缩短领先时间

如果经济落后国家要在较短时期内发展体育产业和技术体系的竞争力，如果依靠自由市场调节，就需要长期的资本积累过程，短期内无法满足产业快速发展的要求。政府可以在市场机制基础上实施更多的“赶超策略”，促进体育产业的快速发展。

4. 强化国内体育产业的国际竞争力

体育产业全球化基于经济全球化已成必然，借助体育产业全球化政策的制定，体育行政部门推动国内体育产业进一步取得国际竞争优势。

三、体育产业政策的内容

（一）体育产业组织政策

产业组织政策是指政府制定的产业政策，以实现理想的市场效应，干扰市场结构和市场行为，并规范企业之间的关系。政府之所以要制定并实施产业组织政策，主要原因在于：在市场经济条件下，市场力量本身无法避免自发的过度竞争，也不能阻止大公司根据其地位或通过卡特尔和价格歧视等不公平的优势获得高额垄断利润，并由此引起经济活力丧失、资源配置效率低下等问题，在这种情况下，政府通过立法制定市场规则，规范企业市场行为，能够在一定程度上协调

竞争与规模经济之间的冲突，调整企业之间的关系，维护正常的市场秩序，促进有效竞争和优化资源配置。

体育产业组织政策是产业组织政策在体育产业领域的具体运用，是由政府制定和批准，协调体育产业与规模经济的冲突，调整体育企业之间的关系，促进体育产业健康发展的一系列经济政策的总和。

在体育产业发展过程中，反垄断政策主要适用于体育产业发展到较高阶段的国家。在体育产业发展的初级阶段，体育公司的规模经济没有得到充分体现。组织体育产业的主要任务是限制过度竞争，通过制定一系列强有力的措施，如体育产业的市场进入标准、产品质量标准等，以维护体育产业发展的良好市场环境。但是，由于现阶段体育产业仍是全国工业体系中的弱势产业，行业市场竞争非常差，体育产业组织政策不仅仅在于改变无序的市场竞争状况，更重要的是促进体育产业快速发展。所以，体育产业组织政策应优先支持体育产业发展，在发展前提下规范市场竞争秩序，否则会陷入收收放放、一收就死、一放就乱的怪圈。

（二）体育产业结构政策

体育产业的发展一方面体现为体育产业对国民经济贡献率的提高，包括产值贡献、就业贡献等；另一方面，体现了体育产业内部结构的不断优化和先进水平。体育产业在国民经济中的贡献率实际上是一个总量问题，但总量问题总是与结构紧密联系，相互制约、相互促进。没有总量的增长，就谈不上结构的优化和高级化；没有结构的优化和高级化，也难以支撑整个体育产业的快速发展，自然也就不可能对国民经济有一个较高的贡献率。体育产业结构政策的根本任务是通过一系列政策驱动，不断推动体育产业内部结构的合理化，为体育产业的发展提供有力保障。

（三）体育产业发展的其他政策

1. 财政政策

财政政策包括财政支出政策和税收政策，是国家扶持或限制产业发展的主要手段之一。财政支出政策主要是通过政府财政预算投资、包括分产业部门的不同折旧制度在内的特殊金融体系，政府采取财政补贴等措施支持或限制某些行业的发展。税收政策主要通过实施行业、部门或产品的差别税率，以及特定时期的特殊税收调整和关税保护等措施来支持或限制某些行业的发展。对于体育产业来说，国家可以运用财政政策工具，通过权力参与经济收入和支出流动，促进体育产业的发展，达到发展体育产业的目标。

从发达国家的经验来看，财政政策始终被作为扶持体育产业发展的重要工具。例如，德国就是利用财政政策扶持体育产业发展最为典型的发达国家。1990年，德国颁布了《体育俱乐部提供援助法》，根据这个法令，体育俱乐部的税收负担得以大大减轻。此外，德国的有关税收政策还对体育俱乐部经营提供税收优惠，如果体育俱乐部所开展的某项经营活动出现亏损，可以用另一项经营活动的收入加以弥补，体育俱乐部的经营收入若低于6万马克，则享受免税优惠。西班牙、澳大利亚、韩国也都对体育赞助实施免税优惠，以保证体育产业有足够的资金投入，促进体育产业发展。西班牙法律规定，其他公司作为礼品馈赠给各单项体育协会的产品，可以不列入应缴纳的公司收入税总额，也不需要任何赞助协议。赞助单位无论是提供给运动员个人还是提供给其所在的组织的赞助款，均免征公司所得税。

2. 投融资政策

任何产业的发展，都需要一个健全、高效的投融资体系作为保证。体育产业是一种新兴的、具有高成长性的产业类型，确保足够的资金投入，是其健康发展的最为基本的条件。

从发达国家体育产业投融资体系来看，主要有政府投资、社会融资、政府投资和社会融资结合三种类型。单纯的政府投入型投融资体制，实际上是一种体育没有完全商业化之前的投融资形式，只有政府把体育事业作为纯粹的公益事业时，政府才可能包揽所有的资金投入义务。在这种体育事业发展模式下，体育训练及设施、体育竞技与表演等方面普遍采取举国体制，体育健身也仅仅是一种覆盖范围很小且档次很低的公共服务而已。采取这种投融资体制的国家，体育事业发展所需资金主要来源于社会公共消费基金，由国家财政在公共事业费中和各个系统的体育事业费中列支。社会筹措型投融资体制则是一种过度市场化的投融资形式，体育产业发展所需要的资金完全靠社会方式筹措，或者由企业采取市场化方式运作来筹措，所组建起来的企业也采取商业化经营；或者采取社会赞助方式，包括公益事业赞助和商业赞助，但所能够筹措到的资金十分有限。而且，这种投融资体制在很大程度上会弱化体育的公益性质，也无法满足体育产业发展的需要。美国、意大利等国家曾经很长时间采用这种体制。从目前的情况来看，比较成功的投融资体制是将上述两种投融资体制结合起来的类型，即政府投入和社会筹措结合型。这一类型的优点是既保证了体育事业的公益性特征，扩大了居民参与休闲健身运动的覆盖面，有利于提高全体公民的身体素质，又能够为体育产业发展提供强大的资金保障。政府的财政支付是体育产业发展的基本资金来源，体育企业的资金积累是体育产业发展的主要资金来源，社会赞助是体育产业发展所需资金的重要补充。

采取发行体育彩票和建立体育基金会的方式来筹措体育产业发展所需资金，是目前国际上普遍使用的融资方式，目前，全球已有 100 多个国家发行体育彩票，30 多个国家加入国际彩票体育联合会。发行体育，影票已成为筹集体育产业发展资金的重要手段之一。美国赌博业年收入将近 40 亿美元。日本的自行车投注历史悠久，其专业自行车凯林赛拥有相当可观的收入。保加利亚通过发行体育彩票所获得的收入占到了这个国家体育事业费的一半左右，有效解决了举办体育事业的资金问题。体育彩票的发行必须有健全的法律法规来规范彩票市场的运行。例如，西班牙在《西班牙体育法》中就对体育彩票发行的有关方面问题做出非常明确的规定，意大利则把体育彩票的发行纳入《公共博彩业管理法》和《博彩活动规范》两个法规的管理范围，西方国家还普遍出台一些专门的政策扶持体育彩票业的发展，如对体育彩票发行提供税收优惠，其他有关部门要对体育彩票的发行提供各种方便等。

建立体育基金会也是发达国家筹措体育发展资金的重要方式。法国 1976 年建立了“发展竞技体育国家基金”，美国 1984 年建立了“美国奥林匹克基金”，澳大利亚 1989 年建立了“澳大利亚竞技体育基金”，俄罗斯 1992 年建立了“国家体育运动基金”，其他许多国家也建立起类似的体育发展基金。

各种体育基金会从管理体制上一般是通过建立由政府机构、体育管理部门、国家奥委会等多个方面代表组成的理事会来行使对基金的管理权，在这些人员中还包括运动员代表以及财务和金融专家。基金理事会不仅要通过建立严格的管理制度对现有资金进行管理，还会通过多种方式筹措资金。

第三章　体育产业创新发展的心理学视角

第一节　体育受众心理与营销心理

一、体育受众的心理分析

（一）体育受众的个性倾向性

1．需要

需要是人们对其生存发展条件的自觉认识和能动追求。由于人们认识事物的局限性，不可避免地造成需要的分化和分层，概括地说，有物质需要和精神需要之分。精神需要与物质需要不同，人类物质需要的对象是对象自身，而精神需要的对象是对象物所张扬出人的力量和人的特性，也就是说，精神需要的对象凝聚了人的本质力量，体现的是人对物质的能动的认识和改造的关系。

2．动机

动机是指激励人去活动的心理方面，是在需要刺激下直接推动人进行活动以达到一定目的的内部动力。因此，动机在人的一切心理活动中有着最为重要的功能，它是引起活动的直接机制。动机使人的活动具有选择性。人的行为与其动机相一致，行为总是在动机的指引下向一定目标前进而放弃其他方向。动机越强烈，人的行动目标也越明确。

体育受众的动机包括：①情感动机。受众通过媒介观看体育比赛过程中，情感得到释放，身心得到愉悦。娱乐需求是受众观看体育比赛最基本需求之一，因此，娱乐动机在受众情感动机中占有重要位置；积极压力动机是指受众倾向于接受不断提升的精彩和刺激赛事场景带来的积极情绪影响，使其长时间对体育赛事保持兴趣；自尊动机主要是受众在观看本国或自己喜欢的运动队、运动员获得胜利后，在内心深处会产生自豪感，使其自信心得到提升，自尊感增强。②认知动机。随着信息社会的发展，大众媒介是受众认知体育世界的主要渠道，受众对体育赛事和体育信息的感知、欣赏、判断乃至参与，都会受到媒介的影响。③行为与社会动机。这是人们观看体育赛事形成深度体育受众的重要组成部分，包括受众的情感释放、群体归属等动机。

3．兴趣

兴趣是个体积极探索事物的认识倾向。兴趣具有广阔性、倾向性、持久性和效能等品质，可以分为直接兴趣和间接兴趣。

从心理学和生理学的观点分析，长时间的简单刺激容易产生超限制抑制，导致注意力下降或分散。要让受众对体育项目表现出兴趣，就要充分思考受众的身心发展特点，适当选择创编和受众年龄相适应的、具备较强趣味性、娱乐性的体育运动项目。例如，男生大多数都喜欢运动量大、对抗性强的项目，像篮球、足球等；女生则喜欢动作幅度小、姿势优美、节奏韵律感强的项目，像艺术体操、健美操等。此外，受众对体育的兴趣相对普遍，如对“NBA”“足球联赛”等国际比赛都会产生极大的兴趣。

4. 理想

理想是对符合事物发展客观规律的奋斗目标的向往与追求。理想是对未来的设想，它与个人愿望相联系，是所向往的人或物的主观形象。理想与现实生活相联系。现实中的某些对象和现象符合个人的需要，与个人的世界观相一致，这些现实中的因素就会以个人的理想形式表现出来。但理想不是现实的直接反映，是对现实事物的重新加工，舍弃其中某些成分，又对某些因素给予强调而形成的主观形象。

从时代发展来看，现代社会对人的冲击主要指向人的心理层次。生存环境及生存问题日益尖锐、高技术的劳动市场和竞争的加剧、错综复杂的人际关系，等等，都增加了人的心理负担，使人处在焦虑和应急状态中，这就要求现代人必须具备良好的心理素质以适应社会发展的需要。体育产业发展中合理导入心理学，对受众进行心理素质教育和心理健康指导，可以培养受众健全的人格。

5. 信念

信念是指激励、支持人们行为的那些令人深信无疑的正确观点和准则，是被意识到的个性倾向。信念是由认识、情感和意志构成的融合体。具有信念的人对构成信念的知识具有广泛的概括性，其信念成为洞察事物的出发点，判断事物是非曲直的准则；具有信念的人对必须捍卫的信念表现出强烈的感情；信念也是行动的指南和行为的内在支柱，使人在逆向环境中能坚持自己的观点。

随着全民健身计划上升为国家战略以及《中国足球改革发展总体方案》的出台，在未来实现“经常参加体育锻炼的人数达到5亿”和“全国中小学校园足球特色学校2025年内达到5万所”这一宏伟蓝图的过程中，将会有无数人受益于“足球”，受益于“体育”。日常生活中，我们可以在平常的散步、简单的球类运动中舒缓生活的压力，抑制不良情绪的产生；可以在坚持不懈的长跑、骑行中去感受生活前进的力量；也可以在户外探险、越野中去探寻内心中未被发掘的“狂野”。总之，体育运动的形式丰富多样，但它传递给人们充满正能量、永不停息的精神和一脉相承的信念。体育受众的信念在一定程度上可以理解为一种顽强拼搏、永不言弃和勇往直前的精神。

（二）体育受众的心理特征分析

1. 体育受众的个性心理特征

（1）求新心理

新媒体时代，体育以丰富多样的形式传播信息。这与新媒体环境下体育受众呈现出的求新心理相关。所谓求新心理其实就是一个心理指向，主要指体育受众倾向于接收富有新意的体育信息。经社会考察得知，新媒体环境下的体育受众多为青少年。这类群体本身处于对新鲜事物极为好奇的年龄阶段，所以更加期待接收新鲜、有创意、能吸引眼球的体育信息。新媒体环境下，对于体育受众呈现出的求新心理，具体可以表现为两方面：一是新媒体环境下的体育受众希望通过新媒体接收最新体育时讯。二是从体育传播的内容上来看，新媒体环境下的体育受众更加期待体育新闻的内容能以全新的形式传送。同时，新闻报道的形式应摆脱传统的束缚，而以符合青少年特点的手法创新播报。综上来看，在新媒体环境下，体育受众的需求就会得到有效满足，同时创新播报方法则可以有效吸引其注意力，保持其对体育信息的关注度。

（2）娱乐心理

体育受众不仅渴望了解最新体育动态，还希望在体育动态中得到“调味剂”。

这与当前体育受众所处的环境相关，因为他们大多生活在有压力的环境之下，急需“调味剂”缓解压力，这就增强了体育受众娱乐心理的需求。如果体育动态消息以娱乐形式传送，那么他们在接收信息时就可以享受阅读信息带来的愉悦感，这对缓解压力有一定的效果。因此，体育传播者应善于发现体育时事中的趣味，努力在传播过程中呈现出信息的趣味性，以满足体育受众的心理需求。例如，体育标题新颖化，即从标题开始优化，可以瞬间吸引体育受众眼球；以故事化和人情化手法展现体育内容，并增添一些人情味因素。如此多样化的态势，无疑有利于将体育内容以更易于受众接受的方式进行传播，从而有效提高体育传播效果。需要注意的是，过度追求娱乐化会影响体育文化的传播，体育精神也得不到有效传播。

（3）求真心理

求真心理就是指受众对真实的可信报道的心理趋向。新媒体时代下体育信息繁多，由于网络本身具有虚拟性的特点，容易出现信息失真的情况，因此，体育受众表现出求真心理增强的特征。体育受众想借助新媒体这个平台，尽可能多地得到可靠真实的体育消息，以让自身的思想得到启迪。此外，新媒体环境下的体育受众也喜欢阐述性的节目，如体育人物访谈、体育人间等。这些充分表明新媒体环境下体育受众倾向于接收真实性的体育文化和体育事件。

（4）选择心理

面对众多体育传媒信息，体育受众倾向于选择自己最为感兴趣的体育领域。这与体育受众细分化趋势是分不开的。如果体育受众把时间花在浏览众多体育信息上，则会出现审美疲劳，不能将内心深层次的体育兴趣激发。而通过选择、筛选和过渡体育信息，体育受众的体育兴趣将会逐渐增强。

（5）替代心理

体育受众在观看体育赛事转播或其他体育报道的时候，常常被足球运动员在绿茵场上娴熟的脚法所折服，如划破长空的世界波、精彩绝伦的凌空抽射；叹服于篮球运动员在篮球场上精准的三分、闪电般的突破上篮、惊心动魄的空中滑翔扣篮；臣服于网球运动员在球场上一记记漂亮的 ACE 球。看到运动员在场上精彩的表演，自己不由得进入角色，希望自己也能成为他们那样的人，渴望一种“自我实现”。

（6）认知心理

体育受众群体对信息的认知心理具有主动性，受众认知的主动性是指有选择的理解、解释和记忆信息。受众通过选择性接触体育信息，对信息形成表征，从而内化为自己的知识，用于与人交谈或决策。

现代社会是一个离不开沟通的社会，共同的话题和共同的关注点是沟通所需要的。今天的体育已经成为众多人士的共同兴趣，无论同学聊天还是朋友聚会都离不开体育这个话题。出于对社会交往的需要，一些不喜欢和不关注体育的人开始接触体育报道，获得与朋友、同学、老师、领导等的谈资。与此同时，还有一些体育受众是出于对决策的需要而关注体育报道或专题节目。

（7）学习心理

社会学习理论认为：“所有人的行为都是通过社会环境的影响，通过示范来形成、提高和变化的。”

媒体直播比赛通常是比较高水平的联赛，体育学习心理为观众提供了一个广泛的心理支撑。通过模仿和学习的专题节目为自主学习提供了资源。体育观众可以通过模仿学习一些球员或通过仲裁员学习一些专业的游戏规则，除了积极强化学习，体育观众还要关注一些负面报道，保持警惕。

（8）情结心理

今日的体育早已不再只是一种简单的活动，体育观众在观看体育节目时充满了民族热情、国家荣誉。体育是一个心理情结，是由一些被压抑的想法所形成的一种复杂心理现象，即体育心理学国际竞争意识的民族感情。

除了负面情结外，对于一些国际赛事，体育受众还有一种“出气情结”。比如中国足球队逢韩必败，在这样的战绩背景下，受众的愿望是打败韩国队，扬眉吐气。每每有中国对韩国的比赛，球迷强烈的愿望就是战胜对方，并时时关注比赛。对于国内比赛，体育受众主要体现为一种“乡土情结”。在现场观看比赛或收看电视转播时，观众往往对自己省份的球队摇旗呐喊，每进一个球都拍手称快，而对对手常常是冷言冷语、嘘声一片，常常是场边吹哨、大喊等干扰他们发挥。这是缘于受众对自己球队的地理接近和心理认同，媒体在体育报道中要正确地利用和引导这种“乡土情结”，避免其极端化发展。

2. 体育受众心理引导策略

（1）培养体育传播环境，树立正确的体育价值观

在体育运动中所产生的娱乐性是人们在体育消费时产生的额外属性，这不是体育的本质。只重视体育传播的娱乐性，就失去了运动的本质。我们必须培养良好的体育环境，树立正确的体育价值观。

（2）回归受众主体性，充分满足需求心理

马斯洛心理明确指出人类有五大需求，最高层级的需求是自我实现的需求。体育受众也有自我实现需求，虽然难以达到这种需求，但是可以借助平台，关注自己喜爱的体育运动或者体育明星，把他人当成自身去替代，完成自我需求。此外，对于新媒体环境下体育受众表现出的新的心理特征，也应尽量满足。例如，针对新媒体环境下体育受众主体意识增强的心理，其引导策略如下：体育受众在各大网站具有评论、互动自主权的同时，加强建立与之相对应的互动反馈机制，形成积极向上的氛围。此举也有利于舆论引导水平的有效提高。针对求新、求趣心理，可以用氛围感染受众，也可以用事实让受众折服。由于体育报道本身具有很强的竞争性、趣味性、冲突性等，因而在对其进行引导时，情感和理智这两种手段应同时运用。对于选择心理，其舆论引导要有多样性选择。传播学理论认为：受众并不是不加以区别地对待任何传播内容，而是更倾向于“选择”那些与自己的既有立场、态度一致或接近的内容加以接触。针对此，可以从传播途径、传播内容、传播方式上进行变革，尽量满足受众的选择性心理，以维持其对体育的关注度。

从体育观众的要求—需求—兴趣—关注—要求可以看出，这是市场需求的反馈循环。如果体育观众得到反馈，就能满足新的关系形成，只有不断满足观众的需求才是发展的本质。

（3）建立“名人堂”资料库，激发体育受众模仿学习的动机

体育观众的心理需求是以某些运动员作为载体，因为大多数观众都寻求完美的心理。通常某些领域的项目会选择比较知名的明星，体育明星效果是显示给观众一个明星运动员的力量。能更好吸引观众的体育专业媒体，在报道的过程中重点突出、有选择性。

(4) 设立“分众节目”，满足体育受众的不同心理需求

在体育运动中，很多观众是在信息收集处理的基础上决定不同需求的。建立“重点项目”是一个很好的策略。

(5) 建立“情结冲突”对象库，关注体育受众的体育情怀

体育观众有很强的“情结心理”，通常情况下是复杂的，一场势均力敌的足球往往重视差距太大而引起轰动。媒体应该针对观众的“情结冲突对象库”，如运动员、球队实力接近，在报道中有选择性地报道转播。

总之，随着信息技术的发展和新媒体的受众呈现出的心理特征，需要有一个连续的分析，以一个合理的策略有效地引导，真正促进当代体育产业和体育受众长期发展。

二、发掘体育产业中的营销心理

(一) 体育产业营销活动中的感觉与知觉

在体育产业营销活动中，体育经营者总是希望自己所制定的产品、广告、包装等能收到良好的效果。为了达到这一目的，经营者必须使自己的营销策略中包含的信息为消费者所感知。心理学研究结果表明，人脑对客观世界的认识过程是从感觉和知觉开始的，这是人的心理活动的基础，也是营销心理学的基础。

1. 感觉

(1) 感觉的概念

感觉是指人脑对直接作用于感觉器官的外界事物的个别属性的反映。不同的感觉器官产生的主观印象不同。感觉是人类对事物的一种最简单的和较低级的认识水平。通过感觉只能知道事物个别属性，而不是全部属性。

(2) 感觉是对客观事物的主观反映

感觉分为主观和客观，一种是从内容上，一种是从形式上。因为人对客观事物的反应，必须依赖人的大脑、神经和各种感觉器官的正常机能，并受到人的机体状态的明显影响。客体对主体的刺激只有在一定的适宜刺激强度和范围内，才能使主体感觉到，这里就涉及感觉阈限的问题。

(3) 感觉是一切复杂心理活动的基础

感觉是最简单的形式，但感觉又是认识客观世界的复杂的心理活动。

在一系列的购买活动中，顾客通过感觉器官可以接受商品的各种不同信息，在大脑中产生对商品个别、表面特征的反映，形成初步的印象。例如，顾客通过视觉观察体育产品的形状、色彩，获得初步印象再进行综合分析，确定是否购买。任何促销手段都是设法让顾客产生良好的感觉，从而达到预期的目的。由于感觉是主体认识的最初来源，有了感觉才可能有知觉、思维等一系列复杂的心理过程。因此，感觉是人类认识客观事物本来面目的必由之路。

(4) 感觉与营销中的产品策略

无论是制造商或经销商，都非常关注自己的产品设计，都希望通过一项战略，产生使客户满意的产品。在市场营销组合观念中，4P 分别指产品（Product）、价格（Price）、地点（Place）、促销（Promotion）。例如，在体育商品的包装上突出个性独具特点，在众多同类型体育商品中令自家企业的商品脱颖而出。同时，原有的商标在消费者心目中的感觉还要保持不变，保证品牌宣传的连

续性和一致性。

2. 知觉

（1）知觉的概念

知觉是大脑对事物的直接的感官特性的各个组成部分和整体的感觉，也是一个为顾客提供基于产品一般特征的反映。人们依靠感觉和知觉了解周围的世界，从感觉到知觉是两个不同性质的阶段。处于市场中的购买者都会受到来自外界环境的各种刺激，如一台跑步机的组成有很多，包括商标、规格、颜色、包装、体积、价格、功能功效、使用寿命等。这些要素的刺激以多种形式作用于人的眼、耳等感官，使购买者产生了视、听等感觉。但是，这些原始的个别感觉属性的信息必须经过大脑的加工才能形成知觉。知觉过程的最终产物是产生某种反应。例如，看完某种体育商品的广告，记住了某种信息或改变了对体育商品的态度，由此可能会引起对这种体育商品的购买动机或发生购买行为。

（2）知觉是一种能动的反映过程

大众不能对所有的事都清楚地识别和应对，但总是积极和有选择性地将少数事物作为知觉的对象。例如，一位顾客带着一定的购买目的到商店去选择某种商品，这种商品就是他要知觉的对象，只有这种商品才被他知觉得最清楚，而其他商品则被比较模糊的知觉变成背景。大众在区别对待背景和对象时的感觉是不同的，对象似乎在背景的前面，轮廓分明、结构完整；背景只是在对象的后面起衬托作用。当然，对象和背景的关系不是一成不变的，如果顾客的知觉目的发生变化，知觉对象与背景也是会相互转换的。例如，当销售员为顾客讲解某种体育商品时，这种商品就是顾客知觉的对象，而周围的其他商品则成为背景。如果此时顾客的同伴看中了旁边的一种别的体育商品而把其注意力引到那种体育商品上去，那么，顾客知觉的对象就转移到了另一种体育商品上，而原来推销员为你讲解的那种体育商品就变成了背景。

（3）知觉是各种心理活动的基础

知觉是有目的的实践活动，客户对体育产品的感知和把握，可以进一步形成主观态度、动机和相应的购买决策。因此，知觉是各种心理活动的基础，是有目的的实践活动。

（4）知觉以感觉为基础

知觉是有意识的，并不是把不同的思想和认识简单相加。

例如，当我们感觉一台跑步机时，根据感觉到的个别属性或主要特征，再凭借过去购买和使用跑步机的经验，即可推断出眼前这台跑步机的其他属性和特征，把感觉到的许多个别因素综合为一个整体形象，由此整体地知觉它。

对事物知觉的整体性依赖于客体的特点。当客体在空间、时间上接近时，客体的颜色、强度、大小和形状等物理属性相似时，客体具有连续、闭合和共同运动方向等特点或有较大组合的趋势时，就容易被人们知觉为一个整体。例如，顾客到某个体育商店购物，如果这个体育商店环境整洁、优美，商品摆放独特有序，营业人员彬彬有礼，尽管这位顾客对这个体育商店的其他方面了解甚少，也会形成对这个体育商店良好的印象。

（5）知觉在市场营销中的应用

一方面，以感知理解整个体育商品的营销和广告的完整度。如果某种商品的个别属性理论作用于人的感官，人们可以根据以往的经验，这是作为一个整体的感知。另一方面，利用知觉的选择性引导顾客选择自己所需要的体育商品。知觉的选择性特征可以运用到商业设计中，如在商业设计时将体育商品加以特殊的包装，给予一定的背景来加强顾客对商品的注意力。

3. 有关知觉理论在营销活动中的应用

（1）自我意象、产品意象与产品定位

“意象”一词用以表示相对持久的知觉。每个人都有对自我的认知，通常分为“真正的自己”和“理想自我”两类。前者是具体存在的实体本身；后者则是自己想达到的自我。在体育消费者的购物过程中，买家会选择符合自己形象的体育产品，通过购买和消费某种体育商品而最终达到实现理想自我的目的。

（2）降低购物者对风险的知觉

在日常生活中，购物者经常会遇到自己不熟悉的体育产品，可是又不得不对它做出购买的抉择，这种购买的抉择实际上就包含着一定的风险。所谓风险就是对后果无法做出确定预测的任何行为。顾客在购买自己不熟悉的体育产品时所面临的风险大致分为以下几个类型：

第一，资金风险：是指花这么多钱购买这种体育产品是否值得。

第二，功能风险：是指体育产品是否能达到预期的效果。

第三，社会风险：是指购买和使用这种体育商品是否被人笑话。

第四，心理风险：消费者面临着“我的购买决定合适吗？”“使用该体育产品能满足需要吗？”等不确定性问题。

第五，身体风险：是指使用该体育产品会不会给自己的身体带来损害。

当然，为了避免造成损失，购物者在做出购物决策时，总是试图采取某些方法。例如，大量搜寻体育产品的相关信息，多听取同事及亲友的参考意见，建立起对某一商标的信赖，这些都可作为提高可信度和减少风险的依据。

（3）产品外在因素对质量辨认的影响

购物者对体育产品内部特性的知觉有助于对体育产品质量的评价。但是，在许多情况下，认知的手段并不能鉴别商品特征和内在品质，可以通过一定的外界因素的影响来辨认体育产品的质量。

不少知觉线索是来自体育产品本身之外的，如体育产品的外形、价格、包装，出售该产品商店的信誉或对生产厂家的印象等，都可能成为人们判别体育产品质量好坏的标准。在日常生活中，价格作为产品质量的指标是有条件的。这就是在产品本身之间的差异甚小，购买者在判断它们质量时不易把握或者购买所面临的风险比较大的情况下，价格线索可能有效。这种情形在购买彼此差别不大的类似产品或是新问世的、不熟悉的产品时可能会遇到。

（二）体育产业营销活动中的注意

注意在体育产业营销活动中非常重要。许多新产品刚刚上市，首先必须引起中间商和消费者的注意，才有可能引起他们的兴趣，有了兴趣才能进一步产生需求和购买欲望。

1. 注意

（1）注意的概念

注意是对一定事物的心理活动，是一个积极的心理状态，这是一个普遍的现象。注意有指向性和集中性两个基本特征。注意的指向性特征是指人们对客观事物的认识活动是有选择性的，即人们每一个瞬间的心理活动是不同的。注意的集中性特征是指人们把心理活动关注于某一事物，而离开一切与注意对象无关的其他事物，并且抑制局部干扰，集中其全部精力去注意对象的特性。

（2）注意的功能

第一，选择功能。选择功能是指人们选择那些对自己的行为有意义的、符合活动需要的外界刺激，而避开和抑制那些与当前活动不一致、与注意对象无关的各种刺激。例如，喜欢打羽毛球的顾客，就会在众多体育用品中去关注和选择与羽毛球运动有关的商品，而无视其他类型的体育用品。

第二，保持功能。保持功能是指注意对象的印象或内容会在人的主体意识中保持、延续直至达到目的为止。例如，顾客到商店要购买一双球鞋，他就会把注意力保持在观察和选购球鞋的活动中。

第三，监督和调节功能。监督和调节功能是指在某一时间内人们的注意力对活动有监督和调节作用，在认真从事某些工作的过程中，如果发现其注意力分配到其他事物上时，就会及时地进行调节。有人做事马虎、大意，或者总是走神和出错，实际上就是心理监督和调节机能不够完善的彰显。

（3）注意的分类

根据产生和保持注意程度，分为无意注意和有意注意。

第一，无意注意。无意注意是指人们没有事先预定好目的地，不需要做意志努力，不由自主地指向某一对象所引起的注意。例如，顾客到书店买健身书籍，他在寻找要买的一本书时，无意中被封面设计独特新奇的另一本书所吸引，从而引起对这本书的注意，这种注意就属于无意注意。

引起人们无意注意的原因，一方面是新奇的刺激物本身的特点所造成的，如设计独特新奇的画面，色彩鲜明、有动感的体育广告等，都容易引起无意注意。另一方面是与人们的生活、学习、工作直接相关的，能引起人们兴趣的事物容易成为无意注意的对象。

第二，有意注意。有意注意是指人们知觉预定的目的地，如果需要的话，还需要一定的努力。例如，消费者在嘈杂的体育商店里专心选择欲购买的商品。由于这种注意有一定的意志努力，所以，即使目标很小，也能被你的视觉所捕捉。

2. 有关注意理论在体育产业营销活动中的应用

（1）发挥注意心理功能，引发购物需求

发挥和注意的心理功能，以无意注意转为有意注意。客观刺激物鲜明、新奇、强烈的特点可引起购物者对它的有意注意，所以我们会看到越来越多的体育运动商品具有绚丽多彩的颜色、新颖的外形和多样化的功能。

（2）在体育场馆中开设多种体育服务项目，吸引体育消费者注意力

一方面，体育场可以建立高素质、高水平的体育运动，吸引消费者的注意力。同时加以宣传吸引球迷的注意，举办或承办高水平的体育赛事，以吸引观众，提高未来体育馆的知名度。为体育场的基础管理，规划采用更为科学的经验和提高增加经验。另一方面，吸引投资者的注意，投资者的注意力可以赢得投资者的需要。在大型体育企业花费巨资做广告，以引起注意。这样不仅可以受到企业和社会的欢迎，获得无形资产，还可以起到广告宣传的效果，增加企业效益。

（3）在体育广告中发挥吸引购物者注意的功能

体育广告宣传要被购物者接受，必然要与他们的心理状态发生联系。一个好的设计理念，加上完美的广告方案，如果没有吸引到消费者的眼球或是没有被重

视，那所有的努力（包括广告的广告投入）就失去了意义。所以，成功的第一步是体育广告，通过广告吸引消费者的注意力，充分发挥吸引购物者注意的功能。

（三）体育产业营销活动中的记忆和思维

记忆和思维是在感觉和知觉的基础上，形成的人的心理活动的高级阶段记忆，是心理活动高级阶段的基本条件。

1．记忆

（1）记忆的概念

所谓记忆，是指人脑对过去经历的事情在大脑中的反映，是一切心理活动的基本条件。从营销心理学的角度来研究，记忆是顾客对过去经历过、感知过、思维过、体验过的事物的反映。消费者在每一次购买活动中，不仅需要新信息、新知识，同时还需要参考以往的情感体验对商品进行评价和判断，以帮助消费者做出正确的购物选择。例如，顾客曾在某一体育用品商店被一位热情的营业员接待过，并留下深刻的印象，进而对这个商店也产生好印象，以后还乐意到该商店去购物。

（2）记忆的分类

按照不同的方法可把记忆分为不同的类型。

第一，根据记忆的内容划分，可分为形象记忆、逻辑记忆、情感记忆和运动记忆。①形象记忆就是把感知过的事物的形象作为内容的记忆。例如，对体育商品形状、大小、颜色的记忆等。②逻辑记忆就是对事物各部分之间的相互联系及规律等逻辑思维过程作为内容的记忆。例如，对某种体育商品广告宣传方面的记忆。③情感记忆就是把体验过的情绪和情感作为内容的记忆。例如，消费者对以前购物时受到营业员热情接待的喜悦心情的记忆。④运动记忆就是把过去的活动过程和在购物的一些运动作为记忆内容保存下来。

第二，根据记忆保持的时间划分，可分为瞬间记忆、短时记忆、长时记忆。①瞬时记忆也叫感觉记忆。在感觉后立刻产生，其特点是持续时间很短（0.25～2 秒），容量小，瞬息即逝（记忆的印象会很快弱化、衰减和遗忘）。②短时记忆是指一分钟以内的记忆。③长时记忆是指一分钟或者很多年的或者终身的记忆保持下来。与短时记忆相比，长时记忆的储存量比较大。其实，对短时记忆进行多次重复，短时记忆就会成为长时记忆。

营销心理学研究表明，如果记忆的材料以某种方式和购买者的目的相联系或能唤起其联系与想象，那么，遗忘就会缓慢，甚至长时间不会遗忘。因此，有效的体育商品的营销策略应有助于购物者发现对记忆有意义的模式，以便让消费者记住或容易回忆起营销者在体育广告中宣传的或者所推销的商品。

2．遗忘

遗忘是指由于不及时重复或者由于其他学习任务的干扰而导致记忆中保持材料的丧失。或者说记忆的内容不能保持和再认或者提取时有困难，就是遗忘。

在体育产业营销活动中，消费者虽然会看到许许多多的体育商品，听到形形色色的体育商品信息，但实际上，多数信息很快就会被遗忘掉，只有那些能够引起消费者特别注意的少数体育商品信息，才能保持在消费者的记忆中。强化消费者对体育商品信息记忆保持效果的最好办法，就是经营者通过反复的体育广告宣传多次重复产品信息，从而在消费者的潜意识中留下该商品的记忆。

3．思维

（1）思维的概念

思维是人脑对客观现实的高级形式。间接反映出众所周知的客观事物的本质特征和规律性的联系。大脑对外界事物的信息进行复杂加工的过程就是思维的运作。在购买活动中，顾客要对所收集到的各种有关购买体育商品的信息进行分析、比较、综合、归纳和提炼，经过这个过程顾客才会做出是否购买某种体育商品的决策。顾客的这种对事物的一般属性及其内在联系在头脑中间接的、概括的反映就是思维，其反映的过程，就是思维过程。

（2）思维的特性

思维是心理发展的最高阶段，是大脑对客观事物之间内在联系的了解认知，作为一种形式反映，其主要特点是间接性和概括性。间接性的表现就是可以在事物的感官上为媒体，不直接对感官事物加以认识。间接性的事物反映不是简单地重复所感知的材料，而是对感知材料的加工，通过抽象概括找出其有内在联系的本质，从而间接地理解和把握那些没有感知过的或根本不可能直接感知的物体。思维的概括性表现在它把同种类的事物的公共属性提取在一起，变成间接性的认知。

（3）思维在顾客购买过程中的作用

顾客通过意识、感觉、知觉、记忆等为思维提供大量的素材，使心理活动上升到思维这样一个高级阶段。例如，顾客在逛体育商店的过程中，看到某体育商品外形美观大方，质量上乘、价格便宜等，这些反映可能是通过感知、记忆、联想而获得的，经过分析、综合、比较、抽象、概括等基本过程，为最后的消费行为和具体的方法提供了可能性。但是，每个顾客的思维活动都是有一定差异的。例如，有的客户有较强的独立思考能力，根据实际需求平衡优点和缺点，做出一个独立的购买决策。相反，有些客户缺乏独立思考能力，优柔寡断，易受外部因素影响，有种从众心理。人对客观事物、客观现实的认识，都是依照由低到高的认识规律，由简单到复杂、由低级到高级发展的。顾客对商品的认识活动，一般也是遵循这样的规律。体育商品的营销者应该能够敏锐地观察到不同顾客独特的思维过程，有的放矢地进行服务与引导，以期得到最佳的营销结果。

（4）思维对体育企业营销的影响

第一，思维灵活性是对体育营销的最后保障。柔性思维是原始思维方式、方案的假设，根据客观情况的变化，结合滋生的经验灵活地解决出现的问题，在能力上的表现就是有变通性。

第二，快速的思考可以创造商业机会，思维是快速和灵活地在较短的时间内发现问题和解决问题。在当前市场经济的激烈竞争中，谁具有敏捷的思维、善于分析和研究市场变化、并根据市场变化而随机应变，谁就能随时抓住难得的商机而快速发展，并产生较大的能量和社会财富。

第三，创造性的思维是企业革新变化的保障和制胜秘诀。创造性思维是指超越平常的思考和活动能力，能创造出新的观念、新的事物、新的产品的能力。独特性和新颖性是创造性思维两个突出的特征。

（四）体育产业营销活动中的学习

在体育市场交易活动中，有很多因素（如商品质量、价格及广告宣传等）都在不断地发生着变化。为了适应变化着的环境，中间商或消费者只有加强自身学习并不断地获取新的信息，才能做出有效的反应。通过学习能够形成对产品、商标的态度及其购买某种产品的倾向性和光顾某些商店的习惯等。总之，消费者对某种体育商品的购买或使用行为，不是与生俱来的本能，而是通过学习才掌握的。了解消费者是如何学习的以及如何应用所学习到的信息，对体育企业运用有效的市场策略，扩大其经营具有十分积极的意义。

1. 学习

(1) 学习的定义及其要素

学习是由人们的经验所引起的个体的一种相对持久的行为变化过程，是由某种体验而来的。体验包括人们直接的实践活动和间接的观察、阅读及倾听，学习活动包括若干基本的成分或因素，即动机、体验、强化和重复，下面简要地解释这几个因素。

第一，动机。动机是人们从事一切活动的动力包括学习在内，购物者在学习购买和使用产品的过程中，动力是重要的因素。但是，当购物者成功地获得预期的目标之后，学习动力就会减弱。成功是对学习活动的一种激励和奖赏，由此会激励购物者在类似的情景中做出同样有效的反应。

在体育产业营销活动中，经营者们都期望自己的产品能为广大中间商和消费者所喜爱。这种期望实际上就是要让中间商或消费者学会认识本企业的产品，并习得强烈的倾向性（动机）去推销和购买它。

第二，体验。由学习的定义可知，持久的行为变化的感知的经验，并且必须达到足够的强度。在现实生活中，经销商、消费者对一些老品牌（耐克、阿迪达斯等运动产品）的学习会更好，因为对该品牌的产品具有深入的体验。相反，有些一次性的广播广告不容易引起学习效果，部分原因可能是给中间商或消费者的体验不够强烈。

第三，强化。在学习过程中，正强化与负强化是非常重要的因素。正强化的激励作用通过奖励完成。例如，一位消费者按照电视广告中介绍的体育商品特征到商店购买了此商品，通过使用发现该产品的特点与广告中介绍的完全相同，因而消费者感到很满意，这就是正强化。由此学习过程而获得的知识在后来的购物中仍然得到应用（即重复购买）。负强化是通过惩罚学会回避某些东西或终止某些行为。例如，出现与上述例子相反的情况而使消费者感到不满意即为负强化，这一教训会使他学会谨慎小心（即不再去购买那种体育商品），预防类似事件再次发生。

第四，重复。学习后人们行为发生的变化说明在记忆中存在着效果保持现象。这种效果尽管可能会长期地保留并影响着人们的行为，但是，一般而言，如果缺乏重复或重复不够是无法获得学习效果的。一般动机和体验越强烈，学习所需的重复数就越少。然而，重复的效果是有一定限度的，超过这个限度会让消费者乏味和厌倦。因此，企业在做体育广告时，一定要确保广告播放的频率和数量。

(2) 学习的特点

谈到学习往往会涉及泛化、分化、记忆和遗忘等几个特点。

第一，泛化。如果学习者对某个刺激会做出特定的反应，那么，当遇到同样的刺激时还会做出同样的反应，而遇到类似的刺激时会引起类似的反应，这种现象称为泛化（从原有刺激泛延到类似刺激）。

由于学习活动中会有泛化现象，一方面，购物者不必对每一刺激都去学习做独特的反应；另一方面，也使某些体育商品经营者往往采用不正当的手段，在包装、商标、品牌等方面使产品类似于老字号的名牌产品，并指望消费者能将对名牌产品的好感泛延到自己的产品上去。

第二，分化。对刺激的泛化是指学习者对不同的刺激做出相同的反应，而对刺激的分化则是学习者对不同的刺激做出不同的反应。

在体育市场交易中，同类体育产品可能只有某些特征不同，购物者必须对此加以辨别。体育商品生产者或经营者常常需要考虑如何让购物者将自己的产品从众多同类产品中突出出来，既提高知名度，又防止其他产品与自己的优质品、名牌品相混淆。

第三，记忆。中间商或消费者可以通过在营销活动中的学习，即对一个个对象的注视，不断获取一些新的资讯，并使之存储在大脑之中。闭上眼睛以后还会“看到”被注视对象映像的存在，这就是学习当中的“记忆”。

第四，遗忘。记忆要是不及时刺激重复，加上时间的遗忘和其他的事物干扰，就会致使保存的记忆材料丧失，就是学习的“遗忘”。

2．有关学习理论在体育产业营销活动中的应用

（1）泛化与市场营销

由于购买者在学习中泛化现象的存在，商品生产厂家可使用“家族商标”的手段，让自己的商品在购买者心里产生认同感。特别值得注意的是，如果家族中某一产品质量低劣，可能会导致整个家族商标身败名裂。

（2）分化与市场营销

由于分化现象的存在，商品的营销者加强产品的特色、产品的名字和形状加上颜色的变化以及经营者的包装设计和广告宣传等都指向并围绕分化目标进行。可利用强大的广告宣传攻势和一切可能影响购买者的手段去提高产品的知名度，使自己的产品从同类产品中脱颖而出。例如，以某种产品名称来命名某一个社会上较有影响的大型活动、体育竞赛或命名运动队等，“上海申花”“广州恒大”“北京国安”等这些足球队的命名就是运用了这一理论。

（3）重复与市场营销

在中间商或消费者进行某种体育商品知识学习后，体育商品经营者应该创造并提供各种条件使他们对所学到的知识能够及时或多次地得到重复，增加刺激的次数可延时保持和减少遗忘，使得到的知识作为信息、存储于他们的记忆中，并转为长时记忆。

体育市场营销中的广告宣传需要多次重复。尽管初次广告也能给中间商或消费者提供许多信息，但毕竟不充分。要使他们达到应有的记忆量，必须有足够的重复次数。虽然消费者对同一体育广告反复视听多次后会感到很乏味，但体育广告的重复仍然是很必要的。否则，消费者对已经记忆的内容将很快遗忘掉，科学实验表明，重复可以增加中间商或消费者对产品的喜好和购买的意向。最好的方法是既重复广告的基本内容，又周期性地变化广告的形式，以保持中间商或消费者的兴趣。

（4）引导并鼓励中间商或消费者形成重复性购买

重复性购买也称为习惯性购买，是购买者在某种信念支配下，对某一体育商品或商店产生特殊信任和偏好，并形成经常性消费行为。买方不仅是老客户也是忠实的支持者。在社会有一定的示范和宣传作用，从而带动更多的消费者前来购买。

（五）体育产业营销活动中的态度

中间商或消费者在熟悉、了解各种各样的体育产品信息的同时也会形成一定的态度。他们的态度直接地影响着是否发生或者发生什么样的购买行为。如果能够了解他们对体育商品的态度，商品经营者就有可能通过各种努力去强化购买者

原有的积极态度，或者去改变他们原有的消极的、甚至是反对的态度，从而促进购买行为的发生。

1．态度

(1) 态度的概念

态度是以一个特定的方式对人、事物或想法进行长期的评估以及情感和行为倾向。例如，中间商或消费者可能对甲产品持有积极态度，可是，由于同类乙产品在质量不低于甲的前提下价格明显低于甲，他们也可能转向购买乙产品。另外，体育产品的营销人员的态度对业务活动的影响也很大。认真地向消费者打招呼、认真地介绍商品、中肯地给予意见，会给消费者带来好感，亲切和友好的态度会融洽。恶劣的服务态度让消费者反感，破坏了市场人员和企业的形象，从而失去了体育企业在市场的机会。

(2) 态度的结构

态度的结构主要包括：①态度的认知因素。认知因素表现为观察者对态度对象进行观察、探究，知觉它的各方面特性。②态度的情感因素。情感的强度实质上决定了态度的强度，还可通过言语来表达感情。③态度的行为倾向性。行为倾向性因素实质上是购买的意向。购买意向是实际购买的前提，二者关系很密切。有了购买的倾向性才有可能转化为实际购买行为，所以，常常可以通过对顾客外观行动和言语表达的观察来推断其购买的倾向性。

2．态度的形成与改变

因为态度先于行为，又会导致行为，所以体育商品经营者们才会想方设法采用各种市场策略，诸如广告、商标、包装等，去影响购物者对产品的态度。影响顾客的态度有两种情况：一种情况是人们过去对该产品不熟悉，所以也就没有相关的知识和态度，体育商品经营者的任务是帮助顾客形成对该产品良好的态度，这就是态度的形成；另一种情况是人们对该体育商品已有某种不好的态度而不想购买，这样就需要经营者促使顾客去改变原来不好的态度而形成良好的新态度，促使其购买，这就是态度的改变。

3．有关态度理论在体育产业营销活动中的启示

一方面，在体育产业营销活动中，购买者对体育产品的态度与对体育产品的购买是两个不同的概念，但二者又有联系。对于体育商品的促销宣传，应抓住关键的态度特征，并以此来影响购买者的实际购买。同时，采取一定的措施，使体育产品的特点正符合买方的评估标准，最后促使购买者对该产品形成积极的态度。另一方面，在体育产业营销活动中，购买者有时对某些体育产品评价不高，但并不意味着该产品的各种特性都不好。实际上，这种产品在个别属性上可能优于其他产品，只是购买者没有意识到这些特性的重要性。此时经营者的策略就是设法去改变这些特征在购买者心中的地位。

当某种产品处于成熟阶段时，最有效的战略是增加产品的新特性，使购买者保持对该产品的积极态度。根据市场营销学中关于产品生命周期的理论，产品经过导入期、成长期、成熟期、衰退期、死亡期等多个阶段。成熟的产品意味着经济衰退的到来，为了保持积极的购买态度，作为经营者，产品应增加新的特色，使产品生命周期曲线再次出现峰值。

（六）体育产业营销活动中的语言和行为

人们的外在心理表现主要在语言和行为上体现，了解消费者的心理，这是体

育营销人员和与消费者之间的沟通桥梁和纽带。

1. 语言

(1) 语言的概念

语言既是符号系统又是最重要的交际工具和思维工具。人类所有的交际活动几乎都离不开语言，营销活动更离不开语言，因此提高语言的交流水平可以促成商品交易。

(2) 语言在体育商品营销活动中的重要作用

在体育商品营销活动中，与顾客建立良好的关系，除了要树立“顾客就是上帝”的营销理念之外，营销人员的服务技巧也非常重要，而服务技巧的一个重要方面就是语言的表达能力和技巧。营业员主要通过口头语言，并辅以一定的态势语，通过二者的巧妙结合来与顾客沟通思想，联络感情，为顾客服务。俗话说：“良言一句三冬暖，恶语伤人六月寒。”营业员和蔼可亲的语言和热情周到的服务态度会留住很多顾客。相反，如果服务态度较差，语言运用不当，就会气跑顾客，直接影响营销的效果。因此，具备较好的语言素养和表达能力，运用好语言技巧，对营销人员尤为重要。口头语言的影响，决定了服务品质、企业形象与体育用品商店的生存。

2. 行为

(1) 行为的概念

顾客在消费某种商品时所有的活动都是外在的行为。行为是人们实现预定目标的必经过程，如果没有行为，人的所有的一切心理活动就都成了“空中楼阁”。

从心理学角度来说，大脑皮层的运动感觉细胞和运动细胞，可以调节人的运动器官做出相应的行为。在整个运动系统中还有一种自我调节的反馈作用，这种作用会不断地调整自己的行为，使行为更准确、灵活，以适应现实的要求。人的消费行为也符合这样的规律。

(2) 语言对行为的调节支配作用

语言对人的行为起着尤为重要的调节支配的作用。人类的行为基本都是在语言的参与下进行的，因为语言能够概括人的活动和行为。人一般在行动之前就应确定行为目的和行为计划，从而使行为具有明确的目的性和计划性。另外，人的语言能引起行为或者抑制行为。例如，当顾客对某品牌运动鞋提出异议时，营业员会立刻产生一系列的行为动作：尽量说明运动鞋各方面的优点，设法留住顾客。在从事各种实践活动时，人通常总是根据对客观规律的认识，先在头脑中确定行为目的，再根据目的选择方法、组织行动，以达到预定的目的。

(3) 行为的特性

人的行为特点通常包括主动性、因果性、目的性、持久性和可变性等。主动性是指一个人对自己的行为目的的正确性和重要性有充分的认识，尤其是清楚地意识到行为效果的社会意义，并根据对客观现实发展规律的认识，自觉地、主动地确定行为目的，有步骤地组织自己的行动，以实现预期目的；正确发挥人的主观能动性。因果性是指一个人的行为的真实动机和效果之间总会存在一种本质的联系。一般来说，有什么样的行为动机，就有什么样的结果。目的性是指人的意志行为总是在一定动机的激发下指向一定的目的。动机是激励人的行为达到一定目的的内在原因，而目的则是动机所指向的对象。在体育商品营销活动中，营销人员和顾客总是根据商业经济活动、人的心理活动和社会环境等各种因素的影响而产生对客观现实的认识，去确定行为的目的，选择实现目的的方法，组织活动，最终达到预定的目的。持久性指的是人们为了实现既定目的而保持行动的充沛精力和坚韧毅力。毅力需要有坚持的决心和顽强的品质，在人们意识到行为的正确性和重要性之后，还必须做到持之以恒、坚持不懈，努力克服各种干扰，才能真正达到预定的目的。可变性指的是人们的行为是以随意动作为基础的。在这样的动作出现时，人们通常是没有准备或是有意识地去那样做的，而是在某些实物的刺激下突然激发出来的行为，随意行为是指由意识指引的动作和行为。有了随意动作，人就可以按照一定的目的去组织、支配和控制、调节一系列的行为，从而实现预定目的。但人的行为的实现，既受客观规律制约，又受来自社会各种因素的干扰。随着人们对客观世界规律认识的加深以及情况的变化，人的行为也不得不随时进行纠正或调整。另外，由于自身内部和外界的干扰或者缺乏某种必要的设施和条件，也会使人的行为发生变化。因此说人的行为具有可变性的特点。

第二节　体育消费心理

一、体育消费心理与行为

（一）体育消费心理与行为理论研究

1. 体育消费心理的概念及内涵

体育消费心理意味着体育运动心理学和体育用品消费者购买的心理活动。整个一系列心理过程，包括消费者的动机、态度、信念、想象和决策和消费者的认知过程，也包括一些心理体验的快乐、满足、痛苦、挫折和不满等。新的体育消费观念从消费角度看，可分为改变传统的消费观念和现代消费者的消费观念。消费者在不同的消费观念的影响下，体育消费者往往会考虑是不是喜欢或者是不是时尚，并不考虑商品的实用性与连续性，只是表现了个人的生活风格和品位。

2. 体育消费行为与体育消费心理的关系

消费心理指的是消费者在购买、使用商品时一系列心理活动。消费者的消费行为是在购买使用或追求使用过程中的满足心理所表现出来的行为，在本质上说，是消费的外显行为。消费心理是外显消费行为的基础，消费者的思想和行为与消费者心理和行为既可以同时进行，也可以续发进行。

“消费心理”和“消费行为”是“体育消费心理”和“体育消费行为”的子概念，所以也存在一定的区别和联系。

3. 体育消费行为的动态系统

体育消费行为是按规律性随着时代的变迁而变化的行为，受到多种大大小小的主客观条件的限制。消费学认为：“从横截面所涵盖的内容看，消费行为是由许多外显行为和内隐行为构成。也就是说，消费行为是外显行为和内隐行为的结合体，而且更偏重于后者。”体育消费行为在属性上虽然属于行为消费，遵循上述准则，但也存在着哲学上的特殊性。从小视角的角度来看，体育消费行为的特点其实与体育运动相符，消费者往往通过直接和间接的方式参与到体育运动中去，以增加人们精神方面对体育运动的追捧和热情。所以，有体育消费行为的人作为主体，在参与相关体育活动时表现出来的主观和客观活动都属于内外因行为。简单地说，体育消费行为的外因行为表现主要包括：购买和选择体育商品、对此商品的评价以及对相关体育知识或技能的学习等。内因行为表现则包括体育行为消费者作为主体的客观需求，如为什么消费、这次的消费和以往有什么不同、那我是否也可以一起进行消费等心理活动。

以系统论和消费学的角度分析，体育消费行为属于开放性系统行为。而这个消费行为产生必定经过一个过程，我们称它为消费行为产生的三个阶段。在该系统中，会先产生内隐行为，简单说就是在消费时会出现一系列的心理活动，然后才会出现消费行为。所以，我们可以把人们在进行消费时产生的一些心理活动作为消费行为产生的第一阶段，而把人们在选购时的一些外部行为，作为第一阶段的总结，发生消费行为，我们可以称为消费行为的第二阶段。而经历过两个阶段后，消费者往往会出现一些内容层次不同的心理和身体活动，那就是消费体验，也称为消费评价。对于这次消费后的服务体验和产品是否符合消费者需求，都决定了消费者是否会选择再次购买该品牌的体育商品，我们称为消费行为的第三阶段。

（二）体育消费心理与行为影响因素的分析

1. 消费认知与自我抑制因素

在消费行为发生的过程中，消费者会在琳琅满目的商品中挑选出一样来决定消费行为的发生。消费行为的发生取决于消费者在进行商品挑选时，对该商品的了解和对自身需求的了解。而笔者所说的了解，是对这件商品的基本了解，这是影响人类对于体育消费的关键因素。此外，每个社会发展阶段的经济情况也影响着体育消费的水平和方式，在某一水平线上，经济情况所到达的高度与体育消费的观念态度是对等的，相反，当这种惯性的体育消费观念确立后，又会以一种习惯的力量制约和影响体育消费水平和体育消费行为的安排。

2. 经济与时空因素

在当下，我国的国民生活水平还达不到世界范围的水准，消费者的经济水平达不到一定高度，生活质量得不到提高，这也是影响消费行为发生的一个重要因素。体育消费作为一种社会现象处于客观世界之内，而进行体育消费就必须要有特定的时间与空间。现如今这些保证则是直接影响消费行为发生的因素。

3. 营销策略与宣传因素

体育消费属于消费行为的一种，它包含所有消费所拥有的固有特性。

体育消费作为一种消费形式，具有消费所固有的任何特点。消费作为一种经济现象，有其发生和发展的普遍规律。现代企业的运行一般要对消费者的消费行为有一定目的性的影响。广告的作用就在于在短期内针对人们购买的欲望和行为突显宣传效果，所以进行广告宣传是必不可少的。由于体育消费的价值没有被更多的消费者所认可，因此，善用营销策略，积极宣传体育消费对健康的价值，尤显重要。

4. 服务与管理因素

消费行为的发生起源于消费意识的引导。消费意识简单来说就是在进行某样商品的挑选时所产生的对产品的认识、选择和同类商品的比较，以及购买商品后的服务体验的过程，对于消费行为的发生起着支配作用。在这个过程中，人们大多数选择有售后保证的产品进行购买。若消费者对某样产品出现购买欲望并且愿意发生购买行为，那么这件产品所出现的卖场环境和服务就是这个阶段的重点。

如某样产品质量过硬时，那么就需要其贩卖的环境来烘托此商品的价值，因为消费者追求更多的是此产品的包装和产出地。所以，树立体育消费服务意识，让消费者体验到更专业更高质量的消费体验是提升体育消费水平的直接因素。

二、体育市场消费心理

（一）体育消费者消费心理的具体表现

1. 体育消费意识超前但实际消费水平低下

体育消费的意义在于人们在参加体育活动和欣赏相关体育活动的比赛时对体育用品和资源的消耗。体育消费意识是体育消费行为发生的前提，也是开拓体育市场和发展体育市场的社会基础。随着社会经济的发展，人们的生活品质得到提高，人们的价值观和消费意识都有了很大变化。现如今的社会，越来越多的人注重身体健康，势必要为健康进行投资，也就是人们观念中的“花钱买健康”，因而对于体育消费的发展都投以赞成票。但是受经济能力的限制，仍有一部分消费者的消费水平、消费观念相对滞后，他们有的较少参加体育活动，有的参加体育活动但体育消费很少，从而影响了体育消费水平。

2. 体育实物消费比重大于体育劳务消费和体育信息消费

体育消费包括体育实物消费、体育信息消费和体育劳动服务消费。体育实物消费是指消费者个人进行的购买与体育活动相关的实物消费行为。体育信息消费指人们为获得有关体育知识、信息而购买体育期刊、书报或观看各种体育比赛和展览等所进行的消费。体育劳务消费指消费者用金钱换取各种与体育活动相关的体育劳务或体育消费资料的消费。消费者体育实物消费行为发生的概率要大于体育劳务消费和体育信息消费。体育实物消费顺序为购买体育运动服装、体育书籍、报刊，租用体育场地、体育器材等，而体育信息消费和体育劳务消费的支出则相对较少，且男女消费者消费差异不大。

3. 体育消费需求的从众性和个性化并存

多数消费者的体育消费具有明显的从众心理，他们更喜欢与朋友结伴购买体育用品、观看体育比赛或参加集体性体育项目。因为体育消费作为人们精神世界的非必需品消费，多数人对其较为陌生，大部分人对是否进行体育消费缺乏判断力和自信心，从众便成为他们自然的选择。但是消费者的理性消费意识不断增强和消费经验不断积累，消费行为的个性化趋势也越来越明显，进行体育消费时更喜欢与众不同、标新立异，以表现自我、炫耀自我。

4. 消费动机表现出明显的差异性，求便求廉与求新求名心理并存

消费者大多数在经济上尚未完全独立，受经济条件与中国人传统购物习惯的限制，大部分消费者在选择商品时，促使他们购买的重要因素就是价格和选购环境的位置。在进行体育消费时，多数消费者更喜欢追求新颖和时髦，热衷于追求品牌和时尚。他们认为品牌消费能降低购买风险，同时也满足了其求新求名的心理需求。

（二）不同消费群体的消费心理与行为特征

对于不同阶层、不同年龄的消费群体，由于年龄不同、兴趣爱好不尽相同，对商品的要求也不同。随着经济的发展以及收入的提高，各个阶段消费者的消费需求也会发生较大的变化，这是体育消费市场不可忽视的因素。

1. 少年儿童消费者群体的心理与行为特征

第一，儿童消费者群体的心理与行为特征。从人出生到11岁为止，思维受到一定客观环境的影响，其消费意识和理念随着年龄不断增长而发生着较大变化。这种变化在乳婴期（0～3岁）、幼儿期（3～6岁）、童年期（6～11岁）表现得最为明显。①从主观生理需要慢慢发展成为客观社会需要。人类在婴幼儿时期，消费行为的产生都是伴随着大人的帮助，是主观的生理需要。到了4～5岁，产生了比较的意识，随着年龄的增大，这种意识越发明显。这个时期的孩子也只是纯受益者，几乎没有直接进行购买行为的能力。成长到幼儿期和学前期的孩子们，有了一定的购买意识，可能会单独购买一些不复杂的产品。这就意味着他们的购买意识正在向着一个质的变化发展，由完全依赖型向半依赖型转化。②从模仿父母进行购买行为渐渐向自主消费行为转变。小孩子正处于启蒙期，模仿能力也是相当强的，尤其在学前期，他们会互相模仿其他小朋友的消费行为。随着他们慢慢地长大，自我意识增强，渐渐懂得自己需要的是什么，也就是说，他们的消费行为出现了个性的特点。比如，自己想要的玩具不一定和其他人一样，又或者是一定比其他小朋友的玩具要好才可以。③孩子的购买情绪从不稳定发展到比较稳定。儿童的消费情绪往往是特别不稳定的，很容易受其他儿童的影响，而且这种情绪是多变的。当他们进入幼儿园与其他小朋友在一个共同环境下成长，他们的意志力也会得到增强，那种不稳定的消费情绪也会趋于稳定。虽然消费行为以依赖型为主，但对父母的购买决策影响力也变得越来越大。

第二，少年消费者群体的心理与行为特征。对11～14岁的孩子，我们称为少年消费者群体，他们正处于由儿童向青年过渡的阶段。在这一阶段，生理和意识上体现出第二个发育高峰期。在这一时期其心理上是依赖与独立、成熟与幼稚、自觉性与被动性交织在一起。①在消费心理与行为方面。他们的购买心理与消费行为出现了叛逆，不想接受父母的建议和支配，要求一切以自我为中心，想要独立消费。虽然他们的心智还不成熟，在挑选商品时的想法和购买商品时的行为也还不成熟，经常和父母出现对立的情况，但是他们的个性化趋势已经慢慢形成。②在购买的倾向性方面。少年消费者的消费心理开始产生变化，他们的购买行为逐渐趋于稳定化和惯性，购买回来的东西也越来越符合自己的需求。③在受影响的范围方面。少年消费者的消费行为从受家庭内部的影响转变为受外部社会的影响，而这个范围在逐渐扩大。如果说儿童期的孩子的消费观念取决于父母、家庭，那么少年期的孩子们的消费意识的变化则是因为受外部环境的影响比重逐渐呈上升趋势，这种影响包括新环境、新事物、新知识、新产品等内容，影响的媒介主要是学校、老师、同学、朋友、书籍、大众传媒等。与父母家庭影响相比，他们更乐于接受社会的影响。

2. 青年消费者群体的心理与行为特征

第一，追求时尚、表现时代。思维逻辑性越来越强，思想范围越发宽广，对于未来充满希望，具有探险精神是现如今青年消费者典型的心理特征之一。这个阶段的消费者对待一切新的事物都充满了求知欲，而且往往会进行大胆尝试。在消费意识和购买行为方面，他们往往会表现出紧赶潮流、领导潮流的趋向。他们往往是新产品、新的消费时尚的追求者、尝试者和推广者。

第二，追求个性、表现自我。随着青年消费者的自我意识愈发增强，他们的个性爱好越来越多，他们以自我为中心的意长愈发热烈，迫切希望实现自我价值，所以越来越喜欢展现个性化的东西，并且追求一种在商品选择上要求独此一份的目标。

第三，追求实用、表现成熟。青年消费者的消费倾向趋于稳定和成熟，在追求时尚、表现个性的同时，也注重商品的实用性和科学性，要求商品经济实用，美观与功能共存。由于他们大多数都具有一定的文化水准，接触的各种信息也较多，所以在消费行为发生的过程中目的性越发强烈，不再购买华而不实的东西，在这个阶段慢慢呈现出一种成熟性。

第四，注重情感、冲动性强。青年人虽然在生理上已经成熟，但在心理上还不完全成熟，所以他们的心智、爱好等还不完全稳定。他们的行为极其容易受到感情的支配，也就是我们常说的意气用事。客观环境、社会信息、新时尚、新潮流等对他们的认识和行为有非常明显的影响，表现在购买行为和消费意识中，容易受客观环境的影响，情感易变，经常发生冲动性购买行为。同时，一见钟情式购买行为的发生概率大于深思熟虑式购买行为，而且冲动性购买多于计划性购买，这些都是青年人在消费活动中的突出表现。

3. 中老年消费者群体的心理与行为特征

第一，中年消费者群体的心理与行为特征。①注重商品的实用性、价格及外观的统一。中年消费者社会责任大、家庭负担重，由于经济条件所限，所以更多地关注商品的实用性及价格，讲求“美观大方，经济实用”。一般来说，产品的功能多元、体验效果流畅舒适、价格经济实惠、外观潮流经典，这几方面的结合是促进中年消费的基点。②看重商品体验的舒适性与方便性。对于中年消费者来说，由于各种外界因素，如工作的压力、家庭的和睦等，使得他们处于人生负担最大的时段，所以为了减轻压力，对于能够提供舒适方便的产品，他们更喜欢去购买。③在中年人的意识中，理性消费观念占有很大的比例。人到中年，在一些商品的选用上考虑的因素特别多，所以，只有产品本身的实惠性，才能激发其购买欲望，促成购买行为。④消费行为开始出现惯性，但又较少存在偏见。中年人在较长期的消费活动中形成了比较稳定的消费习惯，他们经常习惯性地在某一商家消费或购买某一品牌的商品。⑤购买经验逐渐丰富。长期的购买活动使得中年消费者掌握了一定的购买经验，一般均能做出符合自身经济收入且价格合理的商品消费理念。所以相关产业应该根据他们的种种特性，采取相对应的销售措施，迎合他们的消费心理，以促成购买行为。

第二，老年消费者群体的心理与行为特征。①消费观念传统性比较强，热衷于对品牌的追求。老年人的消费观念受长期的固定消费和稳定化生活所禁锢，所以对于生活中的购买行为已经构成了一种模式化。老年人一旦对某品牌产生信任和依赖性，那么就很难再选择其他品牌的产品。他们往往是传统品牌、传统商品的回头客，往往对于传统商品情有独钟，所以，企业在把握老年人消费市场时，应该注意对“老字号”类的商标或者品牌进行宣传，不要经常更换名字和商标。②注重实际，追求方便实用。老年人消费因为受长期稳定生活方式影响，他们购买东西的目的性很强，既经济实惠又功能性强，不太愿意尝试新东西，所以在他们进行购买的过程中，好的环境和良好的服务态度就显得尤为重要。③需求结构呈现老年化特征。老年人会对健康有利的保健品或者与保健项目有关的商品需求量增加，只要是对健康有益的东西，一般价格不会是老年人购买行为的阻碍点。同时，由于需求结构的变化、老年消费者除了吃之外的其他消费行为方面的支出会大大减少，而对满足于兴趣嗜好的商品购买支出明显增加。④部分老年消费者还抱有补偿性消费动机。在子女长大成人经济独立之后，父母肩上的经济负担便减轻了，所以，部分老年消费者会产生强烈的反哺心理，试图补偿过去因条件限制未能实现的消费愿望。他们在营养食品、健身娱乐、旅游观光等商品的消费方面，同年轻人一样有着强烈的消费兴趣，乐于且有能力进行大宗的支出。

第四章　体育产业的创新与发展

第一节　体育产业创新机制与发展

一、体育产业发展现状与存在的问题

近年来，我国竞技体育运动获得了快速发展，已迈入体育大国行列，在世界上的影响力逐步加大。在这种背景下，我国的体育产业也获得了相应的发展，但总体来看，体育产业水平与体育项目本身的竞技水平相比还有着不小的差距，体育产业在发展的过程中也出现了不少的问题。因此，我们要深刻认识到这一点，找出我国体育产业发展的不足，采取必要的措施和手段加以解决。

（一）我国体育产业发展的现状

1. 我国体育产业发展的整体规模

我国体育产业已初步形成了以竞赛表演和健身休闲为驱动，体育用品业为保障，体育场馆、体育培训、体育中介、体育传媒等行业发展的整体格局，这些体育产业的发展速度非常快，甚至超过了近年来我国的经济增速，其发展前景非常广阔，成为国民经济新的增长点。因此，我们要加大体育产业的投入力度，促进其更加健康、快速的发展，这对于我国国民经济乃至整个社会的发展都具有重要的影响和意义。

2. 我国体育产业的结构发展现状

据统计，目前体育用品占我国整个体育产业的80%，是我国产业发展的主要支撑，而处于产业核心层的体育服务业占比却不到20%。导致这一现状的主要原因在于我国体育产业市场化程度太低，没有形成一个完善的监管机制，国内职业体育发展还很不成熟，在社会上的影响力也较小。众所周知，体育服务业的健康发展需要建立在具有一定影响力的赛事基础上，如果没有大型的体育赛事做支撑，体育服务业就难以获得理想的发展。以中超为例，虽然近年来我国各中超俱乐部通过加大投入吸引了大量高水平的运动员，但是总体来看，影响力还是比较有限的，在观众覆盖率、观众忠诚度、观众消费能力等方面与国外足球发达国家的足球联赛相比仍存在着较大的差距。由此可见，提升体育赛事的影响力、打造名牌体育赛事就成为推动我国体育服务业发展的重要手段。以美国为例，美国

的体育服务业占体育产业的57%，这与其拥有众多的体育品牌赛事是分不开的。因此，在未来的体育产业发展中，我们要加大体育产业的投入力度，调整体育产业结构，力争打造具有世界影响力的体育赛事。

3. 我国居民体育消费水平现状

伴随着我国综合国力的提升，人们的生活水平上升了一个大的台阶，在这种背景下，人们参与体育消费的能力越来越高，体育消费占日常生活消费的比重也呈逐渐加大趋势。但是与发达国家相比，我国居民的体育消费水平还不是很高，这也说明具有较大的提升空间。总体来看，导致我国居民体育消费水平不高的原因主要有居民体育消费意识不强、体育产品的开发与推广比较欠缺、体育赛事量少质低等，需要今后大力发展。

4. 体育产业的开发领域不断拓展

体育产业中的很多资源都属于无形资产，在体育产业迅速发展的今天，这些无形资产因其具有成本低、收益高的特点开始显现出巨大的发展潜力，因此，也成为体育产业领域需要开拓与发展的重要组成部分。

体育无形资产是不具有实物形态的，但是经过长时期的发展，它会形成一定的品牌效应，而品牌效应则能创造难以想象的经济价值。由此可见，不断拓展体育产业领域，树立体育品牌对于体育产业的发展具有重要的意义。

5. 体育产业成为促进消费的新生力量

随着竞技体育的高度发展，体育产业也逐渐成为一个国家国民经济的重要部分，其生产总值占国民生产总值的比例越来越大，影响力也覆盖社会各个层面。发展至今，可以说体育产业已成为推动居民消费、扩大内需的重要力量。

随着社会经济的不断发展，人们的生活水平得到了极大的提高，在温饱问题解决后，人们开始注重生活质量的提高，在这种形势下，体育以其独特的特点和优势深深吸引着热爱健康和运动的人们，人们的体育消费观念得到了扭转，体育消费意识不断增强，体育运动已成为人们重要的生活方式。

当前，我国体育人口呈不断增加趋势。在居民生活水平日益改善和提高的背景下，人们的体育消费水平也逐渐提高，这极大地促进了体育消费市场的繁荣与发展。

随着社会的快速发展，良好的国内环境为我国体育产业的发展提供了优质的环境，国家也加强了体育基础设施的建设，为人们参与体育活动提供了极大的便利。另外，我国政府部门也相继颁布了大量关于体育事业、体育产业等方面的政策与文件，为人们参与体育活动提供了重要的制度保障。在这种形势下，体育产业拥有了广阔的发展前景。

进入21世纪后，世界各国、各地区之间的联系日益密切，全球一体化的趋势更加明显，我国体育产业只有不断加强与世界各国之间的沟通与交流，提高体育产业的知识含量，调整体育产业结构，才能在竞争激烈的环境下获得健康、持续的发展。

（二）我国体育产业发展中存在的问题

1. 市场法规不健全，经营管理不善

与国外不同，我国体育产业的发展整体上来看属于一种实践先行、理论跟进的模式。这一模式既有优点又有缺点，优点是理论的确定有实践作为基础，从而能够获得最大限度的认可；而缺点是整个实践过程缺少理论方面的指导，容易出现极端情况或者朝着不同的方向发展，导致体育产业违背了发展的初衷。我国体育产业除了在法律法规管理方面存在问题外，一部分体育产业部门或单位也缺乏长期的发展规划，经营管理手段比较欠缺，运作起来举步维艰，这非常不利于体育产业的健康发展。

2. 体育产业发展不平衡

当前，我国体育产业存在着发展不平衡的问题，发展不平衡主要包括体育产业内部不平衡和不同区域体育产业发展的不平衡两个方面。

在体育产业内部发展这一方面，主要是体育产业组成部分之间发展的不平衡，如体育用品业、体育培训业、体育彩票业等之间的发展程度存在着较大的差距。而如何弥补各部分之间的差距就成为体育产业发展的重中之重。

在不同地域体育产业发展方面，主要表现在经济发达地区与欠发达地区发展的不平衡。一般来说，经济欠发达地区的体育产业发展程度要远远落后于经济发达地区。而在全球一体化、区域一体化背景下，各地区体育产业的发展并不是孤立的，体育产业的健康发展必须要保证各地区共同发展，因此，如何促进我国各地区体育产业的共同发展，缩小各地区之间的差距就成为重要的研究课题和发展重点。

3. 产权关系不明，资产管理不力

当前，我国体育产业管理部门的管理体制还很不完善，存在着一定的问题，突出表现在产权关系不明、资产管理不力等方面。以职业俱乐部为例，由多支职业俱乐部组成的联赛，其主体为俱乐部，因此，联赛的管理权就属于所有的俱乐部共同所有，体育管理部门只在其中扮演服务角色，不涉及俱乐部经营与管理等方面的工作。但实际上，我国体育管理部门并没有完全脱离以往的管理行为，对俱乐部的管理工作干预较大。造成这一局面的原因与体育管理部门的经济利益是分不开的，因为一旦管理部门失去了对赛事的管理权，就失去了极大的经济效益。

4. 体育市场发育不完备，主体产业所占份额小

随着我国竞技体育的飞速发展，我国的体育产业也迎来了一个快速上升期。

但总体来看，体育产业所占的比重与发达国家相比仍然存在着不小的差距。我国的体育市场发育还很不完善，体育用品业、竞赛表演业、健身休闲业等是目前我国体育产业发展较好的几个方面，具有较大的发展潜力，但除此之外，其他体育产业的发展就显得举步维艰，处于落后的局面。

5. 缺乏专门的体育产业经营管理人才

体育产业本身是一种专业性较强的事业，很多工作都需要专业人士才能完成。因此，人才对于体育产业的发展具有重要的作用。在这种情况下，我国体育产业要想获得健康的发展就必须要注重体育产业经营管理人才的培养。作为一名出色的体育产业经营管理人才，必须要具备丰富的体育产业理论知识，要经过一系列的专业考核获得从业资格证书，除此之外，还要具有从事体育产业的工作经验。由此可见，这对体育产业经营管理人才的培养提出了很高的要求。目前，在我国体育产业经营者与管理者中有很多是退役运动员和教练员，他们普遍缺乏经营管理方面的知识，专业性比较欠缺，难以找到体育和市场的最佳结合点，这对于我国体育产业的发展是非常不利的。因此，加强体育产业经营管理人才的挖掘与培养就成为当前的重要任务。

二、体育产业的创新驱动机制

（一）科技创新

1. 科技创新是体育产业发展的核心动力

在21世纪的今天，科学技术在社会各个领域发挥了重要的作用，在这种背景下，科技创新也成为推动体育产业快速发展的重要动力源。因此，在体育产业的未来发展中，我们要依托科技创新不断提升体育产业的竞争力，促进体育产业的健康、持续发展。

2. 科技创新增强了体育产业发展的竞争力

对于任何一个产业部门而言，科技创新都是其保存活力获得进一步发展的重要源泉，体育企业要想获得更好的生存与发展，就要把握市场发展的脉搏，不断开发出市场需求的产品，建立市场竞争优势。对于体育企业而言，研发设计能力、科技创新能力在很大程度上决定着其发展前景。因此，只有加强科技创新，才能创造出新的符合人们体育消费观念的产品，才能增强体育品牌的竞争力。

3. 现代信息技术开拓了体育产业发展的空间

在现代社会背景下，信息技术的利用是体育产业创新与发展的重要动力。依托现代信息技术，促进体育产业的信息化、技术化、知识化发展，能有效突破传统信息交流渠道和障碍，进而促进体育产业的健康发展。发展到现在，信息技术已逐渐渗透到体育产业的各个层面，信息技术与体育产业更好地融合在一起，形成了重要的合力，彼此都获得了快速的发展。现代信息技术为体育企业提供了一个良好的发展平台，借助这一平台，体育产业各个层面都能获得良好的发展。目前，我国的体育制造业和体育服务业发展迅速，体育产业拥有一个广阔的发展空间。

（二）观念创新

1．改变传统观念，不断学习新知识

在现代社会背景下，体育产业的发展要符合时代的要求，满足大众的体育需求，要改变旧有的错误思想观念，要将体育事业与体育产业作为国家重要的事业对待，真正认识到体育产品、体育服务等方面的重要性，认识到体育产业能满足人们的多元化需求，能为社会创造较高的经济价值。而要想实现这一目标，就必须要加强体育信息、理论等知识的学习，丰富自己的知识体系，促进体育产业的创新发展。

2．树立政府服务与扶持的基本理念

在社会主义市场经济体制下，以往的体育事业发展思路已难以跟上时代发展的要求，因此，要逐步改变旧有的发展观念和思路，用市场经济理念指导和发展体育产业，建立一个以市场经济、社会需求为导向，尊重市场发展规律与机制的体育产业发展体系。在体育产业发展过程中，要充分发挥政府部门的作用，优化服务效率，提高服务质量，为体育企业提供良好的制度保障，利用一切可以利用的手段，充分调动体育产业发展的内在激励动力，实现创新发展。

3．构建大众创业、万众创新的文化空间

在体育产业的发展过程中，要坚持创新理念，鼓励社会各个层面加入体育产业活动中，构建一个大众创业、万众创新的体育文化空间。在这种良好的环境下，体育产业投资力度会逐步加大，体育产业经营与管理模式也会获得创新，这为我国体育产业的发展提供了重要的动力和条件。

（三）制度创新

体育产业的发展需要良好的制度作保障，没有一个健全合理的体育制度，体育产业的发展将举步维艰。因此，要想促进我国体育产业更好地发展，加强制度创新是非常重要的一个方面。建立新的制度体系，能改变以往不符合时代发展的做法，能更好地调动体育产业各要素、各力量的积极性，从而形成一个良好的生态发展环境，为体育产业的发展奠定良好的基础。因此，加强制度创新也是促进我国体育产业实现可持续发展的重要保障。加强制度创新可以从以下三方面做起。

1．构建产学研合作创新的资源配置机制

在体育产业发展的过程中，可以通过与体育高校、体育研究机构、体育服务

组织等部门密切合作，整合各类体育资源，加强合作创新与产业链融合，不断扩大体育产业规模，提升体育产业技术创新能力，提高体育服务质量，扩大体育产业的影响力，促进体育产业的快速发展。

2. 创新体育举国体制

当前，我国体育产业在很多方面都存在着一定的问题，如发展体制不健全、影响力不足等。要扭转这一局面，首先，体育举国体制要转变思想，进行体育体制的创新，做好体育产业的转型升级工作。我国体育产业相关部门要积极响应国家的号召，加强体育产业的研究，创新体育举国体制，制定体育产业发展的创新驱动机制。体育产业创新驱动机制要能适应当前体育产业发展的要求，能快速地整合社会资源，实现体育产业的既定目标。

构建一个体育产业发展的制度创新驱动机制，需要我国政府部门结合当前体育产业发展的形势，转变自身职能，释放体育产业发展动力，减少体育产业组织的干预，为体育产业构建创造一个良好的制度环境。同时，建立科学有效的创新服务机制，为体育产业提供良好的服务，这对于体育产业的发展具有重要的意义。

3. 创新体育产业人力资源开发机制

随着我国社会经济的不断发展，居民生活水平得到了极大的改善和提高，在这种情况下，人们参加体育健身锻炼就拥有了良好的经济基础。每年我国居民的体育消费水平在不断提升，形成了体育产业人才的强大需求空间，健身俱乐部中的健身教练、社区体育指导员、业余体育教练等产业岗位人才比较欠缺，这就需要进一步创新体育产业人力资源开发机制，加强体育产业人才的挖掘与培养。我国政府相关部门要制定相应的优惠政策，引导和鼓励更多的人才进入体育行业，加强体育经纪人、体育管理人才等的培养，加强高校教育体制改革，培养新型的体育人才。

（四）服务创新

目前，我国已是一个体育大国，但距离体育强国还有一定的距离。体育强国不仅体现在竞技体育方面，而且在体育产业、大众体育、体育服务等方面都有较高的水准，而后者则是目前我国比较欠缺的，尤其是在体育产业服务方面，我国与发达国家之间更是存在着较大的差距。体育服务创新主要是有关体育服务业的营销模式、服务组织架构等方面的创新。在体育产业发展的过程中，体育用品业的服务化、体育服务业自身服务水平的提升，都是体育产业进一步发展的重要推动力。由此可见，加强体育产业服务创新就显得至关重要。

1. 构建外部与内部营销的服务创新机制

在我国体育产业发展的过程中，要构建一个外部与内部营销的服务创新机制，加强与顾客、与员工之间的密切联系，为体育产业的发展创造良好的外部与内部环境。

体育产业外部营销的服务创新应以顾客导向为基本原则，加强与顾客、与上下游企业之间的密切联系，促进体育产业各服务环节的完善与发展，提升体育产业服务质量，增强体育产业的竞争力。

在体育产业的内部营销方面，要注重员工的管理，提高员工的服务意识和能力，对于优秀员工要给予必要的物质与精神奖励，对于不合格的员工要给予必要的处罚或者辞退。大量的实践表明，从体育产业内部员工入手，提高体育产业的服务质量，能促进体育产业的健康、快速发展。

2. 构建弘扬民族文化的服务创新机制

民族体育是我国体育产业的重要组成部分。加强体育产业的服务创新，就要重视对民族体育文化的弘扬与传播，这是促进我国体育产业发展的重要内容。

（1）加强对民族文化的保护，防止民族传统体育文化资源的流失和闲置

我国是一个多民族国家，各民族都有自己的特色体育文化，受历史、观念等因素的影响，很多民族传统体育资源被忽视、被闲置，无人继承和发扬，甚至濒临消亡的边缘。因此，我们要构建一个促进民族体育传播与发展的服务创新机制，加强民族传统体育资源的挖掘、保护与传承，而举办民族体育赛事就是一种很好的形式，可以更好地宣传与推广民族传统体育运动，实现民族传统体育的可持续发展，反过来这对于我国体育产业的发展也是非常有帮助的。

（2）要加强民族传统体育与其他产业的融合，实现共同发展

在我国体育产业发展的过程中，要加强民族体育与西方体育之间的融合与发展，汲取西方体育文化的先进经验，加强我国民族传统体育文化的改造，提高我国民族传统体育的竞争力。另外，还要重视民族传统体育与文化产业、旅游产业等相关产业的融合与发展，将民族传统体育逐渐融合到现代体育产业之中，创造具有社会影响力的体育品牌，走品牌化发展战略，创造出优良的体育产品，推向国内市场和国际市场，从而提高我国体育产业发展的影响力，促进我国体育产业的国际化发展。

三、体育产业创新发展思路与对策

通过以上关于我国体育产业发展现状与存在问题的分析，可见我国体育产业的发展还有很长的一段路要走，需要在各个方面加大发展的力度，进一步加强体育产业的创新与发展，结合我国的具体国情和特色，可以采取以下发展对策。

（一）更新发展理念，加快体育产业化进程

要促进我国体育产业的创新发展，首先要转变旧思想，树立发展的新理念，

采取必要的措施和手段提高体育产业发展的产业化水平，将体育产业作为一个重要的经济部门来发展，加强体育产业与社会经济之间的联系，确立体育产业发展的战略性地位，加快体育产业发展进程。

（二）深化体制改革，促进体育产业健康发展

结合当前我国体育产业发展的形势，体育部门要进一步转变体育职能，建立一个科学完善的、符合市场经济发展的体育产业管理体制，利用各种手段加强体育产业市场的管理，制定有利于体育产业发展的政策，确保体育产业发展有一个良好的制度保证，将我国体育产业的发展纳入法制化轨道。从长远来看，这是我国体育产业健康、持续发展的重要一步。

（三）构建体育产业发展的指标体系

综观发达国家的体育产业，在其国民经济中已占据非常重要的地位，成为重要的经济增长点，这是未来发展的一个趋势。总体来看，体育产业的发展一方面是国民经济增长的需要，另一方面也是其自身发展的需要。因此，客观评价体育产业发展的现状，制定一个体育产业发展的科学指标体系，对于体育产业的可持续发展具有深远的影响和意义。需要注意的是，建立的体育产业发展指标既要能符合体育产业的发展需求及发展实际，又能促进体育产业的未来发展。

（四）培养一大批优秀的体育产业人才

体育产业的健康发展离不开人才，因此，加强体育产业人才的挖掘与培养就显得至关重要。针对当前我国体育产业发展的现状，可以采取以下措施：一是在高校中大力开设体育管理专业，培养一批高质量的体育产业经营与管理人才；二是通过培训班、会议交流等形式，加强我国体育高级管理人才的培养。这对于我国体育产业的健康持续发展具有非常大的帮助。

（五）发展大型企业，建立优秀的体育品牌，提高体育产品的竞争力

要促进体育产业的快速发展，国家相关部门必须要制定相应的扶持政策和制度，鼓励优势体育企业走出国门，与跨国体育企业展开竞争，在吸取其他国家先进经验的基础上，结合我国的实际创立自己的特色品牌，进一步提高体育企业的影响力，走品牌发展战略，逐步缩小我国与发达国家之间的差距，这是我国体育产业健康发展的重要方向。

（六）加强体育文化产业基地建设，形成产业链，以优势企业带动弱势企业

目前，我国体育产业优势产业门类主要是体育产品制造业和体育娱乐活动。在未来的发展中，我国体育产业基地要做大做强，形成一定规模，严格按照“区一圈一带”三个区域发展，在市场经济体制下，企业间有合作也有竞争。企业间相互促进，使其优势产业做大做强，并带动弱势产业发展。

我国地大物博，各地区之间的经济水平也存在着较大的差距，这直接导致了我国体育产业的结构发展不均衡。另外，各地区的优势产业不同，其发展规模也不同，在这种情况下，建立一个体育产业基地可以形成良好的体育产业链，以优势产业带动弱势产业，促进我国体育产业的健康、快速发展。

第二节 体育产业结构的优化与发展

一、体育产业结构的概念与特征

（一）体育产业结构的概念

体育产业结构是指体育产业内部各生产部门之间的技术经济联系和数量比例关系。在整个体育产业系统中，各部门之间的联系非常密切，相互影响、相互促进而形成一个有机整体。在体育产业各部门中，产业总产值的分布情况和资源配置情况能够在一定程度上通过体育产业结构体现出来。

在体育产业结构中，各分支行业的联系非常密切，各方面的发展具有一定的连锁与反馈效应。例如，体育健身娱乐业能有效带动体育用品业的发展；体育传媒业、体育彩票业能带动体育竞赛产业的发展等。

总体来看，体育产业系统中的各要素密切配合，共同对体育产业系统产生重要的影响和作用。因此，加强体育产业结构的优化对于体育产业的健康发展具有重要的意义。

（二）体育产业结构的特征

1. 整体性特征

任何系统都包含各种各样的要素，这些要素相互联系、相互作用进而推动系统的发展，这就是系统整体性特征的体现。对于体育产业系统而言也是如此。体育产业就是由各种体育企业构成的一个集合体，各企业之间在参与各项体育产业活动的过程中相互促进、相互扶持，共同推动着整个体育产业的发展。

由系统理论可知，体育产业需要系统内部各要素的密切配合、相互促进才能获得发展。我们只有充分分析体育产业内容的各要素，才能更好地认识与了解体育产业的结构，进而采取有针对性的措施和手段对其进行优化与整合。在整个体育产业结构中，任何要素都与其他要素联系在一起，各个要素密切配合，相互促进，共同推动着体育产业结构调整与优化目标的实现，进而推动体育产业健康、持续发展。

2. 自发性特征

体育产业的发展受各种因素的影响，既有内部因素，又有外部因素，在内部因素方面，体育产业能够进行自我的调节，结合具体实际情况进行合理的调整以适应整个体育市场发展的要求，因此说，体育产业具有重要的自发性特点。正因为如此，体育产业才能实现自身的不断发展。

一般来说，体育产业可以凭借自身的调节，对自身结构进行自发建造，实现产业结构升级的目标。体育产业是始终处于不断发展和变化之中的，系统内各要素随着环境的变化而发生相应的改变，体育产业内部各个子系统也会进行不断的调整，共同推动着体育产业的进一步发展。

3. 转换性特征

在体育产业不断发展的过程中，资源配置是必不可少的一部分，体育产业的资源配置变化会在一定程度上造成体育产业结构发生变化。当体育资源配置发生变化时，体育产业也会发生一定的转变。由此可见，体育产业结构具有一定的转换性特征。

在体育产业发展的过程中，体育产业结构的转换，即指体育资源的合理配置，通过体育资源的合理调整与配置，才能实现体育产业内部劳动力、资金等的转移，实现体育产业结构优化的目标。

4. 层次性特征

体育产业结构比较复杂，系统内元素众多，表现出明显的层次性特征，通过各子系统及子系统内各元素的密切合作，体育产业才得以顺利发展。

根据产业结构层次的划分标准，体育产业属于第三产业的第三个层次。整个大的产业系统又包括各个子系统，而子系统又包含了更低级的系统。依此类推，体育产业就是由各子系统及更小的子系统组成的体系，因此表现出明显的层次性特征。

二、影响体育产业结构的因素

（一）经济发展状况

大量的实践表明，体育产业结构与社会经济发展之间有着极为密切的关系。在体育产业发展的过程中，需要不断调整和优化体育产业结构，才能确保体育产业系统的正常运行，而体育产业结构的调整则能有效促进社会经济的进一步发展，而经济发展则又反过来促进体育产业结构的调整，二者是相辅相成、相互促进的关系。

需要注意的是，体育产业结构的优化与调整是建立在一定的经济基础之上的，没有一定的经济基础，体育产业结构也就无法实现优化与调整的目的。具体表现在以下两个方面。一方面，体育已成为人们的重要生活方式，在日常生活中扮演着越来越重要的角色，而不论是体育产业结构的优化还是整个体育产业的发展，都需要一定的经济条件做基础。另一方面，体育产业是社会经济发展到一定水平的产物，社会经济的发展为人们参与体育运动提供了重要的物质基础，如体育场馆、体育设备等，而现代科技的高度发展也是体育产业结构调整与优化的重要推动力。

（二）社会需求的变化

体育产业结构的调整与优化主要是为了满足人们的社会需求，也就是说，当社会需求出现一定变化时，体育产业结构也会做出相应的改变。由此可见，社会需求的变化是影响体育产业结构调整的重要因素之一。

1. 体育需求结构的变化为体育产业结构的调整提供动力

在现代社会不断发展的背景下，人们的经济水平得到了很大的改善和提高，随之而来的是人们的社会需求也由物质需求开始向精神需求转变，人们的这种需求变化将直接影响着体育产业结构的调整与变化。

当社会生产力水平低下，人们经济条件有限时，决定体育产业结构变化的因素主要是人们的体育需求变化。随着社会的不断发展，人们的体育需求会发生一定的变化，在这种形势下，体育产业系统就会向人们新的体育需求方面倾斜，从而促使体育产业结构做出适宜的调整和改变。

2. 体育需求结构决定着体育产业结构的进程和方向

人们在社会中所进行的各种活动或行为都受到一定的需求驱动的影响，当低一级的需求得到满足后，人们又会追求更高一级的需求，而表现在体育产业结构方面，体育产业结构的调整也是在人们需求的驱动下进行的。对于体育产业部门而言，要充分把握人们的体育需求变化情况，这样才能根据人们的需求变化及时调整产业结构，从而生产出满足人们需求的产品，否则就会被体育产业市场所淘汰。

随着我国体育产业结构的调整与不断完善，人们的各种体育需求都得到了一定程度的满足，这是体育产业健康发展的态势。对于体育企业而言，其在生产产品时要高度重视人们体育需求的变化情况，做好充分的市场调查，任何生产行为或服务行为都要以人们的体育需求为基础。如果生产的产品大于人们的需求，就会造成产品过剩，反之，则会造成资源的浪费，这些都不利于体育产业的发展。

随着人们生活水平的不断改善和提高，人们的消费水平也得到了很大程度的提高，在这种条件下，人们对体育的需求也更加多元化，也促使出现了一些新的体育产业内容，这是人们的体育需求变化所导致的。

3. 体育需求总量的规模制约着体育产业结构的发展

通常来说，当人们的体育需求较大时，体育企业就要生产更多的产品来满足人们的体育需求，因此，体育产品就会增多，体育产业规模也会增大。而当人们的体育需求较小时，体育产品就会相应地减少，并且难以出现新的体育产业市场。由此可见，体育需求在一定程度上决定着体育产业的结构及体育市场的发展。

人们的体育需求是处于不断发展和变化之中的，体育产品的市场容量也会受到人们体育需求不断发展的限制。当人们经济条件得到改善和提高，并满足了基本的物质需求后，人们开始追求更高层次的精神需求，在这种形势下，人们的体育需求不再是简简单单地满足健身方面的需要，而是出现多元化和个性化的发展趋势，这就使得体育产业结构发生调整和改变。而当人们对体育产品的需求变化速度越来越快时，就会对体育产业的规模化生产造成极大的挑战。

（三）体育资源配置情况

在体育产业发展的过程中，体育资源是其发展的重要基础，同时，体育资源也在一定程度上影响着体育产业结构的调整与发展。

1．体育产业的发展需要大量的物质资本积累

正常情况下，一个国家体育产业产出总量的大小在很大程度上取决于资本存量的多少。通常来说，体育产业部门的投资越多，体育产品增长就会越快。

当物质资本积累到一定程度后，体育产业的发展才会具备一定的物质基础。而随着人们经济条件的改善和生活水平的提高，才会有更多的时间和金钱去参与体育消费，在这种条件下，体育产业才能获得进一步的发展。

2．体育产业的发展需要大量相关人力资本的积累

在21世纪，人才对于社会各个方面的发展都具有重要的意义，对于体育产业而言也同样如此，良好的人力资源是体育产业结构调整的重要保障。具体而言，人力资源对于体育产业结构的影响体现在以下几个方面。

第一，人力资源综合素质较低时，体育产业结构会受到很大的限制，难以向更高阶段发展；而具有高素质的人力资源，则能采用现代化的科学手段促进体育产业结构的调整和优化，从而推动体育产业的发展。

第二，高水平的体育赛事不仅需要高水平的教练员和运动员，而且还需要高素质的体育产业经营管理人才，这些人力资源都是体育产业结构优化升级和体育产业持续发展的重要基础。

第三，体育产业要想获得健康持续的发展，必须要有重要的人力资源作保障，当前我国体育产业的劳动力资源比较丰富，因此，劳动密集型产业发展速度较快，但是比较欠缺体育产业运营管理方面的人才，这需要采取必要的手段和措施挖掘与培养大量的高素质体育产业人才。

3．体育产业的发展需要依托体育场馆设施

任何体育活动的进行都离不开体育场地和设施，因此，体育场地设施是体育产业发展的重要基础，要想促进体育产业的健康发展，首先就要加强体育场地、体育设施、设备等的建设。可以说，没有充足的体育场地设施与设备，体育活动就无法进行，也就无法满足人们的体育需求。当前，对于我国各地区而言，体育场地设施资源是制约和影响体育产业发展的重要因素。

（四）制度环境的影响

制度是影响一个国家或地区经济增长的重要因素之一，要想实现经济的快速、健康发展，就必须要拥有建立一个良好的制度环境，一个科学、完善的制度体系能保证体育产业获得健康、持续的发展。

在体育产业发展的过程中，通过制度安排能形成相应的刺激，能有效激发工作人员的积极性，促使其积极参与到体育产业生产与管理活动之中，保证体育产业活动的顺利开展。除此之外，体育产业结构的调整和变化也是产业制度改善的结果。要想实现体育产业结构优化与升级，离不开健全和完善的体育产业制度体系。

（五）科技创新的推动

大量的事实表明，科学技术是推动体育产业结构优化和升级的重要推动力。在体育产业发展的过程中，每一项科学技术的创新与发展都会在一定程度上影响着体育结构乃至体育产业的发展。具体而言，科学技术的创新对体育产业结构的推动主要表现在以下三个方面。

1. 创新影响生产成本，从而影响体育产业结构

随着现代科学技术的大量应用，体育产业部门的生产成本呈现逐渐下降趋势。随着成本的下降，相关体育产品的价格也随之降低，进而促进体育市场不断扩大，最终影响体育产业的结构。

2. 创新影响供给结构，导致体育产业结构的变化

科技的创新与发展会在一定程度上影响体育产业的供给结构。这是因为随着现代科学技术的应用，涌现出大量的新产品和新行业，促使体育产业结构向着更高级的水平方向发展。

3. 创新影响体育产业的梯度转移

我国地大物博，区域间的经济差异较大，存在着严重的经济发展不平衡性现象，尤其是东部经济发达地区与西部欠发达地区的经济差异非常明显。而在现代科学技术快速发展的条件下，东西部地区的产业结构开始不断升级，一些技术层次较低的产业向中西部地区转移，这就促使体育产业结构布局更加合理，各区域之间的差异也会逐渐缩小。

三、体育产业结构的优化

（一）体育产业结构优化的内涵

了解体育产业结构优化的内涵有助于我们采取科学、有效的手段促进体育产业结构优化目标的实现。体育产业结构优化是指在当前体育资源现状下，在保证体育产业基本经济利益基础上，通过产业内部各环节或各部分的调整，从而实现满足人们日益增长的体育需求，促进体育产业健康发展的过程。

体育产业结构优化的内涵具体体现在以下两个方面。

1．合理化

要推动体育产业的健康发展，必须根据实际情况不断调整体育产业结构，实现体育产业结构的合理化发展。在现代科学技术发展的大背景下，各产业之间的联系更加密切，只有相互合作才能获得发展。对于体育产业部门而言，只有实现体育产业结构的合理化，才能优化产业资源配置，获得预期的产出效益。在这里获得预期的产业效益是指在不改变体育产业现有条件的情况下，通过单纯地调整体育产业结构来达到资源配置的目的，由资源配置的优化来获得体育产业经济的增长。

关于体育产业结构的合理化，不同的学者有不同的理解。其中一部分学者将体育产业结构的合理化归结为通过产业结构的调整和升级，促使体育产业中各行业的协调发展，以满足人们体育需求的发展和变化；一部分学者认为体育产业结构的合理化是指通过利用各种手段，改变产业结构效益的过程；一部分学者强调以动态发展的眼光来看待体育产业结构的合理化，体育产业结构的合理化实际上是实现产业结构的动态均衡；还有一部分学者认为体育产业结构的合理化主要是指实现产业资源的合理配置与利用，推动体育产业战略性调整与发展。

综上所述，体育产业结构的合理化主要是指体育产业资源的合理配置，实现产业部门的协调发展，主要包括产业各部门产出能力的协调、产业部门地位和作用的协调、产业部门联系方式的协调和区域体育产业布局的协调。

2．高度化

在体育产业不断发展的过程中，产业结构的高度化实质上是指产业分工的进一步深化与发展。体育产业结构的高度化发展是相对于当前的社会经济水平而言的，社会经济是一个不断发展和变化的过程，同样，体育产业结构的高度化发展也是一个不断调整和变化的过程。在体育产业发展的过程中，产业结构属于一个资源转换器，通过利用各种技术手段，使体育资源获得合理配置，体育产业结构得到合理化的调整，人们的多元化体育需求获得满足，这些变化都推动着体育产业的健康发展。

具体而言，体育产业结构的高度化发展主要包括以下四个方面的内容。

第一，产业高附加值化，即产品价值中所含剩余价值比例大，具有较高的绝对剩余价值率和超额利润，是一个技术密集程度不断提高的过程。

第二，产业高技术化，即在体育产业各部门中广泛采用先进技术，从业者的劳动素质和管理者的管理水平不断上升，不断实现组织管理创新，产业的运行效率和产出能力不断提高，体育产业不断壮大。

第三，产业高集约化，即产业组织合理化，市场竞争由分散的小规模竞争向以联合、集中性的大规模竞争发展，规模经济的利用程度大大提高，有较高的规模经济效益。

第四，产业高加工化，指体育产业内部各要素或环节的专业分工不断深化，向着更高一级方向发展。对于我国体育产业而言，主要是由劳动密集型产业向技术密集型产业发展，技术在未来体育产业发展中占据着非常重要的地位。

（二）体育产业结构优化的目标

1. 体育产业可持续发展

社会经济的发展需要社会各部门之间保持一个合理的比例，而体育产业的持续发展也是如此。在体育产业发展的过程中，如果产业内各部门的发展较为落后或者不均衡，就会在一定程度上制约和影响着体育产业的发展和进步。因此，要促进体育产业的可持续发展，就要建立一个良好的产业内部结构，并形成良好的互动。体育产业的可持续发展可以说是体育产业结构优化的重要目标之一。

2. 结构合理化和高度化

体育产业结构的发展始终是处于动态变化之中的。体育产业的健康、持续发展需要体育产业结构不断的升级与优化，实现产业结构的合理化发展。体育产业结构的合理化主要是指保证部门相互合作、相互促进，获得协调性发展；而体育产业结构的高度化则是指体育产业结构经过一定的调整，由低级阶段向着高级阶段发展。

3. 具备产业核心竞争力

要推动体育产业发展，使体育产业具备一定的核心竞争力，就要结合实际情况调整和优化产业结构，实现产业结构优化与升级的目标。在实现体育产业结构升级目标的过程中，要充分利用现代化的技术手段，对体育产业进行战略性调整，增强体育产业的核心竞争力。

4. 供需动态平衡

在人们生活水平逐步改善和提高的情况下，我国居民消费结构发生了较大的改变。对于体育生产企业而言，要细致分析产品的供需变化情况，以适应人们不断变化着的体育消费结构。体育产业在发展的过程中，要结合人们的消费情况，促使体育产业实现供需动态平衡，这样才是体育产业的健康发展。

5. 区域协调发展

区域协调发展是我国体育产业结构优化与发展的重要目标之一。各地区要充分利用本区域的体育资源优势，加强特色化建设，从而实现体育产业结构的高度化发展。对于我国体育产业部门或体育企业来说，提高体育资源的利用效率，实现体育资源的合理化配置，促进各区域体育产业的协调性发展，才是我国体育产业健康持续发展的目标。

（三）体育产业结构优化的原则

1. 整体性原则

在体育产业系统内各要素之间是相互依存、相互影响、相互促进的关系，这些要素共同组成了一个具有特定功能的聚合体。因此，体育产业的发展要注重整体性，注重系统内各要素的密切配合，实现整体功能大于部分功能之和的目标。

而体育产业结构优化也要遵循整体性这一原则，要合理配置各类体育资源，促进产业内部各要素的协调发展，以充分发挥体育产业结构的整体协调功能。

2. 层次性原则

体育产业结构在优化与升级的过程中受到多种因素的影响和制约，在不同的发展阶段会呈现出不同的发展层次。体育产业结构层次的划分，可以揭示出体育产业结构的系统特征，能帮助人们更加深刻地认识体育产业的发展形势与未来发展前景。在体育产业结构优化的过程中，要充分认清较高层级要素与较低层级要素的区别，并加强二者之间的有机结合，不能忽略任何一方的发展。

3. 动态性原则

体育产业结构的优化属于一个动态发展的过程。体育产业结构的优化并不是指体育产业结构水平的绝对高低，而是结合当前具体发展实际，根据本地区经济发展水平、体育资源配置情况等作出的优化性调整，这一优化程度是相对的、动态发展的，需要根据体育产业的发展情况进行适时的调整。

4. 开放性原则

系统的开放性是指系统同外界进行能量交换的过程中，会引起系统内部要素结构的变化，并导致要素间的关联关系重新组合。系统内各要素的变动会引起系统某一参变量的变化，当达到一定临界值时会发生突变，这时整个系统就会发展成为另一种状态。一旦新的状态形成，就需要增加同外界物质和能量的交换才能保持系统的稳定性发展。体育产业结构优化的过程中要始终遵循开放性原则，以使体育产业系统保持动态平衡。

5. 效益性原则

在市场经济条件下，体育产业结构的调整要以资源最佳配置、最佳结构效益为基本原则，在体育产业政策的支持下，注重经济效益和社会效益的共同发展，不断加强体育产业结构的优化与调整，不断完善产品与服务，以满足体育消费者的各种需求。

四、体育产业结构的发展策略

为促进我国体育产业结构的优化升级，应整合体育产业各种资源，加强产业内容各要素之间的联系，确定好主导产业，以主导产业带动其他方面的发展。

（一）发展体育主导产业的作用

我国的体育主导产业主要包括体育健身娱乐业、体育竞赛表演业、体育教育培训业等几个方面，政府要给予以上产业必要的政策支持，促进其快速发展。发展体育主导产业的作用主要体现在以下两个方面。一方面，发展体育主导产业，能在一定程度上带动其他相关体育产业的发展，如体育用品制造业、体育彩票业、体育传媒业等，其他体育产业的发展反过来也能推动体育主导产业更好地发展。另一方面，发展体育主导产业能带动周边旅游、餐饮、房产等行业的发展，这就是体育产业的旁侧效应。

随着人们健身意识的发展和提高，对体育的需求也越来越多样化，人们不仅需要参与体育运动，而且还有欣赏体育赛事的需求，这种情况下，能极大地推动体育竞赛表演业的快速发展。人们关注并喜爱某一项赛事后，也对该项目的兴趣提高了，进而产生强烈学习本项目技能的欲望，这对于体育技能培训业、体育健身娱乐业的发展具有重要的促进作用。

体育技能培训业、体育健身娱乐业、体育竞赛表演业是当前我国体育产业里的核心产业，促进以上产业的发展，能对体育产业行业的整体发展具有一定的拉动效应。因此，我国政府及体育主管部门应采取具有针对性的措施和手段，以促进这些体育主导产业的发展。

（二）促进体育主导产业发展的关键举措

1. 增加社会先行资本和投资

为促进体育主导产业更好地发展，需要进行社会先行改变，即为体育产业结构的升级积累必要的社会先行资本。体育主导产业的形成与发展是建立在一定的经济基础上的，其先导和基础就是投资，而投资在体育产业结构优化中则起着重要的导向作用。

为大力发展体育主导产业，我国政府相关部门要制定一定的政策，保证体育产品与体育服务有一个良好的发展环境，这样不仅能满足大众的体育消费需求，还能促进体育产业市场的良性发展。国家可以实行一些扩张性政策，从物质和政策上支持各类体育企业研发新产品，还要以市场机制为依据来加强体育场馆的建设与运营，为体育产业的进一步发展提供良好的物质基础。

2. 确保市场需求的充足性

市场的供需变化情况对于体育产业的发展具有重要的影响和意义，因此，我们要增加体育市场消费来优化体育产业结构，将扩大体育消费看作促进体育产业发展的重要力量。一般来说，扩大体育市场需求应从以下几个方面入手。

（1）开发体育市场

当前，我国体育产业市场体系还不健全和完善，需要开发与培育的市场内容与产品众多，体育产业部门要采取一切可以利用的手段去开发体育产业市场。

（2）适应各类体育市场

要以体育消费者的需求差别为主要依据细分体育产业市场，选择合理的目标市场，制定合适的产品与服务价格，开展各种营销活动。

（3）转变居民的体育消费观念

当前，绝大部分人都建立了“花钱买健康”的思想理念，在此基础上，我们可以确立和深化“体育，让生活更美好”这一主题，引导社会居民积极参与体育运动，并促使其建立正确的体育消费观念，激发其体育消费的动机，这对于促进我国体育主导产业的发展具有重要的意义。

3. 进行配套制度改革

体育产业结构的优化与升级，在很大程度上取决于体育产业制度的建立，这就要求我国政府部门及体育产业相关部门在社会主义市场经济体制的基础上，建立能推动体育产业结构优化升级的体育产业制度。

第一，政府相关部门要转变体育产业管理的方式，将市场机制与宏观调控手段充分结合起来，确保体育产业的健康发展。体育行政部门不能直接干预体育产业的经营与开发活动，政府也不能垄断体育资源，要建立一个体育产业市场公平竞争的环境。

第二，政府要制定一定的法规政策，保证体育产业的优化发展。政府部门要重点培育体育核心产业（体育健身休闲服务业、体育竞赛表演业等），促进主导产业拉动其他相关产业发展目标的实现。

第三，为促进体育关联产业（如体育中介、体育培训等）的发展，政府部门要建立一个市场支撑体系，制定合理的体育产业市场交易与管理规则，其目的是促进体育产业结构的逐步完善以及体育产业市场的健康发展。

第四，作为我国政府而言，要从政策与资金上大力扶持体育主导产业的发展，如制定税收优惠政策，加强体育产业的科技投入等。政府要采取一定的手段和措施加强创新，加强体育企业的品牌化建设，提高体育企业的自主研发能力，鼓励其开发出能满足人们多元化体育需求的产品或服务，如此才能促进体育产业结构的调整、优化和升级。

4. 制定创新策略

第一，逐步拉长体育产业的价值链，建立创新性服务体系，具体从产品设计、供应链管理、售后服务等方面着手，提高体育产品的附加值，实现利润最大化。

第二，大力建设体育用品标准体系，加强体育产品质量监管和认证工作，实施体育产品品牌策略，提高产品的国内与国际影响力。

第三，积极培养体育产业人才。体育产业的发展需要大量的人才，我国政府相关部门必须要重视体育产业相关人才的培养，力争培养出一批高水平的体育专业人才并投入到体育产业的建设之中。

5. 统筹优化区域产业结构

要实现我国体育产业的整体发展，还需要对我国区域体育产业结构进行调整与优化。总体而言，需要从以下几个方面着手。

(1) 充分发挥市场与政府的作用

体育产业市场的发展离不开市场机制与政府的宏观调控，只有将二者结合起来，才能促进体育产业结构的优化与升级，进而促进体育产业的健康发展。要充分发挥市场与政府的作用，就要遵循市场价值发展规律，制定相应的体育产业政策，促进我国各区域体育产业结构的协调发展。

(2) 发挥区域间互补的整体优势和综合比较优势

我国地大物博，各区域之间的经济基础不同，体育产业也处于不同的发展水平，这就要求我们以具体实际为依据，合理调整与规划区域体育产业结构布局，充分发挥区域互补的整体优势。

第一，充分挖掘各区域的优势资源，根据具体实际优先选择体育产业部门，促使其先行发展，然后带动其他产业部门的发展。还要打造体育产业的特有品牌，走品牌化发展战略。

第二，重点发展西部体育旅游业，挖掘与开发体育旅游资源，推动体育旅游业的发展，并带来良好的辐射效应。

第三，充分利用中西部地区的体育资源，合理规划体育产业布局，缩小不同区域体育产业水平的差距，实现各区域体育产业的协调发展。

(3) 建立统一开放、竞争有序的区域市场体系

众所周知，我国城乡之间、区域之间的经济发展水平存在着较大的差距，要在短时间内缩小这一差距是不可能的。因此，我们在制定体育产业政策时要适当地向经济欠发达地区倾斜，制定一些优惠政策，消除地区发展的壁垒，调整和完善市场调节机制。针对不同地区的体育资源，要采取有针对性的开发手段与措施，实现各地区体育资源的合理配置。总之，就是要建立一个统一开放、合理有序的市场竞争体系，促进区域体育产业的协调性发展。

第三节 体育产业组织的管理与发展

一、体育产业组织系统构成

(一) 体育市场结构

体育市场结构是指体育产业内部企业市场关系的特征和形式。体育市场中各个市场主体在市场交易中进行沟通、交流与合作就形成了体育产业市场结构。

当前，我国体育产业市场结构主要存在着垄断竞争型市场结构、完全垄断型市场结构以及寡头垄断型市场结构三种类型。

1. 垄断竞争型市场结构

垄断竞争型市场结构是一种垄断程度较低但竞争性比较充分的市场结构形式，这一结构类型在当前体育产业中较为常见。一般来说，当今常见的商业俱乐部和会员制体育组织都属于这种市场结构类型。这些企业一般规模都较小，在社会上的影响力也不是特别大。

2. 完全垄断型市场结构

完全垄断型市场结构是指在某个特定范围内，体育消费资源的生产和销售主要由一家体育组织完全支配。体育赛事垄断就是其中典型的例子。如国际奥委会、国际足球联合会、国际田径联合会等垄断着赛事的举办权。

完全垄断市场的核心在于构建自身的市场贸易壁垒，排除一切可能的竞争者，获取高额的垄断利润。如国际奥委会通过垄断奥运会的举办权就获得了商业经营的权利，为自身谋取了巨大的经济利益。

在完全垄断的体育市场中，垄断集团的体育组织对产品或服务展开运营与管理，其他任何体育组织都不能加入其中，否则，就会受到一定的制裁，这就是完全垄断的表现。

3. 寡头垄断型市场结构

寡头垄断型体育市场结构主要体现在体育广告业、体育娱乐业和体育建筑业等几个方面，它们都呈现出寡头垄断的特征。

（二）体育市场行为

1. 体育市场竞争行为

在体育产业发展的过程中，产业部门之间处处存在着竞争行为，这些竞争行为突出表现在以下几个方面。

（1）定价行为

体育产业部门主要采用以下几种定价策略。

第一，成本加利润定价法。指在平均成本的基础上加上一个预期的利润水平的定价方法。这是一种单边主观的定价行为，其目的是保证收回成本并获得可观的经济利润。

第二，价格领先制定价。寡头垄断市场经常采用这种定价形式。

第三，竞争性定价。这一定价方式在体育产业市场竞争中最为常见，其目的是获得更高的市场占有率。这一策略属于一种长期战略行为，在短时间内体育企业的经济利润有可能难以增长，甚至可能出现降低的情况，但从长远来看，这种定价方式具有一定的先进性和可行性，对于体育企业的长远发展还是比较有利的。

（2）广告行为

当前，绝大多数体育企业都比较重视利用广告来宣传和推广自己的产品或服务，尤其是在体育用品业中，广告应用最为普遍。通过广告策略，体育企业能很好地对外宣传自身产品或服务的优势，提高社会影响力，进而提高本企业产品的市场占有率，并最终获取尽可能多的经济利润。通过广告行为，体育企业树立了自身品牌，提高了市场竞争力。

（3）兼并行为

企业兼并行为是指两个以上的企业在自愿基础上结合而成为一个新的企业组织的调整行为。

2. 体育市场协调行为

在体育产业市场中时时处处存在着竞争与合作的行为，只有竞争与合作才能促进体育市场的发展和协调。一般来说，体育市场的协调主要有价格协调和非价格协调两种。

（1）价格协调

价格协调是指体育企业就产品价格进行协调与探讨的行为。如国际奥委会与其他国际体育组织之间就奥运会转播权所进行的谈判就属于价格协调行为。

（2）非价格协调

非价格协调是指通过共谋或串谋的形式对体育产品供给的时间、地点、规则等进行谈判。如国际奥委会同其他体育组织就赛事举办时间、赛事规章等方面的协调与谈判。

（三）体育市场绩效

一般情况下，体育市场绩效能充分反映体育市场运行的效率和资源配置情况。体育产业市场绩效的评价标准主要包括以下三个方面。

1. 体育市场资源配置效率

资源配置效率是社会总效用或社会总剩余最大化的集中体现，可简单理解为社会福利的最大化。体育企业进行生产与经营的主要目的就是追求利润的最大化。因此，在衡量体育市场资源配置效率时要考虑以下四个方面。

第一，考查体育产业利润率，判断体育市场的竞争前景，预测体育产业利润率，采取必要的策略提高本企业利润率。

第二，考察体育市场集中度和进入壁垒的程度，判断本企业是否拥有进入产业市场的资本和实力。

第三，考察政府在体育产业市场中的地位，判断市场机制是否合理和有效。

第四，考察体育产品的需求情况，分析体育产业市场中的各种因素，判断体育消费者的需求。

2. 体育产业规模结构效率

在体育产业结构体系中，体育产业结构的效率实现情况非常重要，这将直接影响到体育产业结构的优化与升级。要想实现体育产业规模结构效率，就要高度重视体育产业资源的利用状况。

第一，经济规模的实现程度。经济规模的判断，一般用达到或接近经济规模的产量占总产量的比例来表示。但是在体育产业市场中，完全符合规模经济要求的体育企业是不存在的，这一标准是相对的。

第二，经济的结合及实现程度。在体育产业的发展过程中，各企业管理人员应采取必要的措施和手段，实现体育产业内部结构的合理化发展，使体育产业部门之间的比例合适、恰当。

第三，企业规模能力的利用程度。当前，我国体育企业规模能力的利用程度主要存在以下两种情况：一是，规模较大的体育企业存在设施利用不足，产能过剩的情况；二是一部分体育企业市场集中度较低，存在产业资源浪费的情况。

3. 技术发展程度

体育产业的发展在很大程度上依赖于产业技术的进步。产业技术有广义和狭义之分，广义的产业技术是指包括除资本投入和劳动投入以外的所有促进经济增长的因素；狭义的产业技术是指产业内的发明、革新和技术转移。

在体育产业中技术进步是衡量产业经济效益和市场绩效的一个非常重要的标准，产业技术在体育产业组织的生产结构、生产行为等多个方面均有不同程度的呈现。

要想促进体育产业的进一步发展，进行技术创新是必然的选择，而要实现技术创新就必须要加大投入，但即使加大资金投入也并不一定能实现既定的目标，至少在短时间内体育企业可能不会实现创收的目标，因此说技术创新并不一定能给体育企业带来理想的收益，即技术创新存在着不确定性。尽管如此，体育企业的技术创新仍然是非常重要的内容，体育企业部门要引起高度重视。

二、我国体育产业组织发展现状及存在的问题

（一）我国体育产业组织发展现状

1. 体育竞赛表演产业组织结构现状

与国外相比，我国体育竞赛表演市场发展时间较晚，处于发展的初级阶段，水平不高，还存在不少问题。当前，随着竞技体育的高度发展，大量具有社会影响力的运动项目开始逐渐走向职业化道路，这对于体育竞赛市场规模的扩大以及体育产业的发展都具有重要的意义。据调查，当前，我国体育竞赛表演在组织结构方面存在以下问题。

第一，我国体育竞赛表演市场欠缺有效的经营机制，要靠政府或企业大量输血。

第二，相比国外，我国竞技体育产业发展不成熟，整个产业绩效还很低。另外，在商业化运作方面也存在着较大的不足。

2. 体育健身娱乐产业组织结构现状

在体育健身娱乐市场方面，我国经济发达地区已出现了大量具有一定影响力的体育健身企业，并且获得了不错的发展。以下是我国目前存在的几种体育健身市场。

第一，银发健身市场。主要是为中老年人群提供各种服务，包括健身、养生、休闲等内容。

第二，健身健美市场。主要是为青年人群提供健身、减肥、形体健美等内容的服务。

第三，体育技能培训市场。主要是向青少年儿童提供必要的体育锻炼指导，以帮助其掌握运动技能，提高体能素质。

第四，高档健身娱乐市场。主要提供健身、娱乐或各种高档服务。只有具有一定经济实力的人才能享受到这些服务，因此，这一市场的入门门槛较高，有着较强的产业市场壁垒。

总体来看，以上体育健身娱乐市场类型中前三类市场容量较大，任何体育企业都可以参与其中，竞争压力较大；后一类市场容量相对较小，竞争性相对较弱。

3. 体育用品产业组织结构现状

与其他体育产业市场相比，我国体育用品业起步时间较早，但发展至今已建

立了一个相对成熟的产业市场。当前，我国体育用品生产企业的类型较多，涵盖了人们社会生活的各个层面，如体育运动装备、体育器材、运动保健用品等。

随着我国体育产业市场的不断发展，我国体育用品市场的竞争越来越激烈，但这也为体育用品企业制造了良好的发展机遇，如李宁、安踏、特步等体育用品企业发展形势良好，在国内有着较强的影响力和竞争力，但与国外优秀的体育企业相比还存在较大差距。受国外体育企业产品的冲击，市场占有率不高，利润不大，使我国体育用品企业的发展进入了一个瓶颈期，在一定程度上制约了这个行业的发展速度。

总体来看，当前，我国体育产业呈现出产业社会化、投资主体多元化的特点。在体育产业未来的发展中个体、私营、外资等都可以成为产业发展的重要力量，体育产业部门要充分认识到这一点，扶持这些产业部门的发展，相信我国体育产业一定会不断调整与完善自身组织结构，实现健康发展。

（二）我国体育产业组织存在的问题

1. 主体产业竞争力不足

体育产业是生产体育产品和提供体育服务的企业或者经济活动的集合。

与国外相比，我国体育主体产业主要以体育用品和体育服务为主。我国整个体育产业中，体育服务业的比重越来越大，成为我国体育产业的重要组成部分。此外，体育用品制造业在整个体育产业体系中也占据着非常重要的地位。但是这一产业的技术含量较低，市场竞争非常激烈，并存在一些不正当竞争行为，对于我国体育产业的健康发展是非常不利的。

体育用品业以加工制造为主，但技术含量并不高。虽然目前我国体育用品在世界上已形成明显优势，产业市场所占份额较大，致使体育产业链中其他环节的涉及严重不足。在国际市场上，体育用品出口的产品以中低档为主是我国体育产品行业的主要特点，价格竞争力强，质量竞争力弱，虽然市场占有率较高，但所获得的经济利润却较低。

近年来，体育赛事产业发展迅速，赛事的类型多种多样，一些具有较大影响力的赛事深深吸引着人们的参与，如奥运会、世界杯等，每逢赛事举办期间都会在社会上形成一股热潮。与国外相比，我国具有国际影响力的赛事还相对较少，国际竞争力不足，精品赛事稀少，影响力较弱。这需要进一步发展。

2. 产业地区发展不平衡

当前，我国经济发展存在着不平衡现象，具体体现在东部沿海和西部内陆地区经济发展不平衡、大城市与乡镇经济发展不平衡等方面。在体育产业上也存在这种不平衡现象。

我国经济发达地区的体育产业发展水平相对较高，东部沿海地区体育产业发展明显高于中西部地区。体育产业主要集中于京津沪及东南沿海大城市，而其他经济欠发达地区的体育产业发展水平则较低，这种发展不平衡的现象在短时间内是难以扭转的。

3. 体育场馆投入—产出严重失衡

当前，我国体育场馆的经营与管理还存在着一些问题，投入—产出的不平衡就是其中一个非常重要的方面。近年来随着体育赛事及全民健身运动的不断发展，我国地方政府也新建了一批新的体育场馆，但由于后期经营管理不善，体育场馆的利用率并不高，存在着资源浪费的现象。例如举办一个大型运动会，为保证运动会的顺利开展，地方政府往往会兴建体育场馆，但当运动会结束后，这些场馆就会闲置起来，并不能发挥其应有的作用。大量的投入不但没有得到回报，有些甚至还要继续投入进行维护，利用率较低，这对于我国体育产业乃至整个体育事业的发展都是非常不利的。

总体来看，随着我国竞技体育的快速发展，社会上出现了大量的体育场馆，这说明我国的体育场馆资源还是比较丰富的，能基本满足人民群众参与体育健身的需要，但是实际上大部分体育场馆都没有得到充分的利用，利用率较为低下，今后需要相关部门采取必要的措施扭转这一局面。

三、我国体育产业组织发展策略

（一）完善体育产业组织结构

体育产业的内容较为丰富，总体而言主要包括体育产品和体育服务两个部分，这两个部分对于体育产业的发展起着举足轻重的作用。一般来说，发达国家的体育服务业占主导地位，体育产品随着经济水平的提高其产业比重则呈现不断下降的趋势。可以这么说，越是体育产业发达的国家，体育服务业所占比重越大，而对于体育产业不发达国家而言，体育用品业则占据着主导地位。目前，我国体育产业就主要以体育用品产业为主导，体育服务性产业占次要地位，因此，要想促进我国体育产业的进一步发展，还需要大力发展体育服务业，提高体育服务业在体育产业中的比重。

要想改变这种情况，我国政府应充分利用周边资源，重视对体育产业的投资与扶持，从体育健身休闲、体育场馆管理等领域入手，推进我国各地体育服务业的发展，以促进我国体育产业结构的调整、优化与升级。

（二）调整体育产业人才结构

在体育产业中，体育组织是非常重要的组成部分。而在体育组织内部，人才发挥着极为重要的作用，因此，完善体育产业人才结构，建立一个科学完善的体育产业人才体系是体育产业今后发展的重中之重。

对于体育产业而言，体育产业发展的规模、速度等都在很大程度上受到体育人才的影响，体育人才必须具有出色的专业水平和综合素质才能管理好体育产业，保证体育产业运营与管理活动的顺利进行。

当前，我国体育产业人才数量较少，质量不高，这是我国体育产业人才发展的一个大体现状。而要想进一步提高我国体育产业管理水平，促进我国体育产业的进一步发展，就需要加强体育产业人才挖掘、培养与管理的工作，力争培养出高素质的体育产业人才。

要想促进我国体育产业的发展，必须结合市场经济发展的规律，建立一个健全、完善的体育产业人力资源管理结构，以进一步提高我国体育企业的市场竞争力。

（三）推动体育产业技术创新

体育产业的技术创新对于体育产业的长远发展而言具有非常重要的意义，体育产业主要包括体育产品创新和体育服务创新两个方面。体育企业在发展的过程中都希望获得垄断地位进而获取垄断利润，在获得垄断地位后，体育企业还会加大产业创新以巩固其市场中的领先地位。在垄断利润的刺激下，一些处于非垄断地位的体育企业将不断模仿垄断企业的新产品，这在一定程度上削弱了创新者的垄断地位。为改变这一局面，处于垄断地位的技术创新者将创新的重点转移到企业生产流程的再造中，这一创新技术难度较大，在短时间内很难被其他体育企业模仿和超越。

因此，为提高我国体育企业的竞争力，就必须要加强产业技术创新，可以采取以下措施。

第一，进行劳动力的技术创新，解放劳动力，如网络售票可以比现场售票节约更多劳动力。

第二，节约资本的技术创新，重视资本的整合与运用，如多功能体育场馆的建设就是一个典型的例子。

第三，提高效率或质量的技术创新，这种创新能极大地提升资源利用的效率。

（四）增强体育产业各要素的互动

拥有一个健全、合理的体育产业组织，对于体育产业的健康发展而言具有非常重要的意义。在体育产业发展的过程中，要充分利用已有的经验，提高体育资源配置的效率，促进体育核心产业、外围产业和其他相关产业的发展；要促进体育产业各相关要素的互动性，促使其获得共同发展。

体育赛事与旅游业的结合就是一个很好的例子。关于这一点，墨尔本做得非常成功，墨尔本旅游局通过电视、网络以及平面媒体等全方位立体化推广手段为体育赛事造势，整合当地体育赛事与旅游资源，吸引游客，实现增收。

除此之外，还可以利用外围或其他产业的发展来推动体育核心产业的发展。如文化创意产业中的传媒产业的发展，可以进一步完善体育产业链，通过发挥媒体对体育的有效推动作用来发展体育产业。

第四节　体育产业制度的创新与发展

制度对于体育产业的健康发展具有非常重要的意义，一个健全和完善的制度体系能保障体育产业持续、健康、稳定的发展。体育产业制度并不是一成不变的，而是随着体育产业的发展而有所创新与发展，这样才能适应不断变化的体育产业水平，为体育产业提供持续不断的保障。

一、体育产业政策的概念与作用

（一）体育产业政策的概念

所谓体育产业政策是指为促进体育产业的健康持续发展，政府和体育主管部门根据体育产业发展的现状及发展要求，运用一系列政策工具和经济手段，制定一系列规划、干预和引导体育产业发展的措施。

（二）体育产业政策的作用

体育产业政策的作用主要体现在以下几个方面。

1. 促进体育产业结构合理化与高度化

体育产业政策的改变能在一定程度上引起体育产业结构的变动，促进体育产业结构向着更加合理化和高度化的方向发展。作为我国政府及产业部门而言，要站在全局宏观经济的高度，根据不断发展和变化的市场供求趋势，制定和实施科学的体育产业政策，通过各种经济和法律手段，调节资源在体育产业各部门间的合理分配，促进体育产业结构的优化与升级。

2. 弥补市场失灵的缺陷，有效配置体育产业资源

大量的事实表明，市场机制不是万能的，不能解决一切问题，而体育产业政策的实施能有效地弥补产业市场失灵的缺陷。在当前市场经济发展的背景下，存在着不公平竞争、垄断等现象，单纯地利用价格机制并不能完全实现资源的有效配置，这就需要制定一个科学、合理的体育产业政策，将体育产业政策和市场机制有机结合起来，促进体育产业市场的有序和健康发展。

3. 实现体育产业快速发展，缩短赶超时间

对于经济发展水平不高的国家而言，要想在短时间内提高体育产业的竞争力，仅仅依靠市场的自由调节是远远不够的，而体育产业政策与市场机制的联合作用能较快地促进体育产业既定目标的实现。

4. 增强本国体育产业的国际竞争力

当前，体育产业全球化的趋势日益明显，国家政府或体育行政部门可以结合本国体育产业发展的具体实际制定相关的体育产业政策，以增强体育产业在国际市场上的竞争力，促进体育产业的全球化发展。

二、我国体育产业制度的现状与不足

经过一段时间的发展，近年来我国体育产业获得了快速的发展，但是，就当前而言，我国体育产业仍属于一个新兴产业，在各方面都还存在着较大的不足。在体育产业政策的制定与实施方面，受制于计划经济条件下的传统理念，体育产业政策仍存在诸多问题，如政策广度不足、深度不够，产业政策不全面，还不能适应体育产业发展的要求。总体来看，当前，我国体育产业政策的不足主要表现

在以下几个方面。

（一）没有建立和形成一个合理的政策框架

体育产业的发展涉及社会多个层面，要想保证体育产业的健康发展，就要建立一个自上而下、由表及里的政策体系。基本的政策框架应包括国家政策、行业政策和体育机构政策等几个方面，内容涉及发展体育主体产业政策、体育服务政策、体育市场发展政策等。只有建立一个科学、合理的政策框架才能保证体育产业顺利有序的发展。

（二）体育产业政策欠缺有效性和直接性

当前，我国体育产业政策的有效性和直接性还不够明显，欠缺一定的纲领性文件，地方政府也缺少一定的政策规划，现有的体育产业政策也主要归属于体育系统本身的行业规则。有关体育产业政策的制定和实践，“东部”先于“西部”，经济发达省市先于经济相对落后省市，实践先于理论，体育系统先于其他系统，这样的体育政策对于我国体育产业的健康发展是非常不利的。

（三）体育产业政策存在盲点

当前，我国的体育产业政策还存在诸多的盲点，一般情况下，体育产业政策主要出自体育系统自身的需求，这些政策并不能真正体现体育产业市场化的要求。再加上体育系统存在或多或少只重视眼前利益等问题，使得体育产业政策的执行与实施并没有出现预期的效果。

三、促进体育产业发展的政策策略

（一）制定优惠政策，扶持体育产业发展

国家的宏观调控对于体育产业的发展具有重要的意义，它能有效地控制和调节体育产业的发展方向。因此，要提高体育产业的竞争力，不仅要为体育产业的健康发展构造良好的内部环境，还要制定税收、信贷和财政货币等相关政策，为体育产业的进一步发展营造一个良好的外部环境。

1. 财政政策

我国各级政府要不遗余力地为体育产业发展提供必要的财政支持，加大政府投入的比例。与国外发达国家相比，我国政府的体育经费投入相对还比较少，难以满足体育产业的发展需求。政府应结合体育产业的发展实际，制定完善的财政政策，加强公共体育场馆的建设和维护，扩大地方基层财政对体育事业投入的比重，为体育产业发展提供必要的财力支持。

2. 税收政策

税收是管理和调节国民经济活动的重要手段，对于国家各部门的发展具有重要的意义。目前，体育产业各部门承受的税种名目繁多，致使体育产品经营部门无利可图，对于体育产业的长远发展是非常不利的。因此，要切实推动体育产业的持续健康发展，就要制定一个良好的税收政策，如营业税收的减免政策、税收优惠政策、税率的调整政策等，通过这些政策的制定与实施才能激发体育产业市

场的活力，促进体育产业的健康发展。

3. 价格政策

人们参加任何体育健身活动都需要一定的体育场所。因此，国家相关部门要制定相关的政策限制体育健身服务企业的价格，保证大多数群众都能享受到基本的体育健身服务。

4. 金融信贷政策

为促进体育产业的发展，国家体育部门应商讨对策将体育产业纳入贷款范围，对一些重点项目提供优惠的金融信贷政策，促进规模较大、竞争力较强的体育企业上市融资，获得更进一步的发展。除此之外，国家政府相关部门还要加强和规范体育彩票业的发展，为我国体育产业的发展提供各种保障。

5. 捐赠政策

为实现体育投资的多元化，体育产业相关部门应采取必要的措施和手段吸引社会投资，如企业、个人等赞助体育赛事、公益性体育设施建设和体育活动，应将这些活动纳入公益性捐赠范围，给予企业或个人一定的税收优惠。对公益性青少年体育活动场所的捐赠，在缴纳企业所得税和个人所得税前准予全额扣除。而对于协助捐赠的中介机构或个人，可以视情况给予一定的奖励。

6. 土地使用政策

以前为促进体育事业的发展，在建设体育公共场所方面，我国主要是采用行政拨款的方式兴建了大量的体育场馆，为人们参加体育运动锻炼提供了必要的场所。随着我国体育人口的不断增多，我国公共体育场馆的数量远远不能满足人们体育健身的需求，而要想大力发展我国的体育事业，必须要充分满足广大群众的体育消费，因此，我国政府相关部门应结合具体实际情况制定相关的土地政策，可以采取无偿或低偿划拨土地使用权的方式兴建公共体育场馆，为大众参与体育健身提供重要的基础保障。

7. 国有资产使用政策

公共体育场馆具有鲜明的社会属性，主要是为人民群众提供健身服务，因此，国有资产占有费、有偿使用费等的一部分应根据实际情况用于公共体育场馆的维护和改造。对于一些营利性体育企业而言，国家政府部门在对其进行监管时，可以通过股权转让或拍卖等手段收回国有资产，以确保体育产业市场的有序发展。

（二）规范体育市场管理政策

为促进我国体育产业的进一步发展，国家政府部门要制定相关的规范体育市场发展的管理政策，建立一个科学和规范的法律法规体系。要遵循社会主义市场经济发展的规律，进一步调整体育经营企业中的经济关系，规范各种经营行为和市场行为，从而保证体育产业的健康发展。体育市场的发展在很大程度上决定着体育产业的发展水平。因此，要构建一个合理、有序的体育市场运作体系，必须从各方面保护体育市场主体的切身利益，这样才能激发体育产业市场主体的积极性，增强体育产业市场的活力。通过多年的发展，我国已初步建立了一个体育产业市场发展体系，但政策体系不完整，市场机制不健全，并且欠缺具体的管理法规和实施细则，使体育产业各部门的发展受到很大的限制。尽管有关地区的政府部门出台了一些规范体育市场的管理条例，但这些政策大都带有明显的行政干预市场的特点，不符合社会主义市场经济发展的规律。因此，我国政府需要建立一个完整的、符合我国体育产业发展实际且符合市场经济发展规律的体育产业市场运作体系，从而保证体育产业的健康发展。

我国各级政府部门要遵循市场经济发展的基本规律，按照产业化、市场化的要求，加快制定一个科学、合理的体育产业市场运行规则，规范体育产业市场主体的各种行为，从而实现公平竞争。

1．规范市场管理

政府相关部门要制定一个体育产业市场准入办法，体育产业主体要严格遵守市场规则和市场经济规律，规范体育生产和经营行为。除此之外，还要加强体育用品生产企业的宏观管理，对于一些发展潜力巨大的体育企业单位和经济实体给予必要的支持，鼓励体育事业单位根据市场需求和自身实际创设经济实体，以促进我国体育产业的健康发展。

2．加强法规建设

由于体育活动具有一定的危险性，因此，体育产业经营活动也会涉及一些安全问题。为保证体育活动的安全性，相关体育部门要制定体育用品、运动器械的安全质量标准，还要从行业管理的角度，制定相关的法规、制度和条例等予以规范。

3．提高从业人员素质

在加强体育产业管理的过程中，体育产业相关部门要对体育产品经营者的资格、条件等进行必要的审核和确认。如产业经营者是否具备必要的技术条件；经营场所的一切设施是否安全可靠等。另外，还要加强对体育产业经营人员的宣传和教育，努力提高体育产业从业人员的综合素质。

（三）制定引导居民体育消费的政策

随着我国国民经济的不断发展，人们的生活水平得到了极大的改善和提高，在这种情况下，人们的消费目标和需求都逐渐转移，开始注重精神产品的消费。体育消费作为非必需性生活消费，正迎合了大众精神追求初级层次的消费需求，近年来人们在体育消费上的支出越来越大。

随着人们经济收入的不断增长，热爱体育健身的人对体育消费的支出也逐步增加。因此，要想使体育消费成为居民新的消费热点，就要充分考虑居民的消费水平和消费结构，结合居民的实际情况生产出符合居民利益的体育产品和提供相应的体育服务。居民体育消费水平的增长是一个缓慢的过程，国家政府部门要制定一些鼓励居民参与体育消费的政策和文件，引导大众积极参加健康的体育消费活动，以推动我国体育产业市场的发展。

1. 要积极引导和推动社区体育工作的开展

要方便居民参与体育健身活动，可以把体育设施建在居民居住的区域，居民在闲暇之余就能方便地参加体育锻炼活动，这能有效激发人们参与体育锻炼的热情。政府和房产开发商要有意识地在小区中规划建设体育场地设施；也可以面向社会招标，吸引社会投资，建设公益性的体育健身场地设施。

要构建一个全民健身的服务体系，在大中型城市建立市民体育健身中心，在城乡建立体育服务中心，帮助人们提高科学健身的意识与能力。另外，还可以利用体育彩票基金建设体育场地设施，做到取之于民，用之于民，从而创造一个良好的体育健身环境。

2. 加快社会体育指导员队伍建设

社会体育指导员在人们体育健身中起着非常重要的作用，目前我国的社会体育指导员无论在数量上还是质量上都比较欠缺，这对于人们参加科学体育健身是非常不利的。因此，我们要不断完善社会体育指导员技术等级制度，推进社会体育指导员国家职业标准，严格管理指导员队伍，建设一支高质量的社会体育指导员队伍。

3. 公共体育服务要合理和周到

公共体育场馆的建设能为人们参加体育锻炼提供便利，有利于全民健身活动的深入进行，进而促进广大居民体育消费水平的提高。当然，公益性体育服务的价格定位要合理，要与人们的经济水平相符合并贴近大众的需求，这样才能有效刺激居民参与体育消费。

第五章　体育产业运营管理的原理与策略

体育产业能否得到健康、持续的发展，与体育产业相关部门的运营管理水平是分不开的。体育产业运营管理部门必须要掌握体育经济学、组织管理学等方面的知识，注重体育产业管理的效率和质量，针对体育产业中存在的问题展开细致的研究与分析，从而找出具有针对性的解决策略。

第一节　体育产业运营管理概述

一、体育产业运营管理的概念与职能

（一）体育产业运营管理的概念

体育产业运营管理是指一国体育产业中不同层级的管理者对不同层级的管理客体通过实施决策、组织、领导、控制和创新等职能，协调他人活动，实现既定目标的活动过程。当前我国体育产业获得了快速发展，体育产业在国民经济中的地位也越来越重要，其有着良好的发展势头和广阔的发展前景。但需要注意的是，当前我国体育产业的运营管理还存在一定的缺陷，如管理模式不完善，管理效率有待提高等。在这样的情况下，就需我国结合国家的具体实际，寻求体育产业运营管理的科学策略，建立一个相对健全和完善的体育产业运营管理体系。

（二）体育产业运营管理的职能

总体来看，我国体育产业运营管理的职能主要有四个方面。

第一，通过详细的市场调研，预测体育市场的供求变化，体育产业运营管理部门根据市场需求制定相应的目标。

第二，针对体育市场发展的实际，采取相应的措施和手段解决实际问题，加强运营管理水平。

第三，合理配置体育产业资源，实现预期的经济效益。

第四，协调好整个产业部门的运营管理活动，实现既定的战略目标。

二、体育产业运营管理的要素

体育产业运营管理要素主要包括体育产品要素、环境要素、人力资源要素、财力资源要素和物力资源要素五个方面。这几个方面缺一不可，体育产业管理部门一定要对其进行深刻剖析，做好分工工作，从而提高管理水平，促进体育产业

的健康发展。

（一）体育产品

体育产品在体育产业运营管理体系中占据着举足轻重的地位。体育产业经营活动的开展要围绕体育产品进行，否则体育产业运营活动就失去了意义。一般情况下，体育产品主要分为体育劳务产品、体育实物产品和体育精神产品三大类。

第一，体育劳务产品：各类体育赛事、体育竞赛表演活动、体育健身服务等都是其中重要的内容。

第二，体育实物产品：包括体育场馆、体育设施设备、体育赛事纪念品等内容。

第三，体育精神产品：包括各种体育杂志、体育宣传手册、体育赛事录像等内容。

（二）环境

体育产业的健康发展离不开良好的环境，因此加强体育产业的环境建设至关重要，同时一个良好的体育产业环境也有利于管理者开展体育产业的运营与管理工作。在体育产业发展的过程中，体育企业的管理人员应利用一切可以利用的手段为体育产业创造一个良好的环境。

（三）人力资源

在体育产业运营管理中，人力资源的管理至关重要。管理活动中的人力资源主要包括管理者和被管理者两个部分，二者缺一不可。

在体育产业运营管理体系中，人是主体，各项管理活动都在人的指导下开展。管理人员必须具有良好的管理素质，要具备体育经济学、体育管理学等方面的知识，并掌握现代运动管理的方法，才能有效地组织与开展管理活动，实现既定的经营效益。具体而言，体育产业经营管理者应具备以下基本素质。

第一，正确认识体育管理工作，掌握体育产业运营管理的理论与方法。

第二，深刻理解体育产业的内涵与特点。

第三，具有较强的体育产业运营管理能力。

第四，了解和掌握体育产业管理部门人员的动态。

第五，具备优秀的领导能力和亲和力。

第六，具备及时、合理解决经营管理问题的能力。

（四）财力资源

财力资源是体育产业运营管理活动顺利开展的重要基础和保障，缺少了必要的资金，体育产业管理活动便无法顺利开展。因此，拓宽体育产业投资渠道，从多方面获取财力资源尤为重要。当前，我国体育产业运营管理获取财力资源的途径主要有以下两个。

第一，国家财政拨款：财政拨款是当前我国体育产业管理部门获取财力资源的主要途径，这一途径受社会经济发展水平和政府部门重视程度的影响较大。

第二，社会筹集：一般来说，社会筹集主要包括集资、捐资、社会企业赞助和借贷等几种形式。

当然，随着时代的不断发展，也会涌现出其他资源获取的途径，体育产业管理部门人员要尽可能地挖掘与利用一切可以利用的资源来加强体育产业运营管理体系的建设，从而实现提高经济效益和社会效益的目标。

（五）物力资源

物力资源，即我们所说的生产资料。体育产业各项活动的进行都离不开生产资料，如体育建筑物、机械、高科技材料和工具等都属于生产资料的范畴。体育产业管理者在管理物力资源时，要重视这些生产资料的使用率，充分发挥其最大的使用价值。

三、体育产业运营管理的基本要求

为提高我国体育产业运营管理的水平，要遵循以下基本要求。

（一）坚持以市场为导向

在社会主义市场经济体制下，市场在社会经济发展中扮演着十分重要的角色，对于体育产业领域而言也是如此。市场是实现体育产业资源优化配置的重要手段。因此，体育产业运营管理人员应坚持以市场为导向，以市场需求为依托，确立经营管理的目标与战略。

（二）坚持以法律为保障

当前我国体育产业在各方面还存在着诸多问题，如市场机制不完整，市场规则不健全，管理水平低下等。为确保我国体育产业的健康、持续发展，必须要加强立法建设，为体育产业的发展及体育产业管理部门开展活动提供必要的制度保障，促进我国体育市场的健康发展。

（三）不断提高服务水平

体育产业管理者要想提高自身的综合实力，需采取必要的措施和手段树立为体育市场服务的意识，不断提高自身的服务水平，为体育消费者或者潜在的体育消费者提供高质量的商品和服务，吸引大量的体育消费人群参与体育消费，从而获得理想的经济效益和社会效益。

（四）注重经济效益和社会效益的统一

追求经济效益是体育产业部门的主要目的，但也不能过分追求经济效益而忽略了社会效益。片面追求经济效益，只追求眼前利益的行为是非常不理智的，长此以往，企业就很难获得长远的发展。因此，要做到经济效益和社会效益并重，将二者放在同等重要的地位。

第二节　体育产业运营管理的环境分析

一、体育产业运营管理的宏观环境分析

（一）政治环境

政治环境对于体育产业发展具有重要的影响。政治环境主要包括国家的政治制度、方针、政策等内容。良好的政治环境对体育企业的管理决策、经营行为、市场投资、未来发展战略等诸多方面具有重要的影响。

当前，我国拥有一个良好的政治环境，社会稳定，人民团结，因此，我国体育产业有着良好的发展背景，为体育事业的发展奠定了良好的基础。在当前我国体育产业不断发展的背景下，政府应逐步加大宏观调控和市场监管力度，制定一些有利于体育产业发展的政策，为体育产业营造一个良好的发展环境。

（二）经济环境

体育企业经营与管理的一个最大目标就是追逐经济利益，因此，经济环境是影响体育产业发展的重要因素。经济环境包括诸多因素，其中经济条件、经济特征、经济联系等都是重要的内容。

1. 我国体育产业发展的国内经济环境

当前，我国国内体育产业发展的经济环境良好，这为体育产业发展奠定了良好的基础。然而，我国大部分体育企业主要以劳动密集型产业为主，缺乏自主研发能力和创新能力，与国外体育企业相比，竞争力偏弱，进入国际市场的难度较大。加上近些年来国外各类体育企业纷纷涌入国内市场，给我国体育企业造成了极大的冲击，使我国体育企业面临着巨大的挑战。

2. 我国体育产业发展的国际经济环境

我国体育企业在国内面临着与国外体育企业竞争的局面，同时在国际上也同样面临着巨大的挑战。我国体育企业要想走出去，走上国际化发展的道路，就必须要充分了解国际体育市场经济的发展现状，把握国际体育市场的发展规律，认清自己的优势与特点，取长补短，紧跟国际体育市场发展的形势，增强自身的竞争力。

（三）法制环境

体育市场要想实现规范化发展，首先就要具备一个良好的法制环境。一个良好的法制环境，能保证各类体育企业在体育市场中公平地竞争与发展。为了创造一个公平竞争的环境，政府相关部门要结合当前体育产业发展的形势制定相关的法律法规，规范行政部门的行为，保障体育产业部门或体育企业的权利以及应履行的各项义务。

体育产业的健康运营与发展离不开良好的法制环境。在良好的法制环境下，能有效规范体育市场主体行为，促使产业市场的良性竞争，从而推动体育产业的健康发展。

（四）文化环境

文化环境是指一个国家或地区的民族特征、价值观、文化传统和风俗习惯等。一个良好的社会文化环境能对体育产品的生产和消费产生至关重要的影响，进而影响到体育企业的生产与运营行为。

体育事业是中华民族伟大复兴的重要内容，近年来，我国政府大力强调体育兴国，不仅竞技体育运动得到了迅速的发展，群众体育也获得了较快的发展，人们参与体育的热情高涨，全民健身的理念得到了很好的贯彻与实施，这为我国体育产业发展提供了广阔的空间。因此，加强我国社会文化环境建设具有重要的意义。

（五）科技环境

在现代科学技术快速发展的今天，各个领域、各个行业的科技元素越来越多，科技成为影响各行各业发展的重要因素，建立一个良好的科技环境至关重要。对于体育产业而言，科技环境的建设也尤为重要，因为体育企业经营方式的转变以及进一步发展都需要科学技术的应用。

从政府角度来讲，要想提高我国体育企业的竞争力，转变体育企业粗放的经营方式，关键就在于科学技术；而从各类体育企业角度来讲，体育产业的经营与管理需要管理人员具备良好的创新意识，而要具备这一创新意识，就必须要能充分了解科学技术发展的新动向，树立创新的意识，掌握各项先进的科学技术，以为体育产业的进一步发展服务。

（六）自然环境

一般来说，自然环境主要包括自然、地理、人口等诸多因素，这些要素的发展直接决定着体育企业经营与管理的效益。体育旅游业、体育用品制造业、体育竞赛表演业等都是重要的体育产业部门，这些行业与自然环境之间的关系非常密切，其在发展的过程中要在保护环境的基础上制定发展规划与策略。如果没有一个良好的自然环境，体育产业部门的发展就无从谈起。

二、体育产业运营管理的微观环境分析

体育企业的运营与管理是在体育市场内进行的，因此，体育市场的所有要素都会影响体育企业的发展。下面重点分析一下体育企业运营管理的微观环境。

（一）体育市场构成

在社会主义市场经济体制下，要想促进体育产业的健康发展，首先就要了解体育市场的基本构成要素。只有充分了解与把握体育市场的各项要素，才能更加有针对性地设计运营管理的策略。

1. 体育消费者

体育消费者是指购买体育消费品的人，主要包括以下几种类型。

第一，实物型体育消费者：购买体育运动装备的消费者。

第二，观赏型体育消费者：观看体育赛事的消费者。

第三，参与型体育消费者：参加体育运动锻炼的消费者。

另外，在社会上有很多公司或社会组织以体育赞助商的身份加入体育产业运营管理中，它们也属于体育消费者的一部分，在进行体育市场构成要素的研究中要注意这一点。

2. 体育产品

在体育市场中，体育产品是满足体育消费者各种体育需求的重要载体，它是体育生产者提供给消费者的实物产品或某种体育服务。体育产品主要分为以下四类。

第一，体育赛事：运动员、教练员、赛事管理人员等。

第二，体育用品：体育装备和各种体育商品。

第三，体育服务：体育健身中心、体育健康服务、体育培训与指导。

第四，体育信息：体育新闻、体育评论等。

3. 体育产品供应商

体育产品供应商是体育市场的经营主体，在体育市场营销活动中占据着重要

的地位。体育产品供应商主要包括体育设备设施生产商，体育场地、场馆的生产商，体育俱乐部和体育组织等几类。

（二）体育市场供需

体育市场供需是体育企业运营与管理中必须要考虑的重要因素。一个正确、合理的市场供求分析对体育市场决策有重要影响，下面主要分析体育市场供需中市场供给与市场需求这两个方面的因素。

1. 体育市场供给

在体育产业发展的过程中，影响体育市场供给的因素有很多。这些因素的发展对于体育市场的供给将产生极为重要的影响，体育产业部门的管理者或者体育企业的经营者不能忽略这些因素，需了解和掌握这些因素的发展情况。

（1）产品价格

产品价格与体育企业产品生产量的关系非常密切。通常情况下，体育企业倾向于选择价格高的产品，因为产品价格越高，就越容易获得较高的利润，就会增加该项体育产品的产量，反之则无利可图，只好降低产量。

（2）生产成本

从市场经济发展的规律来看，如果保持某一产品的价格不变，生产成本上升，利润就会减少；反之，则会增加利润，这两种变化都会影响体育市场产品的供给量。

（3）技术水平

在现代社会背景下，科学技术在各个领域都发挥着至关重要的作用。对于体育企业而言，生产技术水平的提高可以在很大程度上降低生产成本，提高企业的利润。因此，体育企业更愿意投入大量的资金用于改善生产技术水平，生产技术水平提高了就能为体育企业提供更多的产量，从而提高企业利润。

当然，需要注意的是，体育企业不可能单纯追求技术含量，因为生产技术的提高需要大量的资金投入，而在资金投入提高的情况下，产品的定价或服务也会有所上升，这是一般的体育消费者所接受不了的。为迎合大众口味，企业在技术投入方面就显得比较少。

（4）相关物品价格

体育企业除了有自身的核心产品外，为获得更大的经济利益和满足消费者的多元化需求，往往还会生产一些与核心产品有关的附加产品，这些产品的价格也会影响体育产品最终的价格。

（5）生产者的预期

生产者的预期也能在一定程度上影响体育企业的生产。一方面，如果体育产品的生产者看好某一种产品，就会加大这一产品的生产产量，提高该产品的价格；另一方面，如果生产者不看好某一产品，就会适度削减产量，调低售价。这种预期的判断需要体育产业的经营管理者具有丰富的经验，能对当前及未来的体育市场发展前景做出准确、科学的判断。

（6）政府行为

政府在体育产业运营与管理中也发挥着重要的作用，政府所制定的土地、税收等政策能在很大程度上影响体育产品的供给。因此，体育部门应合理地把握当前的体育市场发展形势。

2. 体育市场需求

体育市场需求是指消费者在一定时期内，愿意而且能够购买体育产品的数量，它是一种既有购买欲望又有购买能力的有效需求。体育企业在生产产品的过程中要充分考虑市场需求状况，根据市场需求作出合理的生产规划。

体育市场需求＝人口＋购买力＋购买欲望＋余暇时间

对于消费者而言，体育市场需求就是消费者对体育产品的最终购买量，购买体育商品或服务只要付出一定的资金就能完成消费过程。体育消费者支付消费资金这一行为主要受主观和客观两方面因素的制约。

体育消费者在购买体育产品时，通常会考虑以下几个方面的因素。

（1）体育产品价格

价格是影响体育消费者购买商品的重要因素。大多数情况下，产品价格与消费者需求之间是一种反比例的关系，即体育产品价格越高，市场需求就越小，反之市场需求就越大。

（2）消费者收入水平

体育消费者要想购买某种体育产品或体育服务，就必须要付出一定的资金，因此收入水平决定着消费者的购买力。通常情况下，消费者的收入水平提高后，对体育产品的需求量也会随之提升，而当消费者收入下降时，则会在一定程度上减少体育产品的需求量。

（3）消费偏好

体育消费者的偏好也会在一定程度上影响体育产品的购买量。通常情况下，当体育消费者偏好某一种体育产品时，该产品的需求量就会大大增加，反之，则会减少。需要注意的是，体育消费者的偏好不是固定不变的，作为体育生产者，要做好充分的市场调研，及时了解和掌握体育消费者对体育产品的偏好变化情况，从而适当增量或减产。

（4）体育市场规模

大量的实践表明，市场规模也能在一定程度上影响体育产品的需求量。体育市场规模越大，体育市场需求量就越大，反之亦然。一般来说，城市的健身市场要比乡镇的健身市场大，足球市场要比排球市场大。

（5）政府政策

为促进我国体育产业的健康发展，我国政府近年来制定了大量的体育政策与文件，这对消费者的体育消费产生了较大的影响。在我国竞技体育发展的初期，政府政策的制定主要集中在竞技体育领域，而在全民健身的今天，政府的体育政策则倾向于大众体育健身领域。

（三）体育产业资源

体育产业资源主要包括人力、财力、物力等内容，这些资源缺一不可，否则就会在很大程度上影响体育产业的运营与管理。作为体育产业经营者，应想尽一切办法挖掘体育产业资源，并对其进行合理的优化配置，以达到降低企业运营成本，提高运营效率的目的。

（四）体育产品消费者

通过前面的分析，我们可知体育消费者的消费水平直接影响着体育产品的产量，也就是说，通过体育消费者的消费水平，可以反映出人们实际购买的体育产品数量，并在一定程度上反映出产品质量的高低情况。通过这些内容，体育生产企业可以及时地调整生产经营规模，制定符合实际情况的目标。

在当前我国体育市场规模日益扩大的情况下，人们的体育消费需求成为体育企业的重点关注内容，下面重点分析体育消费者的消费情况。

1. 体育产品消费者的购买行为类型

根据体育消费者自身个性特点与购买动机，可以将购买行为分为经济型、习惯型、情感型和理智型四种类型。

2. 影响体育消费者产品选购的因素

总体来看，影响体育消费者选购体育产品的因素主要有以下几个方面。

（1）经济收入

经济收入在很大程度上决定着体育消费者选购的体育产品。通常来说，经济收入高的消费者容易参与体育消费，反之则不同。

（2）个性爱好

体育消费者的个性爱好也会影响其体育消费，除此之外，它还关系到体育消费者对体育产品的忠诚度。

（3）职业水平

职业也是影响体育消费者进行体育消费的重要因素。一般来说，白领阶层、脑力劳动者等经济收入相对较高的阶层倾向于选择高档的体育休闲消费；而体力劳动者则倾向于选择观看体育赛事、体育表演等。

（4）文化水平

一般情况下，体育消费者的文化程度越高，就越重视高雅的体育消费或精神消费；而文化水平较低的消费者则更愿意选择实用性较强的体育商品或消费方式。

（5）企业因素

对于体育消费者而言，体育企业的企业形象、市场定位、品牌形象等都会影响到消费者的产品选择和品牌忠诚度。

（6）相关群体因素

体育消费者相关群体（包括个人和集体）都会对体育消费者的消费选择产生重要的影响，如家人、朋友的建议，社区体育组织的宣传等都会在一定程度上影响体育消费者选择何种体育产品或消费方式。

第三节　体育产业运营管理的原理与理念

一、体育产业运营管理的原理

与其他行业的运营管理一样，体育产业的运营管理也讲究一定的原理与方法，只有很好地理解与掌握体育产业运营管理的基本原理，才能实现体育企业管理的效率，实现可持续发展。

（一）人本原理

人本原理，即“以人为本”的原理。在体育产业管理系统中，人既是管理活动的主体，也是管理活动的客体。体育企业要想实现管理的效率就要充分发挥人的积极能动性，提高企业管理的效率。

在体育企业管理中，应体现以人为本的基本思想，充分发挥管理者的个性，以保证体育企业各项活动的顺利开展。在体育产业运营管理过程中，要想实现管理效益的最大化，就要在人本原理的指导下重点把握以下基本原则。

1. 行为原则

行为属于人们思想、感情、思维能力等各方面因素的综合反映。

从个体行为发展情况来看，人的行为主要受动机支配。因此，体育企业管理者要充分了解和掌握员工的发展动机，根据人的行为原则对员工进行管理。

在体育企业发展的过程中，要及时了解和掌握本企业员工的心理行为，采取积极的措施和手段激发员工的工作积极性，从而保证体育企业经营管理活动的顺利进行。

2. 能级对应原则

在现代企业管理中，机构、法和人都有一个能量问题，根据能量大小的不同可以进行分级处理。一般来说，高能级办高能级的事，低能级办低能级的事，这就是所谓的能级对应原则。

在现代管理结构中，主要分为四个能级层。在具体的管理中，要注意人的能级对应，根据人的能力和水平合理安排相应的能级（职位、工作任务），从而各司其职，实现既定的企业效益。

3. 动力原则

人的动机的产生需要一定的内部或外部刺激，体育企业运营管理者应采取必要的手段和方法刺激员工，使员工产生工作的动力，这就是动力原则。

一般情况下，体育企业管理者可以采取以下手段来刺激员工，激发员工工作的积极性。

（1）物质动力

物质动力是指以物质奖励来调动员工工作积极性的手段。这一手段主要包括工资、奖金等。在利用这一手段时，要注意方式方法，避免出现过于功利化的现象，否则会对体育企业的发展不利。

（2）精神动力

精神动力是指用精神力量来激发体育企业员工工作的积极性，进而提高其工作的效率和质量。人的精神动力主要包括理想、信仰、集体主义精神等。体育企业管理者要做好宣扬，帮助企业员工树立良好的精神，从而为企业的发展贡献自己的力量。

（3）信息动力

信息动力能为体育企业工作人员提供重要的精神动力，主要包括知识性动力、激发性动力和反馈性动力三个部分。体育企业管理人员要认识到信息动力的良好功效，充分利用这一手段管理工作人员，从而保证体育企业的健康运营与发展。

三种动力来源各有优势与特点，在具体的运用过程中，体育企业的运营管理者应综合利用以上三种动力要素，优势互补，扬长避短，从而实现体育企业的可持续发展。

（二）系统原理

任何系统都不是孤立的，系统内的元素众多，各元素之间的联系非常紧密，它们根据系统的整体目标，按一定的结构动态组合在一起而发挥效用。系统原理的理论依据是系统理论中的整体效应观点：系统的整体功能之和可以大于各要素在孤立状态之和，即通过各种要素组合成一个系统，产生更为理想的效果。

在体育产业运营管理中，为实现既定的目标和管理效益，可以运用系统理论细致分析管理对象及系统中的各要素，将这些要素加以整合和利用，以实现效益的最大化。由此可见，在体育产业运营管理中，运用系统原理非常重要，在具体的应用中应掌握以下基本原则。

1. 整分合原则

这一原则要求管理者在具体的管理工作中细致了解整个工作过程是如何进行的，将整体分解为各项具体的工作，使每项工作规范化，然后再将其组织综合起来。总体而言就是指整体把握、科学分解、组织综合。在运用这一原则时要注意以下几点要求。

第一，管理人员要树立整体发展的观点。将管理对象，即体育产业看作一个大的整体，一切工作的开展都是为了实现整体目标而进行的。

第二，对整体进行合理的分解。只有分解正确，分工才能规范和合理，才能实现既定的管理目标。

第三，加强分工与协作的结合。分工不是目的，分工后还要进行整合，使各环节获得同步协调发展，既有分工又有协作才能提高管理的功效。

第四，要十分明确分解的对象。分解的对象是管理工作中的各项内容，而不是管理功能，要求管理者深刻认识到这一点。管理功能要统一，割裂开来就会出现混乱。

2. 优化组合原则

在体育产业管理系统中，系统内各要素的组合不能随心所欲，要讲究一定的原则，要注重系统内各要素的组合和优化，即贯彻优化组合的基本原则。

（1）重视目标优化组合

对于体育产业的管理者而言，要全面发动群众，制定一个科学的总目标，然后根据优化组合原则，把总目标层层分解到下属组织或个人，形成一个个分目标，互相促进，相互合作，从而实现总目标。

（2）强调组织优化组合

管理者要充分贯彻管理跨度的原则。管理跨度的大小，受管理者素质、能力、知识及管理对象的具体情况而定，在管理的过程中要形成一个三角组织，加强组织内各要素的联系与合作，从而为总目标服务。

（3）促进人才优化组合

在整个管理系统中，要做到人尽其才、合理利用人才，这样才能节约成本，保证体育产业各项工作的顺利开展。

(4) 保证环境优化组合

体育产业管理主要包括管理者、被管理者和管理环境三个要素，其中管理环境对于管理效果的获得有着重要的影响。管理者要采用科学的措施和手段营造一个良好的管理环境，从而实现理想的管理效果。

3. 相对封闭原则

对于体育产业管理者而言，在进行产业运营管理的过程中，要在内部建立一个科学、有效的管理体系，即建立一个相对封闭的系统。系统内的各要素构成一个连续的封闭回路，确保管理系统的正常运转，这就是相对封闭原则的应用。

在体育产业运营管理过程中合理遵循相对封闭原则，应正确认识管理系统存在的两大基本关系，具体分析如下。

(1) 系统与外部相关系统之间的关系

系统不是孤立存在的，而是与外界发生着密切的联系，系统与外界之间存在着输入与输出的关系。体育企业的管理人员要处理好企业系统内部各要素以及企业内部与外部的相互关系，从而保证体育企业管理系统的正常运转。

(2) 系统内部各要素之间的关系

体育企业的管理人员要把握系统内各要素的发展情况，管理好体育企业系统内的每一个环节的工作，充分发挥出系统整体的功效。

(三) 竞争原理

体育运动比赛竞争激烈，在体育产业发展的过程中也同样存在着激烈的竞争行为。

在体育企业内部，一个良性的竞争可以有效激发工作人员工作的积极性，能充分挖掘工作人员的潜能，促进内部团结的实现，提高团队凝聚力，从而获得更快的发展。在体育产业发展的过程中，加强竞争的主要目的在于增进工作人员彼此的交流、团结与合作，共同促进体育产业经营与管理效益的实现。

因此，作为体育企业的管理人员必须高度重视竞争原理的运用，保证体育产业人才能各尽其能，实现体育企业经济效益的最大化。利用竞争原理时需要注意以下几个方面。

1. 竞争的标准和条件要一致

在体育企业发展的过程中，少不了竞争行为，任何竞争行为都是为了加强团结与合作，获得更好的发展。要想实现更好的发展，就需要建立一个规范的制度体系作保障，树立竞争的标准制度和条件，这样才能保证公平性竞争。

2. 评价或制裁要公平、公正

为保证体育企业单位的健康发展，要建立一个良好的评价或制裁制度，以提高企业员工的工作效率。制定的评价标准应当客观和公正。

3. 防止投机取巧、不正之风

体育企业管理人员要按章办事、依法办事，公平对待每一名员工，不能厚此薄彼。只有这样，才能激发员工工作的积极性，防止出现投机取巧等不正之风，保证体育企业经营活动的顺利开展，确保实现既定的企业效益。

（四）责任原理

在体育产业运营与管理过程中，要充分贯彻责任原理，将责任落实到个人。

1. 明确职责

在体育产业运营管理中，管理人员的分工非常重要，只有分工明确，才能明确职责划分，才能保证管理活动的顺利开展。

要实现体育企业管理的预期目标，必须做好管理的分工工作。如果工作混乱不堪，企业经营管理活动就无法顺利进行。体育企业管理者要制定严格的规章制度，明确所有员工的各项工作职责。管理工作要做到人尽其责、物尽其用。

2. 合理授权

职责与权利是统一的，明确了职责就应给予相应的权利，否则职责就无法兑现。在体育产业运营与管理中，授予权利应与其所承担的工作职位和任务相当，不能过度授权，否则就容易造成职权滥用的情况，不利于体育产业运营管理工作的开展。

3. 奖惩分明、公正、及时

体育企业的管理工作对于其健康发展至关重要。为保证体育企业管理工作的顺利开展，必须要建立一个奖惩分明的激励机制，才能充分调动员工工作的积极性，提高管理的效果和质量。

4. 责任管理制度健全规范

在体育产业运营管理的过程中，所有的参与者都要统一目标，并为这一目标共同努力，以实现体育企业的经营与管理效益，进而实现总目标。在实现目标的过程中，必须建立一套健全和完善的责任管理制度来规范员工的各种行为，明确员工的权利和职责，加强员工的科学管理。

（五）效益原理

所谓效益原理，是指在体育产业运营与管理的过程中，各个环节的工作都要注意经济效益与社会效益的结合，合理进行资源的优化与配置，以尽可能地创造最大的社会效益和经济效益。这对于体育产业的发展具有至关重要的意义。

实现社会效益和经济效益是体育产业管理的重要目标，为实现这两方面的效益，需要做好以下方面的工作。

1. 运营管理效益的评价

体育企业运营管理效益的评价没有一个统一的标准，主要依据体育企业行为的市场效应或者社会效应进行判断和评价。评价的主体既可以是企业负责人，也可以是外部人员。

第一，首长评价：评价具有一定的权威性，影响较大，但评价结果不够细致和具体。

第二，群众评价：评价较为公正，但花费时间较多，花费资金较大。

第三，专家评价：评价较为细致，但往往只注重直接效益而忽视间接效益。

通常情况下，不同的评价都有自身的优点和不足，不同的评价标准得出的结论也会不同。因此，体育产业的经营管理要学会综合运用评价手段，以获得客观公正的评价结果。

2. 经营管理效益的实现

体育产业运营管理的根本目的是尽可能地追求效益，包括社会效益和经济效益两个方面。要想实现管理的效益，应注意以下几点要求。

第一，强调以提高效益为核心。

第二，加强体育产业运营管理者的思想管理，树立正确的管理理念。

第三，本着长远的目光看问题，不能为了眼前利益而忽略了企业的长期效益。

第四，要将企业的局部效益与全局效益充分结合起来进行。

第五，要将企业的经济效益、社会效益和环境效益结合起来进行。

（六）动态原理

所谓动态原理，是指在体育企业的运营管理中，注意把握运营管理活动和对象的变化情况，不断调节管理活动中的各个环节，以实现整体目标。

在体育产业运营与管理活动中，各种因素都是处于不断发展和变化之中，体育企业的运营管理决策要保持一个动态发展的态势，以适应企业内部与外部不断发展和变化的情况。

体育企业的管理在运用动态原理时，要注意以下几个方面的要求。

1. 合理运用反馈机制

所谓反馈，就是系统地把信息输送出去，又将其作用结果返送回来，并对信息的再输出起到调节控制作用的过程。这一过程主要是通过信息反馈来控制系统行为过程，从而实现企业管理的预期目标。

在体育产业运营与管理的过程中，运用反馈机制会造成不同的效果：一是会造成系统偏离目标的现象，这属于一种正反馈；二是系统偏离目标的运动收敛，导致系统趋于稳定状态的反馈，这属于一种负反馈。通常情况下，运用负反馈的情况比较多。

2. 反馈与控制相结合

在体育产业运营管理的过程中，反馈与控制是密不可分的，二者的实现又都离不开信息。一切信息的传递都是为了控制，而反馈信息的正确与否则直接影响着反馈的结果及企业的控制。

3. 保持运营管理的弹性

在体育产业运营与管理的过程中，通常会遇到各种复杂的因素，从而影响管理的质量和效率，因此需要在管理过程中留有一定的余地，保持一定的弹性，以适应客观事物各种可能的变化，这就是体育产业运营管理的弹性原则。

体育产业在运营管理的过程中会受到各种内外部因素的影响，在这样的情况下，如果管理决策的弹性较大，就能做出适当的调整以适应市场的发展和变化；反之，如果弹性较小，就很难结合市场需求状况做出适应性的改变。因此，在体育产业运营与管理的过程中，要保持运营管理的弹性。另外，在管理的过程中，既要注意局部弹性，又要注意整体弹性，这样才能提高体育企业运营管理的质量和水平。

二、体育产业运营管理的理念

体育企业在进行运营管理的过程中，要遵循一定的理念，这些理念主要有目标管理理念、关系管理理念、知识管理理念、制度管理理念等，下面就对此进行重点的分析。

（一）目标管理理念

在体育产业发展的不同阶段，体育产业管理者都要制定合理而明确的经营目标。在具体的执行过程中，要将目标及时传达给下属，让本企业的员工充分了解企业的远期和近期目标。在具体的操作过程中，要深入贯彻落实体育产业目标。体育企业的一切发展行为都要符合企业的总体目标，实现总体效益。

（二）关系管理理念

关系管理是指建立、协调和维系企业在市场经营中诸方关系的行为，在企业中建立良好的关系能协调各方面的活动，提高企业管理的效率，促进企业的健康发展。一般来说，在体育企业中主要存在以下几种关系管理。

1. 员工关系管理

作为体育企业来讲，要想实现企业的健康发展，就要协调处理好企业员工之间的关系，形成一个和谐融洽的工作氛围，这样才能促进体育企业经济效益的实现。在维护体育员工关系的过程中，可以给予员工一定的物质奖励和精神鼓励，以建立和形成一个积极向上的内部关系，为员工营造一个良好的工作环境。

2. 客户关系管理

体育企业要想提高自身的核心竞争力，必须要处理好与客户之间的关系，在生产与经营的过程中，要将体育产业消费者作为企业经营的主要驱动力。

3. 伙伴关系管理

体育企业要想在激烈的市场竞争中占据一席之地，还要处理好与产品供应商及商业伙伴之间的关系，否则将会带来不利的影响。

企业关系管理学要求体育企业管理者应科学、协调地处理企业与伙伴之间的关系，并重视运营管理活动中各方面的关系，这样才能促进体育企业的健康发展。

（三）知识管理理念

在当今知识经济时代，必须要树立知识管理的基本理念，对于任何领域和行业都是如此。知识管理是一门重要的管理学知识和管理理念，它是企业为实现现代化发展而进行的人力资源、技术资料、信息数据和创造性成果等要素的管理。

知识管理属于一个动态管理过程，主要包括知识获取、知识整合、知识吸收和知识应用等几个方面。一般来说，体育企业的知识管理主要依赖于企业内部驱动力（包括企业文化、高层支持、组织机构、信息化基础和激励机制）的推动，只有以上五个要素得到和谐发展了，体育企业才能得到持续健康地发展。

知识管理是指企业运营管理者对企业内部各种人、财、物及生产流程和营销系统等的管理。知识管理的内涵非常丰富，企业的品牌建设、知识产权保护等都属于其中重要的内容。

（四）制度管理理念

一个良好的管理制度对于体育企业的运营管理而言具有重要的意义和作用。体育产业经营企业要做好人才的选拔与培养工作，这样才能实现员工的价值，促进体育企业效益的提高。具体而言，体育企业要充分做好人力资源规划，合理优化与配置人力资源，实行绩效管理，充分激发员工工作的积极性，从而完成工作任务，实现体育企业的战略目标。只有这样，才能促进体育企业的健康、持续发展。

（五）绿色管理理念

当前，人们的环保意识逐渐增强，在闲暇时间，如果条件允许，人们普遍倾向于参与一些绿色消费活动，而体育运动便是这样一种绿色消费活动。因此，体育产业的发展也要遵循绿色管理的理念，不断开拓绿色消费市场，实施绿色管理。

发展到现在，体育产业与环境之间的关系越来越密切，如体育旅游业对自然资源的开发、体育赛事中体育场馆的建设和使用等都会带来一定的环境问题。在促进体育产业发展的过程中，要坚持绿色管理的基本理念，建立一个科学、实用的绿色管理体系，不断提高企业管理者的管理水平，促进体育企业经济效益和社会效益的实现。

（六）再造管理理念

再造管理的核心内容是满足体育消费者的需求，尊重体育产业市场发展的基本规律，避免体育产业资源的铺张和浪费。

秉持再造管理的基本理念，体育企业应结合企业的具体发展情况建立和完善企业的信息流、资金流、技术流等，建立一个科学和完善的企业运行机制，将企业与市场充分结合起来，设计出符合大众需求的体育产品，满足体育消费者的体育需求。

（七）非平衡管理理念

在传统观念下，企业经营者都追求一种平衡管理，但这种管理理念并不科学。实际上，任何企业在进入一定的发展阶段后，一旦各方面进入“平衡”状态，就会出现效率低下的情况。因此，要想促进体育企业的进一步发展，必须打破这种平衡状态。

在全球一体化发展的背景下，体育企业要始终用发展和动态的眼光看问题，不断突破和创新，勇于打破平衡，保持企业创新的动力源泉，才能保持竞争的活力而不被市场淘汰。

第四节　体育产业运营管理的相关策略

一、坚持科学化发展的基本理念

科学化发展是体育产业运营与管理的基本理念，体育产业部门的管理者要协调处理好体育产业内部各种要素之间的关系，获得共同发展。

当前，我国已经实现体育大国的目标，但距离体育强国还有一定的距离。为实现体育强国的目标，需坚持科学化发展的基本理念，促进我国体育产业的科学化发展。

对于体育产业管理者而言，坚持体育产业科学化发展的理念需要注意以下几点要求。

第一，依据国家制定的政策与文件开展体育运营管理活动，将体育产业运营与经济建设、精神文明建设等结合起来进行，实现协调性发展。

第二，注重与大众体育、社会体育与学校体育的和谐发展。

第三，注重体育产业及产业管理方面的创新，如技术创新、组织创新等，创建良好的体育产业品牌，走品牌文化发展战略。

二、重视政府的宏观调控

在中国特色的社会主义市场经济条件下，体育产业部门的运营与管理需要国家政府的扶持。如果没有国家政府部门的大力支持，体育产业运营管理系统就很难运行起来。因此，必须要重视国家关于体育产业发展的宏观调控政策。

通常来说，要充分发挥政府的宏观调控作用应做到以下几点。

第一，政府利用社会各项资源优势和法律体系建立体育产业经营与管理的科学机制。综合运用法律、政策等手段进行体育产业管理的宏观调控，确保体育产业稳定、健康地发展。

第二，政府还可以通过制定政策提供产业导向，吸引社会各界力量参与体育产业部门的建设，吸引社会投资，建立多元化的投资渠道，为体育产业的发展提供充足的资金保障。

第三，我国政府应制定长远的体育产业发展战略，优化体育产业结构，加强体育产业资源配置，及时解决体育产业发展中的各种问题。

三、完善社会体育法制建设

随着现代社会的不断发展，我国社会主义法制建设进程逐步加快，依法治国成为我国的治国之本。通过一系列法律的制定和颁布，我国逐渐形成了一个日益完善的法律体系，这包括体育政策、法规体系等方面。体育政策体系的完善能为体育产业活动的开展提供必要的法律依据，人们参与体育运动或体育消费的权利也得到了法律的有力保障。因此，创建一个良好的有利于体育产业发展的法制环境是至关重要的。

四、提高体育企业自制能力

随着我国体育产业的不断发展，近年来涌现出了大量的体育企业，这些体育企业构成了体育产业市场的主体。体育产业运营管理部门是一个追求内部经济性和外部经济性双重目标的组织，其可持续发展应秉承公正为本的发展理念，为体育企业创造良好的竞争环境，努力提高体育企业的自制能力。体育企业需要注意以下三个方面。

第一，体育企业要注意与产业化经营开发的竞争环境之间的公正。

第二，体育企业要注意与其他企业展开公平的竞争。

第三，体育企业要注意与后发展的企业展开公平的竞争。

五、有组织地开放体育场馆

体育场馆建设对于体育产业的发展具有非常重要的意义，尤其是在我国体育产业发展的初级阶段，加强体育场馆建设更为重要。目前，我国体育场馆建设还存在着造血能力不足的问题。

我国大部分的体育场馆都是对外开放的，其中包括收费的体育场馆与免费的体育场馆。尽管参加体育活动的人有很多，但一般都是体育爱好者，他们参加的体育活动大都无计划、无组织，这极大地造成了体育资源的浪费。因此，需要相关部门加大宣传与推广的力度，重视体育场馆的建设，吸引体育消费者前来参与，这能极大地增加体育场馆的收入，而广大的体育健身爱好者则拥有了稳定的健身活动场所，亦能确保体育场馆获得高利润。

六、优化体育物力和财力资源配置

在现代社会发展形势下，我们要转变旧有的管理理念，改变以往传统的粗放式体育发展思路，避免盲目地追求体育经济效益，要重视成本控制和收益调整，避免体育物力和财力资源的浪费，实现体育企业自身的良性发展。

七、改革体育产权制度

在体育产业运营与管理的过程中，还要加强体育产权制度的改革与发展，明晰产权归属，建立一个合理的产权制度，避免出现交易不规范、交易效率低下等现象。要想改革传统的体育产权制度，需要管理者做好以下几个方面的工作。

第一，明确体育产权归属与责任。要明确体育产业中不同产权主体的职责，建立一个良好的管理机制。

第二，促进体育产权流动。采取各种手段促进体育资源实现优化配置，促进体育产业部门管理效率的提高。

第三，促进体育产权主体结构多元化。为促进体育资源产权主体结构的多元化发展，我国政府部门应采取必要的措施大力鼓励非国有体育经济组织的发展，鼓励个体、私营及外资企业等参与到体育资源配置中来，促进资源的合理配置与流动。

八、重视体育人力资源培养与保留

体育人力资源管理是对体育人力资源的选拔、培养、使用等方面进行有效整合，以充分发挥人才的价值，促进体育产业组织目标实现的过程。

在体育产业快速发展的今天，体育产业市场之间的竞争越来越激烈，而企业之间的市场竞争归根结底在于人才的竞争。因此，要促进我国体育产业的健康持续发展，就必须要重视体育产业人力资源的挖掘与培养。近些年来，我国体育产业各部门经营与管理人员的整体素质有了明显的改善和提高，这对于我国体育市场与体育产业的发展来说是非常有利的。但与其他发达国家相比，我国体育产业经营与管理人才无论在数量还是质量方面都比较欠缺，突出表现为管理人才匮乏、人员综合素质不高、专业基础较差等。因此，在未来的发展中，必须要借鉴与参考国外发达国家关于体育产业管理人才培养的经验，加强我国体育产业人才的培养与管理。

（一）大力培养体育人才

学校教育是培养体育人才的重要途径。相对于其他形式，学校教育比较正规，注重理论与实践教学的结合，同时学校中还有着大量的教学资源，通过教师的授课，学生能学到丰富的知识，取得良好的教学效益。

校外教育也是培养体育人才的重要阵地。一般来说，校外教育与就业直接挂钩，具有很强的针对性，比较注重体育人才实际技能的培养，并且这一培养形式具有时间短、形式灵活的特点，能培养出高质量的专业对口型体育人才。

在众多的体育人才培养路径中，“继续教育”也是一个值得推广的途径。这一途径对体育人才的培养一般由体育组织或体育部门举办，培养的对象和内容主要是成员的入职教育、在职人员的提高教育等。

（二）重视体育人才的保留

在培养体育产业人才的过程中，不仅要提高人才培养的质量，还要加强体育人才的管理，避免出现体育人才大量外流的情况。因此，在培养体育产业人才时，应注意以下几个方面。

第一，为体育人才提供良好的物质待遇。在大多数情况下，经济收入往往成为衡量一个人地位、能力和成就的标准，因此，只有满足体育人才的物质需求，才能保证体育人才不会大量外流。

第二，提升体育人才的社会地位。如果一个人拥有较高的社会地位和职业声望，就会带来极大的自信心和自豪感，这能有效激发体育人才工作的积极性。

第三，大力发展事业留住人才。随着体育人才自我满足的实现，他们就会产生更高层次的需要，在这样的情况下，要大力发展事业，提高人才工作的积极性，通过事业的发展来留住人才。

第四，以规范的制度留人。对于体育事业单位或体育企业而言，要想实现健康的持续发展和进步，就必须要建立一个规范的制度，这样才能约束单位或企业部门人员的行为，制度也是留住体育人才的重要保证。

第五，人文关怀留人。对于体育事业单位或体育企业而言，要建立一个丰富的文化氛围，拥有自己的企业文化，这样才能增强人才的归属感，促使人才安心地参加工作。

九、坚持借鉴和创新相结合

与国外发达国家相比，我国体育产业发展的时间较短，当前还处于一个摸索与初步发展的阶段，会遇到各种各样的问题。要想实现我国体育产业的健康持续发展，除了分析自身原因，采取有针对性的解决措施外，还应借鉴和参考其他国家的经验与成功模式，并结合单位或企业自身发展特点与条件，寻求一条适合自身体育产业发展的特色化道路。

第六章　体育场馆的运营管理

第一节　体育场馆市场营销管理

一、体育市场概述

（一）体育市场的概念

市场属于商品经济的范畴，哪里有社会分工与商品生产，市场就存在于哪里。随着社会的不断发展，社会分工逐渐产生，市场的雏形也随之出现。而随着社会生产力的不断提高与社会的不断进步，市场的规模也在不断扩大。

而体育市场是整个社会市场的一个子系统，体育市场的概念也包括广义与狭义两方面的理解。其中，广义的体育市场指的是整个社会体育产品交换活动的总和，它不仅包含体育劳动与服务产品的交换活动，同时还包括与体育产品相关的一切交换活动；狭义的体育市场指的是直接买卖体育服务产品，观赏或者直接参与体育活动的场所，如游泳馆、乒乓球俱乐部等。

（二）体育市场的要素

根据体育市场的相关概念可知，构成一个具有实际意义的体育市场应该具有三个基本要素，即体育消费者、体育消费欲望以及体育消费水平。一般来讲，体育市场及其要素的关系通过公式可以表述为：

体育市场＝体育消费者×体育消费欲望×体育消费水平

二、目标市场的选择

（一）目标市场选择的条件

体育场馆目标市场选择的合理与否会对体育场馆的市场占有率与盈利产生非常重要的影响。一般来讲，目标市场选择的条件主要包括以下几点。

1. 充足的市场容量

目标市场的购买力要有一定的水平，这样才可以保证市场拥有可观的需求量。

2. 具有广阔的发展潜力

只有具备广阔的发展潜力，体育场馆才能有足够的销售机会，在此基础上才有机会实现更好的发展。

3. 目标市场尚未被某体育场馆控制或竞争尚不激烈

选择市场时，体育场馆应该选择那些竞争水平不强、管理水平较低的细分市场，这些市场的竞争性不强，更利于占领和挖掘。

4. 有助于发挥体育场馆内部的相对优势

选择目标市场时应该充分考虑自身的内部优势，所选择的市场应该能够更好地发挥自身在运动器材、服务质量方面的综合能力。

（二）目标市场选择的策略

一般来讲，可供体育场馆有效地选择目标市场的策略包括三点。

1. 无差别营销策略

无差别营销策略认为，顾客的需求相同，所以营销方法也相同，其优点是成本低廉。同时，由于不需要对市场进行详细的划分，因此能够相应地节约市场调查研究费用与广告宣传、促销等开支。

2. 差别性营销策略

体育场馆把一个完整的市场具体划分为若干个小市场，然后根据这些小市场的特点生产出相应的劳务产品，同时还应该根据这些小市场的各自特点采取相应的市场营销手段，只有这样才能够让广大消费者的需求得到更好的满足，这同时也有利于销售更多的商品。

3. 集中营销策略

体育场馆以一个或者几个细分市场作为目标市场，这样能够集中力量进行专门化服务与销售。采取集中营销策略的体育场馆并不是追求在较大的市场上占有较小的份额，而是在较小的市场范围内占有较大份额。

（三）选择目标市场营销策略应考虑的因素

1. 体育场馆规模

通常来讲，体育场馆如果具有相当大的规模，同时具有较为先进的生产技术与装备，且资金充足，那么就可以采取差别营销策略来进行市场营销工作。

2. 服务产品特性

如果服务产品具有不同的产品特性，那么就应该采取相应的更多的措施使消费者接受。例如，对于异质性商品来讲，一般消费者会对服务产品的各个方面进行全方位的了解，然后经过多次比较之后才会最终决定是否购买，那么这种产品就应该采取差别营销策略。

3. 市场特性

当消费者对劳务产品的需求欲望、偏爱等较为接近，购买数量和使用频率大致相同，对销售渠道或促销方式也没有大的差异，就显示出市场的类似性，这时候可以采取无差别的营销策略。当面对一群服务需求巨大但是个人喜好存在很大差别的消费者时，此时更适合采取差别营销策略或者是集中营销策略，这样更有利于解决消费群体需求差异的问题，从而获得更加满意的营销效果。

4. 产品寿命周期

对于不同的产品而言，它们往往存在着各不相同的寿命周期，这就需要产品销售者采取适合的销售策略进行产品的销售。一般情况下，当产品处于诞生期或者成长期时，应该采取无差别营销策略，这样不仅能够对产品所对应的市场进行有效的探索，同时还能够寻找出市场当中购买这种产品的消费来源；当产品处于成熟期或者衰退期时，采取无差别营销策略就不能够起到原有的营销效果，在这种情况下采用差别营销策略更为适合，因为这种营销策略可以在一定程度上延长产品的成熟期，这对于产品的销售以及产品市场的开拓非常有帮助。

三、市场竞争的战略

从本质上来讲，体育场馆竞争战略就是构造优势的战略。现代体育场馆的基本竞争战略主要包括以下三种类型，即成本领先战略、集中化经营战略以及差异化经营战略。不同的战略都有各自不同的经营优势与经营风险。

（一）成本领先战略

成本领先战略就是以很低的单位成本为价格敏感的消费者提供标准化的产品与服务，因此，这种战略也称为价格竞争战略。体育场馆产品价格的基础是经营成本，因此，这种战略的核心是努力降低自己产品的成本。

（二）集中化经营战略

集中化战略指的是为了满足某一群体的用户需求而提供专一的产品与服务，正确选择自己的目标市场是这种经营战略成败的关键。

集中化经营战略指的是体育场馆将自己的经营目标集中在特定的细分市场，并且在这一细分市场上建立起自己的产品差别与价格优势。在实施集中化经营战略时，通常要求该体育场馆有一定的规模，而且有良好的增长潜力。

（三）差异化经营战略

差异化战略指的是体育场馆提供的产品与服务与众不同，这种不同能够从许多方面去实现，如服务内容、服务方式、服务对象等。体育场馆如能从几个方面综合形成自己的产品特色，就能够形成较为理想的产品差异，从而为顾客带来独特的利益。

第二节　体育场馆的服务营销

一、服务产品概述

（一）服务

2000版ISO9000《质量管理体系基础和术语》将“服务”一词界定为：“服务通常是无形的，并且是在供方和顾客接触面上至少需要完成一项活动的结果。”该定义是从产品的角度提出的，它表明服务是产品的一种，并明确了产品与服务之间的关系。不可感知性是服务最本质的特征，当前理论界对于服务的定义尚未达成一致。

（二）服务、产品、服务产品三者之间的关系

服务与有形产品之间并不是对立存在的关系，两者之间是相互联系、相互交融的。在大多数情况下，服务需要通过有形产品的形式才能够实现，而有形产品中同样也存在服务的成分，因此服务与有形产品是密切相连的。

“服务产品”一词能够在一定程度上表明服务与产品两者之间的密切联系：服务产品中不仅包括有形的要素，同时还有无形的要素；在服务产品交换的过程中，只有部分要素改变所有权，其他的部分只是使用权方面发生了变化。

（三）体育服务产品

体育服务产品指的是体育服务组织依托体育场馆、体育服务设施、服务方式、服务手段、服务环境等物质条件向顾客所提供的有形产品及无形产品。

1. 体育服务产品的特征

作为一种特殊的服务产品，体育服务产品不仅具有一般服务产品所具有的基本特征，同时还具有有别于其他服务产品形式的自身特征，其中之一就表现为体育产品结果的可积累性。通过购买体育活动产品，消费者不仅可以从中得到精神层面的服务，同时还能够使自己的身体状态得到有效的改善，这是其他服务产品所不具备的。

2. 体育服务产品的分类

体育服务产品的消费是一种过程化服务，同时根据同一体育服务产品能否为多个顾客所消费而不影响到服务质量，一方面可以将体育服务产品分为具有显著个性化的“过程化服务”，另一方面又可以划分为个性化不强的“过程化服务”。

二、体育场馆服务的营销特征

体育场馆的服务产品营销与纯粹的有形产品营销之间存在一定的不同之处。具体来讲，体育场馆服务营销的特征主要表现为以下几个方面。

（一）服务产品的外延性

体育场馆的健身娱乐服务是一种综合产品，因此应该从顾客的实际情况出

发。顾客在体育场馆所消费的并不是一般的物质产品，而是在体育场馆健身娱乐期间所获得的一种综合产品。顾客在体育场馆中的消费具体包括：物质产品部分（如顾客在体育场馆消费的食品、饮料等）；感官享受部分（如顾客通过视、听、触、嗅觉等方面对体育场馆健身器械设备、环境气氛、服务技术、服务质量的体验）；心理感受部分（顾客在心理方面所获得的感觉，如感受到的舒适程度以及满意程度）。从本质上来讲，顾客对于体育场馆产品质量的评价就是对以上三部分的综合评价。

（二）服务过程的互动性

顾客主动参与服务生产过程是体育场馆服务的特征之一，每一个关键时刻都会涉及顾客与服务提供者之间的相互作用。

在体育场馆对体育产品消费者进行服务的过程中，服务者本身所具备的素质水平会对服务的最终效果以及消费者所获得的服务体验产生很大的影响，而与此同时，体育产品消费者个人的行为特点也与体育产品服务效果的最终达成存在很大的关联。

因此，体育场馆的服务者与接受体育产品服务的消费者是体育场馆营销管理的两个重要目标。

（三）服务质量的全面性

对于服务质量进行评价并不是一件简单的事情，其具有一定的复杂性。这主要是由于服务的对象是人，而不同的群体有着各自不同的行为特点，因此并没有一个统一固定的标准可以对服务者所进行的服务质量进行准确的评价。具体到体育场馆的服务而言，可以从技术质量与职能质量对其服务质量进行具体考察，其中的技术质量主要是由体育场馆的服务操作规程进行控制的，而职能质量主要是由体育场馆消费者的个人感受与对于服务的满意度来决定的。

顾客对于体育场馆服务的满意是将对接受的服务的感知与对服务的期望相比较所获得的一种结果。如果顾客所接受到的服务高于自身所预想的水平，那么这种服务就会受到顾客的肯定，顾客往往会表示满意；而如果顾客所得到的服务没有得到预期想要的效果，那么其对这种服务的态度就是否定的。当顾客的期望与感知达成一致时，质量就是满意的。体育场馆服务的期望受到口碑、个人需要以及顾客以往经历多种因素的综合影响，因此服务质量控制是一个全面的过程。要想有效提升体育场馆的服务质量，应该从服务人员的培训、激励措施等方面着手，同时还要对服务的基本设施与相关设备进行全方位的完善，对体育场馆服务人员的日常行为准则进行详细的规定与严格的管理，只有这样才能够使体育场馆的服务水平上升到一定的水准。

（四）服务产品的时间性

制造业在社会对于产品需求较少的情况下，可以将多余的产品进行储存，但是体育场馆的服务产品并不能够进行这样的处理。作为一种易逝性的产品，如果不对服务进行及时的消费与运用，服务就会迅速消失。服务设备以及劳动力等虽然都是客观存在的实体，但是这只能表明服务的供应能力，并不能够将其等同于服务本身。而广大的顾客对于服务的需求常常是周期性的，在不同的时段对于服务的需求度也存在很大的差别。因此，在管理方面，对服务的高效利用是管理过程中需要解决的一个重要问题。由此可见，在对顾客进行面对面的服务过程中，时间因素对于服务能否最终实现以及服务的好坏具有非常大的影响，因此应该予以重视。

三、体育场馆服务的营销策略

（一）服务差异化策略

所谓差异化策略，实际上就是指创造出一种能够被感觉到的独特服务。

差异化具体可以通过品牌形象、技术、特性等很多方式来实现。体育场馆把服务当作产品，是建立在顾客观念的基础上的。但是，体育场馆服务所面对的顾客是不同的，不同的顾客在不同的时间或者不同的外部环境当中也会有不同的需求。因此对于体育场馆的服务而言，有时候其所提供的服务再规范也很难让所有的消费者都满意，这主要是由不同消费者具有不同的个人行为特点。面对这种情况，体育场馆的组织者应该在结合现实情况的基础上，对各种消费者的个性需求进行有针对性的改变，投其所好，以满足不同消费者的个性化需求。这种差异化的营销策略会不可避免地增加服务的成本，这就要求体育场馆的服务者恰当地处理服务与效益之间的关系，构建出一种服务模式，使两者之间能够实现一种平衡。总之，体育场馆的服务者通过规范化与个性化的服务方式的合理结合能够更好表现出体育场馆应该具备的服务特色。

（二）服务实体化策略

体育场馆服务虽然是一种客观存在，但它是无形的，接受服务的顾客也主要是通过服务环境中的有形事物对这种服务进行感知，并在此基础上对所受到的服务进行评价。利用服务过程中可传达服务特色及内涵的有形展示手段来辅助服务产品推广的方法，在服务营销管理中称为“服务实体化策略”。通常来讲，体育场馆在满足顾客基本需求的基础上，还会通过各种有效的手段与措施让顾客得到更好的服务体验，从而使体育场馆服务得到更好的满意度。一般可通过改善服务者的服装来增加服务的附加值；改进服务的社交要素，提升员工的社交技能等。

（三）服务延伸化策略

顾客与服务者之间的互动是服务营销的一项本质特征，而这种特征应该是一种长期的、非一时性的。有研究报告表明：老顾客比初次顾客能够为企业带来更多的利润。因此，为了更好地培育固定的消费群体，体育场馆的管理者应该对自身传统的服务内涵进行有效的扩展与延伸，从而为顾客提供更加全面的售后服务，这样也能够更好地巩固与顾客之间的良好关系。

例如，服务企业可以逐渐建立起一套体育场馆顾客的具体档案，根据不同顾客的特殊需要来提供相应的体育场馆服务，这样可以在一定程度上提高顾客对于服务的满意程度；可以制定一套系统的顾客联系与服务跟踪制度。通过有关制度的制定以及对应方法的实施，可以有效加强顾客与企业之间的相互联系与沟通，这样可以更好地打造服务企业自身的品牌，同时能够吸引更多的顾客。

（四）内、外营销整合化策略

传统的营销理论主要是外部营销，就是采取各种有效的促销手段对外部顾客进行产品或者服务的承诺，从而激发出这些顾客更大的消费欲望。这种方式对于制造业进行有形产品的生产工作非常适合。这类产品的生产与销售并不是一体化的，两者之间是相互分开的，消费者并不能观察到生产的过程。

销售与服务人员对于这类主要由生产过程决定的产品质量并不会产生太大的影响，因此这种类型的公司在传统上常常不重视销售与服务人员对于产品质量的影响作用，因此会更加注重外部营销。但是，在服务行业当中，服务产品的生产与销售并不是割裂的，两者常常是同时进行的，因此对于这种产品而言，产品的销售者、提供服务者以及消费者之间的相互作用会对产品的质量产生很大的影响。

在实际服务的过程中，有时候高质量的服务水平也并不能够得到消费者的全面肯定，只有服务者所提供的服务与消费者的实际需求达成高度一致时，消费者才会对所受到的服务给予满意的评价。因此，服务产品进行市场营销活动之前，首先要在员工当中进行营销工作，这就是所谓的内部营销。对于这种内部营销的形式，服务企业的内部市场应该对其予以足够的重视，否则体育场馆的外部运作就不能够顺利进行。

四、体育场馆服务的现场管理

服务现场能够更加直观地体现出体育场馆的服务质量，因此在体育场馆必须加强相应的服务现场管理。具体来讲，体育场馆服务现场的管理工作主要应该从以下几个方面来着手。

（一）加强与顾客之间的交流

体育场馆的每位工作人员在面对顾客时都应该热情招待，认真听取每一位顾客的意见与建议，同时提供高质量的专业服务，从而尽可能使每一位顾客都能够得到满意的服务。

（二）科学把控相关服务质量

体育场馆的管理者应该对下属部门以及每个工作岗位进行定期巡查，对工作人员的服务进行有效的监督，对工作过程中出现的各种偏差与失误进行及时的改正与弥补。同时还应该与相关部门保持有效的联络，从而更好地保证服务工作的及时到位。

（三）关注重点服务

体育场馆的服务管理应该抓住服务的重点，分清工作的主次，具体来讲应该做到：对于重要顾客，应该通过高规格的服务来保证接待的水平；对于难以伺候的顾客，应该指导并帮助服务人员做好各项服务工作；对于有过投诉经历的顾客，应该提供更加贴心的服务，努力使顾客排斥的态度得到改观；对于有身体缺陷的顾客，对其应该进行适当的特殊关照，不能怠慢。

（四）恰当处理顾客的投诉

在体育场馆服务顾客的过程中，受到顾客的投诉是在所难免的。与此同时，顾客表达自身诉求的方式也是不同的，一些顾客会直接向体育场馆服务人员表达自身的不满，而有的顾客则会采取其他的方式与途径。无论面对哪种类型的顾客，体育场馆的服务人员都应该注意自己服务时的表情与情绪控制，对于顾客所表达的诉求认真聆听，尽可能将顾客的不满情绪消除或者控制在最小程度，把握好处理顾客意见的各种技巧。

（五）进行有效的人员调度

为了更好地划分体育场馆服务人员的职责，体育场馆的服务可以具体采用分岗分区域负责制。但是由于顾客的活动时间与分布区域没有固定的规律，这就需要体育场馆的管理者进行有效的人员调度，进行及时明确的服务分工，这样才能更好地保证服务质量。此外，体育场馆的服务会出现高峰期与低谷期，因此管理者应该对服务人员进行科学的调休，这样能够在一定程度上节约劳动力。

第三节　体育场馆的赛事营销

一、体育赛事概述

（一）体育赛事的概念

体育赛事指的是对以体育比赛为核心的一系列活动的总称。体育赛事可以说是一项非常复杂的活动，它包括各种环节和内容，如体育比赛的筹备、组织、规划、实施等，另外还涉及管理的诸多内容，如门票销售、媒体推广、赞助商合作、广告推广、赛事产品开发等经济活动。

体育比赛是在一定比赛规则允许下所从事的体育对抗性活动的总称。体育比赛内容众多，而且形式多样，它是一种包含多种要素的综合性竞技活动，如组织机构设置、市场开发、人力资源管理以及比赛实施等方面。可以说，体育赛事与体育比赛的概念是非常近似的，但体育赛事的外延要远远大于体育比赛。体育赛事是对构成体育比赛的一系列活动的总称。二者的主要区别在于，体育比赛侧重于比赛的实施，而体育赛事则包括体育比赛的筹备、规划、实施、控制及收尾等各项活动。

（二）体育赛事的要素

一般来讲，体育赛事主要包括以下要素。

1. 人力要素

人力要素是体育赛事构成要素中最为基本的要素。体育赛事的成功举办需要每个人的积极参与。人力是保证体育赛事顺利进行的必要条件。通常来讲，体育赛事的人力要素主要包括主办组织、主办地区、赞助商和经费提供者、供应商、媒体、工作团队、竞赛直接参与者与观众等。

2. 物力要素

体育赛事本身表现出一定的特性，这也就造成了它在物力需求方面的特殊性。物力要素是举办体育赛事不可或缺的一项要素，不同规模的体育赛事所需要的物力要素也有所不同，物力要素的情况会对体育赛事的举办产生很大的影响。体育赛事的物力要素具体包括运动竞赛场馆及设施、设备，交通运输设施等很多方面。

3. 财力要素

一切事物的发展都是建立在经济发展基础之上的，因此，体育赛事的成功举办同样与经济存在着密切的关联。如今，体育赛事的商业化运作越来越受到主办方的推崇，体育赛事只有具备足够的资金支持才能够展现出更大的活力与魅力。

4. 技术要素

随着社会的不断发展以及科学技术的不断进步，各种高科技元素开始更加广泛地应用到社会当中。如今，体育赛事当中也包含着非常多的高科技元素，科学技术与体育赛事之间的关系也日益密切，体育赛事的成功举办与各种高科技因素的合理运用是分不开的。在现代社会当中，体育赛事的举办都有网络、计算机以及无线通信等各种先进技术手段的广泛参与，通过这些手段的应用不仅可以让广大观众在第一时间内欣赏到体育赛事，同时还能够给赛事组织者带来很大的便捷。由此可见，现代科技的发展与应用为体育赛事的成功举办起到了巨大的推动作用。

二、体育场馆赛事营销的技巧

体育场馆的赛事推广需要具备相应的营销技巧，只有这样才能够使体育赛事获得更加广泛的关注。一般来讲，体育场馆赛事营销的技巧主要包括以下几种。

（一）有奖竞赛

体育场馆为了更好地宣传有关体育赛事，可以附加一定的有奖竞赛活动，这样可以在一定程度上提高广大观众参与体育赛事的积极性。例如，在举行棒球比赛时，可以在正式比赛开始之前让经过抽奖胜出的观众在外场接球，如果该观众能够接住三个以上的球，赛事的组织方就为棒球场里的每一位观众提供一份免费饮料。

需要注意的是，进行有奖竞赛营销应该选择适当年龄的参赛者。例如，绕球棒赛跑游戏，成人参与要比小朋友更加富于趣味性，小朋友更加适合参加投篮等游戏。

（二）有奖赠品发放

进行有奖赠品发放的主要目的是更好地激发出广大观众对于体育赛事的兴趣，这样可以有效提高赛事门票的销售收入。但是，如果不能够很好地抓住受众群体的兴趣点，即便有奖赠品发放得很具有创造性，活动也不能够获得满意的效果。同样，如果开展活动所需要投入的资金要高于预期收益，那么这种活动也注定会以失败而告终。

要使有奖赠品发放的营销方式取得良好的效果，场馆赛事的营销人员首先应该对目标群体的基本情况有一个全面深入的了解，然后在此基础上制定出符合实际情况并切实可行的创意，然后与相应的赞助商开展广泛的业务协作，高效地推广有奖赠品发放。将赠品用于之后所进行的其他促销活动也是一种不错的方法。

赠品发放活动能否取得预期的效果主要是由体育场馆赛事的组织者对促销活动的宣传效果以及发放物品的具体用途所决定的。对于体育场馆的赛事组织者而言，所有比赛都应该在赛事日程上对赠品促销活动重点进行标示，同时通过多种有效的方式对其进行推广。很多物品都可以作为体育赛事营销的赠品，这些物品不仅能够一定程度上吸引体育赛事的参与者，同时还能够吸引电视媒体的注意。

实践证明，与赞助商开展协作进行比赛及赠品发放活动的组织、推广是一种非常成功的营销模式。这种营销模式不仅分摊了营销所需要花费的大量资金，同时还为公司提供了充分利用赞助权的机会。如果能够对这种营销方式进行有效的运行，那么还能够为参与营销的所有群体创造出更大的利益。

（三）重视营销工作

体育赛事的营销方式具体包括在赛事上所进行的、意在促销的有线广播与视频记分牌通告，在赛事期间举办比赛或者发放赠品，在报纸、电台、电视台以及互联网上所发布的广告。赛事的组织者应该对赛事营销予以足够的重视，这样可以在一定程度上增强消费者对于体育赛事的关注。

（四）与媒体协作

体育场馆赛事的营销应该重视与媒体之间保持良好的联系，这样能够使媒体增加对于体育赛事报道的兴趣，同时也能够有效保证媒体报道的效果。

具体来讲，在与媒体进行合作时主要应该考虑时间、时机、记录次数三方面的因素。其中，时间是指与媒体发展关系所需要的时间；时机指的是在最恰当的时间与媒体进行联系，以及赛事期间活动的举行时机应该有助于有关媒体进行报道；而记录次数包括能够在赛前、赛中以及赛后引起媒体注意的任何宣传或者活动。

吸引媒体对体育赛事进行关注与报道的方法有很多。在媒体被吸引来之后，体育赛事的组织者应该向他们提供最高质量的服务，这些服务不仅应该包括技术支持，同时还应该包括个人服务。其中，技术支持主要包括准备好电话、电脑接入设备等方面，个人服务主要包括优先获得食物与饮料、短程交通车等方面。

（五）网络营销

随着社会的不断发展，网络营销成为一种更加有效与流行的营销方式。采取网络营销，网站的内容应该具备足够的吸引力，可以通过文字、图像、动画、音频等多种方式将体育赛事进行更加全面的宣传。与此同时，网站的设计也非常重要，网页上的图标或者导航条应该清楚地指示导航路径，网站的每一个次级网页都要提供一个路径，让使用者可以返回到主页。网站的网址应该将所有在线与离线的营销活动有效结合起来，包括有声电子邮件、新闻发布、横幅、视频记分牌和广告。网址目录层次不要太深，避免造成网站用户的迷失。

三、体育场馆赛事营销的注意事项

对于体育场馆赛事而言，任何促销措施与手段在实施之前都应该进行认真的研究，其营销活动在多大程度上对观众产生刺激作用。具体来讲，在进行体育场馆赛事营销时，应该具体注意以下几个方面的问题。

（一）促销的途径与力度

体育场馆应该根据体育赛事的具体项目来分析具体的促销方案与营销活动的途径、时间、次数等。大部分有奖竞赛与赠品发放获得成功的关键在于赞助商支持促销活动的力度，只有赞助商提供足够的奖金才能够吸引观众的兴趣与关注。

（二）促销的时机

促销过程中选择正确的时机非常重要。例如，棒球比赛赢取巨额奖品的最佳时机是第四局或者第五局之后。在该局比赛之前，赞助商并不会得到足够的重视；而在该局结束之后，观众的兴奋度又会逐渐降低。

（三）促销的日程安排

一般情况下，赛事促销的日程安排是根据赛事项目的具体特征来进行的，该安排应该能够使体育场馆的经营、接待、服务等方面实现更好的协调。在特定情况下，可能还需要进行非计划内的、特别的一些营业推广活动。

第四节 体育场馆无形资产运营

一、体育场馆无形资产概述

（一）体育场馆无形资产的基本概念

体育无形资产指的是处于体育市场，在体育运动过程中出现的所有不具有实物形态、非货币的资产组成的集合，这些资产经过其所有者和使用者在体育市场中的开发、利用，能够在一定时间范围内带来一定程度的经济效益。体育无形资产的价值并非一成不变的，它是在各种内外部因素的共同作用下不断发生变化的。体育无形资产是体育产业所有资产中重要的组成部分。

（二）体育场馆无形资产的具体内容

具体来讲，体育场馆无形资产的内容主要包括以下几个方面。

1. 体育知识产权

体育知识产权指的是体育领域内的知识产权。体育知识产权包括体育场馆冠名权、冠杯权、广告发布权、广播电视转播权、标志使用权、体育场馆的域名、声誉等。

2. 体育场馆的技术秘密与商业秘密

体育场馆技术秘密指的是体育领域中的没有被公开的、并且没有申请专利的、受到法律保护较低的、但是在经营活动中能够产生经济效益的体育专业知识与技巧。体育场馆技术秘密存在的形式多种多样，而体育场馆商业秘密指的是为体育生产与经营部门所具有的未公开的信息或者资料。这两种无形资产的形式存在一定的相同之处：在一段时期当中，信息是不被大众所知晓的，但是却能够让它的所有者与使用者在竞争过程中占据一定的优势。

3. 体育场馆特许经营权

所谓体育特许经营权，主要是指出现在体育领域的各种体育产品、商标等的特许经营的权利。

4. 其他内容

无形资产的其他内容主要包括法律、法规规定的或者国际惯例承认的其他体育无形资产。

二、体育场馆冠名权开发

所谓体育场馆冠名权，指的是赞助商通过将自己的名称冠于一个体育场馆或设施上，同时购买到或者获取一系列有形与无形的利益。当前，在国外体育发达国家中体育场馆的冠名非常普遍，我国的大型体育场馆冠名权也存在着很大的商机。

（一）体育场馆冠名权的作用

1. 体育场馆冠名权使企业与体育场馆建立伙伴关系

企业购买了体育场馆冠名权，企业与体育场馆之间就可以逐渐建立起一种密切的合作关系，这样一来，购买体育场馆冠名权的企业的形象声誉就与体育场馆本身的形象声誉紧密结合在一起了。

体育场馆冠名权这种赞助方式对于企业的宣传效果要超出一般的赞助方式，而这也需要建立在赞助商具有坚实经济实力以及卓越的发展眼光之上。体育场馆冠名权对于冠名企业的宣传推广作用是非常大的，它能够让企业自身的品牌得到很大程度上的传播。赞助企业一旦获得了体育场馆的赞助权，那么这也就意味着赞助企业与体育场馆之间形成了密切的伙伴关系，体育场馆本身所积累的广大的消费者也成为赞助企业推广自身产品的良好市场。除此之外，在体育场馆举行赛事或者在日常维护的过程中，往往有很多群体参与其中，无论是体育场馆的服务者还是消费者，这些群体对于赞助企业自身形象的树立都具有非常积极的作用。由此可见，体育场馆冠名者直接为提高当地居民的生活质量做出了很大的贡献。

体育场馆冠名权是体育市场开发的一项非常重要的内容，企业通过体育场馆的冠名权可以将自身的品牌打造出良好的社会知名度，这种形式所起到的广告宣传作用是非常显著的，而运作过程中所附加的广告效应也非常的明显。可以说，体育场馆冠名权当中所蕴含的商机是非常大的。

2. 体育场馆冠名权可以产生较高的投资回报率

当前，国外体育场馆冠名权的经营管理模式主要是体现在将体育场馆的整体冠名权进行包装与销售，之后体育场馆冠名权的开发方式产生了一定的变化。

首先，一些主赞助商与次级赞助商之间开展了较为有效的合作。次级赞助商拥有馈赠的产品与服务，他们往往具有非常强烈的主观意愿与主赞助商（冠名者）和场馆资产所有者之间建立一种良好的合作关系，这并不需要直接与场馆资产所有者签署相关的合作协议。通过这种方式，主赞助商能够在购买体育场馆冠名权时减轻自己一定的财政负担。其次，在注重体育场馆整体冠名权开发的同时，很多体育场馆还推出了两种新的冠名权形式，即体育场馆内部冠名权与体育场馆外部冠名权，这两种形式的冠名权都能够为冠名企业带来巨大的经济利益。体育场馆的冠名权具有显著的宣传效果，企业通过冠名所获的回报也是巨大的。

（二）开发体育场馆冠名权的注意事项

体育场馆冠名权是体育赞助的一种重要形式。体育活动能够吸引大量的民众参与其中，充满动感的体育场馆的广告效应是其他宣传途径所无法比拟的。在成功获得一个大型体育场馆的冠名权之后，该企业的品牌名称就可以通过网络、媒体、报刊等多种非常有效的传播途径进行广泛的传播，与此同时还能够吸引大批量的顾客的关注，这利于企业品牌取得良好的宣传效果。

对于一些不知名的企业品牌而言，通过购买体育场馆冠名权能够在很短的时间内使自己的品牌发扬光大；而对于已经具有相当知名度的品牌来讲，通过这种方式还能够进一步增加自身品牌的影响力，并在广大群众当中树立起更好的公众形象。与其他体育赞助形式的相通之处在于，体育场馆冠名权合同的成功与双方的诚意密切相关，同时与双方所预定目标的可行性与科学性存在着很大的关联，双方所制定的预期目标应当具有以下几方面的特点：

第一，能够进行有效的测量与评估。

第二，具有很好的可行性。

第三，能够取得很好的实际效果。

第四，有时间方面的严格限制。

在体育场馆与购买冠名权的企业签署合作协议之前，体育场馆的管理者首先应该对冠名企业（赞助商）所生产的产品与具体服务内容进行一个全方位的调查。通常来讲，体育场馆的管理者应该了解的问题主要包括：冠名赞助商所生产的产品与提供的相关服务在社会上是否具有广泛性、所面对的客户是否具有相当的数量、体育场馆的服务对象是否具有很好的稳定性、冠名赞助商所生产的产品在市场上的具体销售情况、产品价格的具体定位、原来销售战略的实施情况与效果等。

冠名赞助商在签署业务合同之前，应该首先了解以下几个方面的内容：合同的具体有效期、体育场馆的具体规模、体育场馆所在地区人口的基本构成、对于体育场馆冠名权所取得的效果与目标有一个基本的预想和构思、体育场馆通常所举行的活动与赛事有哪些等。

对于体育场馆的冠名企业来讲，投资的回报方式是应该认真思考的一个问题。签订合同时，合同双方都应该注意一些常规的事项：合同的具体内容与条款应该尽可能使用准确、清晰的语言来表达，从而尽可能避免合作过程中由于合同而导致的纠纷出现；应该考虑到合同双方在履行义务的过程中可能发生的变化，如企业的兼并重组或者企业商标的变化；当赞助商出现破产的状况时，合同双方如何妥善处理有关的财务问题；如果预期的合同款项体育场馆的组织者没有达成，赞助商没有吸引足够的观众，当发生这种状况时是否应该对合同进行一定的修正。

三、体育场馆品牌策略

（一）体育场馆品牌设计

现代体育场馆品牌设计主要解决的是体育场馆品牌定位问题，即树立一个什么样的体育场馆品牌形象，可从品牌定位、品牌个性、品牌联想、品牌认同几方面进行设计。

1. 商标设计

商标是从法律角度对体育场馆品牌的保护，属于知识产权。商标从体育场馆品牌的名称、图案、语音三个方面在法律层面上对体育场馆品牌进行界定。商标申请注册后就受到法律保护，未经注册人同意，他人不得擅自使用。

具体来讲，商标的设计包括名称设计、标志的设计、标准色的设计以及标准字体的设计等内容。

2. 产品设计

体育场馆品牌的基础是服务产品，体育场馆产品的设计是体育场馆品牌设计的重要组成部分。

3. 情感诉求设计

在现代体育场馆竞争中，体育场馆一般可以通过增加资金投入、不断提高员工素质等方法来提高体育场馆产品与服务质量，而体育场馆品牌的社会定位或情感定位则是这些手段所难达到的。不同的顾客往往有着各自不同的需求，而且同一顾客的需求也是在不断发生变化的。随着顾客需求个性化的不断发展，这类群体的社会定位或情感定位就越难以把握，这也是体育场馆品牌设计难以程序化的重要原因。情感诉求设计是最需要创造力的部分，是体育场馆品牌设计中最具综合性的部分。如果对体育场馆品牌没有进行准确的社会定位或者情感需求定位，就很容易造成体育场馆品牌构成要素之间失去重心，从而不能够形成稳定的关系，体育场馆品牌在人们心中就变得更加模糊，最终造成体育场馆品牌形象的失败。

（二）体育场馆品牌传播途径

品牌传播指的是品牌所有者找到自己满足消费者的优势价值所在，通过采取恰当的方式持续地与消费者进行交流，促进消费者的理解、认可、信任和体验，使消费者产生再次购买的愿望，不断维护对该品牌的好感的过程。体育品牌的传播途径有很多，其中大众传媒途径与人际传播途径是两种常见的传播途径。

1. 大众传媒途径

大众传媒途径指的是特定的社会集团通过文字（报纸、杂志、书籍）、电波（广播、电视）、电影等大众传播媒介，以图像、符号等形式，向不特定的多数人表达和传递信息的过程。

大众传媒途径可以通过文字、图像、声音等符号进行传播，而且拥有广大的受众，还可以采用某种机器复制信息。

2. 人际传播途径

人际传播是人际交往的一个组成部分，它主要是指人们传递或者交换知识、意见等社会行为。人际交往的其他方面，如相互认知、相互作用等，都需要通过人际传播的方式最终实现。在品牌传播的过程中，口碑传播是一种最受关注的形式，它是以口头传播为主、以传播者之间的相互信任或密切关系为基础的信息传播方式。

（三）体育场馆品牌保护措施

1. 品牌的法律保护

品牌获得法律保护的前提是经过注册获得商标专用权，体育场馆品牌也同样如此。只有经过商标注册获得了法律上的保证，体育场馆品牌才能得到更有效的保护。这在客观上就要求体育场馆树立品牌并强化注册意识，而且在商标注册时，应该尽可能地做到商标宽注册、广注册与多样化注册。

2. 品牌的经营保护

一般来讲，品牌的经营保护主要应该做到以下几个方面：

第一，保证品牌的品质。

第二，坚持成本控制与成本的管理。

第三，进行价格创新。

第四，进行有效的广告宣传。

第五，要有品牌危机，并具有相应的防范意识。

3. 品牌的日常管理

品牌是体育场馆重要的无形资产，品牌管理的实质就是品牌资产管理。体育场馆不仅需要有明确的品牌意识，同时还应该具备品牌事务组织与管理机构、配备专门管理人员，应该建立健全体育场馆内部品牌管理的各项规章制度，同时还应该明确品牌管理的任务。只有设立专门的组织机构与专门的管理人员，才有可能从体育场馆自身角度来对品牌的竞争状况进行有效的监控，及时发现品牌竞争乏力的问题并采取有效的措施予以解决，从而在一定程度上提高体育场馆的品牌运营效果。

第七章 体育俱乐部的运营管理

第一节 商业健身俱乐部运营管理

一、商业健身俱乐部经营管理概述

（一）商业健身俱乐部的定义

商业健身俱乐部是指以营利为主要目的，向消费者提供锻炼、健身、娱乐和休闲的场所、设备、服务以及专业化的指导，依靠市场机制和利益机制运转的会员制自主经营、自负盈亏、享有独立法人资格的经济实体。商业健身俱乐部的产品形式以无形服务为主，服务对象是所有付费的消费者。

（二）商业健身俱乐部的类型

1. 独立型健身俱乐部

独立型健身俱乐部是一种单一的健身俱乐部形式，这种健身俱乐部以经营单一健身项目为主，大多实行会员制，器械和场地设施较单一，如保龄球馆、台球社、溜冰场等。

2. 连锁型健身俱乐部

随着健身俱乐部的不断发展和兴旺，许多国际著名俱乐部的连锁机构和管理顾问公司纷纷进入中国，他们把先进的管理理念和模式带进我国，同时也使我国大众体育消费的竞争更加激烈。这种健身俱乐部大多有庞大的企业做背景，健身项目齐全、种类繁多、配套设施和经营管理都非常完善，并鼓励投资商进行加盟及连锁经营。连锁经营作为一种经营形式的革命，有其独特的优势，可以形成市场共识、经营共谋、资源共济、利益均占，实现建立在利益基础上的、有条件的资产优势互补。连锁经营的类型主要有两种，即直营连锁和特许连锁。特许连锁经营是直营连锁发展到一定阶段所产生的更高级的商业形态，它是一种知识产权的总体转让。

二、商业健身俱乐部的运作管理

（一）行政管理

加强商业健身俱乐部娱乐业行政管理，目的在于理顺内部关系，使各项管理规范化、制度化、效率化、清晰化。商业健身俱乐部的管理机构由董事长、总经理和办公室、市场部、财务部、运动部、医疗部等职能部门组成。俱乐部的总经理由董事长任命，并对董事长负责。各职能部门则受俱乐部总经理的领导，对总经理负责。办公室负责档案、印鉴、公文打印、办公及劳保用品、库房、报刊及邮发；市场部负责会员招募、营销企划、会员服务；财务部负责人事、会计、总务；运动部负责生理评估、运动处方、具体运动项目；医疗部则负责医疗咨询、医疗保护等。

（二）计划管理

商业健身俱乐部的经营计划是安排健身产品销售任务的重要依据，健身俱乐部各个部门的经营活动，都必须严格按计划执行。商业健身俱乐部制订经营计划的主要依据是：宏观经济环境；董事长和总经理提出的企业经营方针和经营目标；市场需求状况和市场预测资料。

（三）会员管理

由于商业健身俱乐部的从业人员的所有服务都是在销售“服务”，让会员满意是商业健身俱乐部的营业宗旨。因此，在会员管理上，商业健身俱乐部奉行的服务策略是以活动刺激消费，以服务代替营销，主动提供各种活动。俱乐部以主动、积极的联系，充分了解会员的意见、反映并介绍自办的各种活动，邀请会员参与，加强会员与俱乐部之间的互动。俱乐部依据自身的定位，积极主动地策划各种活动，引导会员参与，并通过活动制造各种消费，创造利润，使会员产生适用感、实用感、尊贵感。同时由于入会费是商业俱乐部的重要经济来源之一，良好的会员售后服务及会员服务工作则是俱乐部长期招募会员的最佳方案。俱乐部针对不同年龄、不同层次的会员的需求，策划出相宜的活动，吸引会员及其家人参与，以凝聚会员与俱乐部之间的感情。

会员卡是会员在使用商业俱乐部各项设施或要求商业俱乐部提供各种服务时，用作识别身份、登录或结算消费的。会员卡可分为个人会员和团体会员。持有俱乐部会员卡的消费者可前往俱乐部及所属设施消费。会员在接受俱乐部所提供的服务后，应出示会员卡。当会员卡遗失时，原持有者应于一定期限内向俱乐部提出申请补发，并支付补发费用。

（四）服务管理

俱乐部的服务质量对于招募会员也是至关重要的。服务质量是衡量服务的提供对消费者服务期望的满足程度，即俱乐部所提供的服务是否符合消费者的期望。服务质量主要包括服务设施的平时保养维护、服务时间与迅速性、服务人员的态度等。商业俱乐部在进行服务质量管理时，一般以会员的需求、依据会员的满意度调查开发的新服务、对员工的激励方式、衡量系统需求对员工的影响等为衡量原则。为了提高俱乐部的服务质量，满足不同会员的消费需求，赢得会员的信心，必须加强俱乐部服务人员的训练与专业技能，提高对服务人员的监督，授权一线工作人员更大的处理权与判断范围，以技术、教育及质量为导向挑选服务人员，塑造员工荣誉感与质量感．掌握服务人员接洽业务的服务质量与绩效。

（五）财务管理

俱乐部在制订财务计划时，应当注意会员招聘的支出、会员招聘的奖励费用、会员的随机消费机会、俱乐部管理成本等方面。俱乐部的财务管理主要包括制订收支计划、资金周转计划、资金调度计划等三项重要财务管理计划。其中最为重要的是收支计划，它分为收入计划和支出计划两个方面。收入计划主要是以销售计划设定目标销售额，预测何时可有多少收入，包括销售收入的预测、销售收入以外的其他收入的预测；支出计划主要是采购贷款的支出计划、人事费用的支出计划、促销费用的支出计划、其他销售费用及一般管理费用的支出计划等。俱乐部的管理人员只有有效地掌握了财务计划，从数字上客观地了解俱乐部的实际运作状态，才能进行卓有成效的财务管理。

三、商业健身俱乐部市场定位及经营内容

（一）商业健身俱乐部市场细分

当前我国的健身俱乐部同质性现象严重，而且不同层次的俱乐部分布不均匀，不能很好地满足消费者的需求。同时健身俱乐部的消费者大多数都是当地中产阶级以上，具有较高学历、较高收入、较高地位的人群。这类人群对生活有着较高的追求，有个性，注重生活品位和质量，需求呈现多样化等特点。为了更好地满足消费者的不同需求，以及准确定位健身市场，必须对这部分人群进行有效的细分。

1. 按地理环境细分

根据消费者所处的地理位置、自然环境来细分市场，这是一种传统的细分方法。具体包括城市规模、自然环境、气候水平、地理地貌、交通运输条件等。地理细分的主要依据是：处在不同地理位置的消费者，对于同一类产品通常会有不同的需要和偏好，因此对于产品、价格、分销渠道、广告宣传等措施的反应也不同。这种细分方法对于分析研究不同地区健身市场的需求特点、需求量及发展变化趋势具有重要意义，有利于开拓区域市场。在我国，如果想投资高档次的健身俱乐部就要定位在东南部发达地区的大城市。反之，中、低档的就要定位在中小城市。

2. 按人口状况细分

人口细分是健身俱乐部按照人口变量进行市场细分。人口细分包括年龄、性

别、家庭人口、收入、职业、受教育程度、民族、宗教等。人口变量是区分顾客群体最常用的基本要素。进行这类细分的主要原因是消费者对产品的需求、偏好和使用率与人口变数密切相关。

健身市场按照人口状况因素细分，主要有按照收入细分可以分为高收入者、中等收入者、低收入者；按照年龄细分，可以分为儿童市场、青少年市场和成年人市场；按照性别细分，可以分为男性市场和女性市场。这种细分方法非常简便、清晰，易于操作，对于健身俱乐部开发项目、设计规模等方面的定位有很大的帮助。

3. 按消费者心理细分

按照消费者的心理特征来进行市场细分称为心理细分。心理因素包括生活方式、个性、购买动机、价值观念等。这是一个较难掌握但很有效的细分指标。随着居民消费水平不断提高和消费结构不断优化，人们进行体育消费已不局限于锻炼身体的需要，寻求精神满足和通过发展新技能促进个人发展成为左右人们进行体育消费的主要力量。

健身市场按消费者心理因素细分，主要有按照健身动机细分，可以把健身市场分为健身型、健美型、减肥型、时尚型、社交型、休闲型等；按照消费态度细分，可以分为节俭型（求廉）、保守型（求美）、随意型（求新）；按照健身方式细分，可以分为运动出汗型和舒服享受型。这种细分方法对于健身俱乐部的产品、价格、服务等方面的准确定位有很大的影响。

4. 按消费者行为细分

所谓行为细分，就是企业按照消费者购买或使用某种产品的时机、消费者所追求的利益、使用者情况、消费者对某种产品的使用率、消费者对品牌的忠诚程度、消费者待购阶段和消费者对产品的态度等行为变量来细分消费者市场。

健身市场按照消费者行为因素细分，主要有按照健身效果细分，分为提高技能型、塑造形体型、健康型、个性展示型；按照健身时间细分，可以分为白天健身型、中午健身型、晚上健身型。这种细分方法对于安排健身项目和如何合理地安排场地、时间等方面有很好的帮助，使营销更加细致和准确。

进行体育健身市场细分，需要探寻不同利益的各种人群和人们所追求的主要利益。而且一般情况下都不是单一的细分标准，可以结合几个标准一起进行细分。

（二）商业健身俱乐部的市场定位

所谓市场定位，是指企业根据市场竞争状况和自身资源条件，建立和发展差异化竞争优势，以使自己的实物产品或服务产品在消费者心目中形成区别并优越于竞争者产品的独特形象。

根据我国现有商业健身俱乐部的类型和目标人群的分析，发现还有很多的细分市场没有被重视和开发。当下我国商业健身俱乐部在市场定位方面的主要问题是俱乐部产品和服务同质性现象很严重，商业健身俱乐部要想在竞争中取得优势，就必须走差异化的定位策略。

商业健身俱乐部差异化定位一般包括健身产品、服务、教练员、俱乐部的形象、营销手段等几个方面。健身俱乐部进行定位时必须尽可能地使差异具有十分显著的特色，以最大限度地满足顾客的要求。

1. 商业健身俱乐部差异化特征的评价标准

第一，重要性：该差异所体现出的需求对顾客来说是非常重要的。

第二，显著性：同竞争对手之间具有明显的差异。

第三，沟通性：这种差异能够很容易地为顾客所认识和理解。

第四，独占性：这种差异很难被竞争对手模仿。

第五，可支付性：目标顾客认为因健身产品或服务差异而付出额外花费是值得的，从而愿意并有能力购买这种差异化产品或服务。

第六，盈利性：健身俱乐部能够通过实行产品差异化而获得更多的利润。

2. 商业健身俱乐部差异化的运用

商业健身俱乐部所追求的“差异”是在产品功能、质量、服务和营销等多方面的不可替代性。健身俱乐部营销的差异化主要从以下四个方面进行。

(1) 产品差异化

各个商业健身俱乐部的产品都是很相似的，竞争力很差。虽然现有的健身项目已经够丰富和多元化，但是具体的某一种健身产品所对应的消费人群区分度很差，大部分的健身产品主要适合年轻人，针对中老年人的产品很少。还有一些个性需求的项目也很少，好像在健身俱乐部中，只要你说需要一些差异化的东西，那就用私人教练来解决，好像私人教练是万能的。其实我国的私人教练都是一些在体能培训班里一星期快速培养出的年轻人，他们对于科学化、系统化的健身理念的运用还有待提高。在市场细分中还有很多的市场没有被充分地开发，需要在项目上进行创新，开发出一些针对消费者需求的有特色的健身项目，以满足不同人群的要求，这样才能吸引更多的人进入健身俱乐部，实现他们的梦想。

(2) 服务差异化

在当前的商业健身俱乐部中，服务也是很相近的，主要包括健康的咨询、测试及产品销售，还有一些附属服务。商业健身俱乐部还可以从许多方面提供各种服务项目，并通过各种独特的服务，形成俱乐部的差异化，使本俱乐部与竞争者区别开来。比如免费会员培训（不是讲座），免费会员培训是指对会员进行健康知识和器械使用方面的培训，以便使他们能正确有效地使用各种器械，科学合理地进行健身。另外，各个商业健身俱乐部的服务质量和方式还是有很大的不同，比如优良的咨询服务能提高企业竞争力，并能维持客户的忠诚度；如果质量欠佳，那就适得其反，得不到应有的效果。所以，商业健身俱乐部还要在服务质量的差异化上下工夫。

（3）人员差异化

随着健身市场竞争的加剧，人员素质的培训和提高商业健身俱乐部的声誉越来越重要。俱乐部通过聘用和培训比竞争者更好的人员来获得更强的竞争优势是大势所趋，但目前我国许多大城市的商业健身俱乐部从兴建之初就存在着人员质量的问题。健身教练最初都是兼职的，可以在多家健身俱乐部工作，就像演员“跑穴”一样，从这家跑到那家，一天要跑好几个俱乐部。现在大量俱乐部已经改用专职教练的方式，但是还是有很多的兼职人员，如在校的学生、教师等，流动性还是很大，没有一个完善的人员管理系统作为保障，这样是不可能形成一支过硬的人员队伍的。人员的差异化是很重要的执行环节，各方面设计得再好，但是不能被很好地操作完成，那就像“用不合格的砖瓦建造楼房”，早晚会出事的。

（4）形象差异化

树立俱乐部自身的形象和声誉是使俱乐部品牌化的一个重要的方式。现代人特别是中产阶级以上的人群，消费的特征就是品牌化，商业健身俱乐部的消费人群都在这个范围内。树立商业健身俱乐部的品牌形象以获取差别优势，是非常好的营销战略。要想为俱乐部或产品成功地塑造形象，需要具有创造性的思维和设计，需要持续不断地利用俱乐部所能利用的传播工具。例如，具有优秀创意的标志，并融入该商业健身俱乐部的文化氛围，传达俱乐部产品或品牌的个性，是实现形象差异化的重要途径。具有个性的商业健身俱乐部还可以通过赞助体育、文化、健康、教育活动等，树立自己的形象，获得良好声誉。现在已有很多商业健身俱乐部在形象工程上做得很好，都走出了自己的创新之路。

（三）健身娱乐场所经营内容

1. 游泳馆（池）

游泳馆（池）是一种重要的健身娱乐设施，这是由于游泳能给消费者带来诸多益处，因而热衷于这项运动的消费者越来越多。

室内游泳馆不受季节和天气的影响，任何时间都可以开放，因而使用率高，并且水温、室温都比较容易控制。一般在繁华地区的俱乐部因地价昂贵，为了节省占地面积，游泳馆都建得较小，许多游泳馆附设在星级宾馆、饭店中；而在远离繁华市区的俱乐部内，游泳馆则相对大一些。

室外游泳池受季节、气候变化的影响较大，在南方可以春、夏、秋三季使用，在北方一般只能在夏季使用。室外游泳池水质和温度控制比室内游泳池的难度要大，但室外游泳池的视野比较开阔，空气也比较清新，符合回归大自然的时尚，对锻炼身体的益处大，因而受到很多消费者的欢迎。

2. 健身房

健身房是休闲体育俱乐部中最为常见的经营项目。它融体操运动、器械运动、田径运动等运动项目于一体，具有显著的健身健美功能。它的各种器械都具有模拟运动的特点，每项运动所需要的场地都很小，这对于节约场地、提高场地利用率非常有利。同时由于健身房的器械种类多，运动量、运动速度都可以调节，因此健身房对各种体质、年龄、性别的消费者都适用，无论何种消费者都可以因人而异地进行锻炼。目前，健身房中使用得比较多的器械主要有跑步机、运转机、动感单车、划船模拟器、举重器、多功能组合练习器、健骑机、哑铃等。

随着瑜伽、普拉提、跆拳道等健身项目的兴起，许多健身俱乐部都在健身房中开辟了一定空间的操房，健身操房的领操台一般都配备整块大型玻璃镜，以增强视觉效果，有条件的操房墙壁用玻璃分隔，配备了音响设施，以增强健身气氛。同时与器械区保持“亲密接触”，以提高整个健身房的视野效果。

3. 高尔夫球场

高尔夫球场对场地的要求很高，它需要一大片占地面积不小于60公顷的绿化极好的丘陵地带，所以高尔夫球场一般建在近郊区。近些年，为了满足体育消费者对高尔夫球运动的需求，一些新型的与传统高尔夫球有密切关系的运动场所应运而生。

(1) 高尔夫练习场

这种场所是为练习打高尔夫球而开设的，场地比正规高尔夫球场小得多，一般只有100米×200米，因此可以建在离市区较近的俱乐部内，以减轻运动者舟车劳顿，因而颇受消费者欢迎。

(2) 模拟高尔夫球场

这是一种用现代科技手段模拟展现出某个或某几个高尔夫球场场景的模拟球场，它能反映出运动者在该模拟球场打球的方位。一般在一间约50平方米的房间里，用幻灯机或是投影电视投射出某个100多公顷的真正球场的场景，根据感应的力度和方向将球的影像及球的飞行轨迹反映到屏幕上，并通过计算机反映出球的飞行距离，使击球人产生在现实球场击球的感受。

(3) 城市高尔夫球场

这种高尔夫球场也称为微型高尔夫。它是用木材或水泥等材料制作出各种不同障碍的球道及洞穴，从9洞到26洞的都有。它只有推击杆，没有开球杆，球杆的长度也较短，从74厘米到90厘米不等，适合不同身高的消费者使用。

4. 网球场

网球运动在经济发达国家兴起较早，也很普及。我国的网球运动开始于

19世纪30年代，但一直不够普及。随着中国网球公开赛和上海网球大师杯的举办，以网球运动为主营项目的商业俱乐部前景被看好。网球场地可为室内和室外两种，室外的网球场的地面又分为草地、沙地、塑胶场地等。

5. 保龄球馆

保龄球运动于20世纪80年代初传入我国，目前已开展得十分普及，是商业体育俱乐部中比较常见的娱乐项目。由于保龄球运动的趣味性很强，能使消费者提高兴致，同时运动量适中，能增强消费者的体质，不论体质好坏，消费者都能从中得到锻炼。

6. 滑雪场

滑雪运动是一项集身体练习、挑战自我和适应环境等为一体的冬季体育项目，它可以全面提高身体的素质和机能，改善人体器官功能，提高人体适应环境能力，在强调回归自然的同时，突出较强的动感和参与性，是人类冬季最贴近自然的一种运动方式，它与高尔夫、马术、台球并称为“四大绅士运动”。滑雪运动已不再是居住在冰雪地域的人的专利，非冰雪地域的人们也深受滑雪运动魅力的感染和吸引，他们通过各种途径参加滑雪运动和观赏滑雪赛事，亲身体验滑雪运动的魅力和价值。滑雪场已成为滑雪旅游业中不可或缺、最具特点的经营内容。

7. 其他项目

随着行业竞争越来越激烈，只经营单一项目，不能同时满足不同层次、不同兴趣的消费者的需求，从而使自己处于劣势地位。因此，大多数商业健身俱乐部在搞好自己的主营项目的同时，也开发其他大众健身项目，如台球、射箭、乒乓球等。此外，还增加一些配套设施，如卡拉OK歌厅、游戏机、咖啡厅、酒吧、网吧等，从而形成多层次、多需求、多服务的商业健身俱乐部。

四、商业健身俱乐部的营销方式

（一）文化营销

文化营销是现代人的追求。现代人的生活观，不只是满足基本的衣、食、住、行的需要，更多的是实现自我价值的需要，而健身运动就体现了这一文化内涵。如健身街舞的出现，不单单是一种健身方式、一种新的动作的体现，更体现了年轻人追求自由、尽情表现自我的内在的个性文化。有氧健身操体现出的洒脱、豪放、生命运动不息的文化传承，体现着现代人积极生存、奋斗拼搏的生活观念。现在愈来愈多的消费者走进健身俱乐部就是追求这样的一种生活方式。商业健身俱乐部的文化营销活动一般奉行以下几项原则：

第一，塑造健身俱乐部特定的文化理念、宗旨、目标。

第二，建构俱乐部自身的经营管理制度、品牌个性等文化元素。

第三，特定的文化赋予健身产品，使消费者感到这种健身产品所体现的价值观与自身的价值观相一致。

（二）关系营销

关系营销是俱乐部与顾客、内部员工、政府、竞争者、社会组织等利益相关者建立、保持并加强关系，通过互利交换及共同履行诺言，使有关各方实现各自目的的营销方式。

健身俱乐部是高接触度的服务项目，所以和消费者建立良好的关系是至关重要的。健身俱乐部的信誉主要靠口碑宣传，让消费者对俱乐部产生信任和忠诚，而关系营销是最好的方式。关系营销的核心是为了满足顾客的基本需要和实现企业的基本目标。健身俱乐部与消费者之间的关系应该是朋友，这对维持消费者对俱乐部的忠诚是至关重要的。简单地说健身俱乐部与客户建立起“一对一”关系或对话的任何营销方式，都可以称为关系营销或忠诚度营销。健身俱乐部应当详细了解顾客个性及其消费习惯和行为，这种了解是通过双向的交流与沟通来实现的。

（三）体验营销

体验营销是指健身俱乐部通过采用让目标顾客观摩、聆听、尝试、试用等方式，围绕消费者感官、情感、思考、行动、关联五个方面使其亲身体验俱乐部提供的产品或服务，让顾客实际感知健身产品或服务的品质或性能，从而促使顾客认知、喜好并购买的一种营销方式。

这种方式以满足消费者的体验需求为目标，以服务为舞台，以健身产品为道具，生产、经营高质量产品，拉近企业和消费者之间的距离。健身俱乐部大多数以提供以健身场所为依托的健身项目为核心产品，因此消费者只有亲身在俱乐部中体验，才能够与自己的期望、竞争者所提供的产品相对比，从而确定是否在该俱乐部消费。体验营销有利于消费者体验到产品的差别，从而坚定消费者在本俱乐部的消费意念，有利于消费者对俱乐部品牌、产品、服务忠诚度的建立。健身消费本身就是一个体验过程，健身俱乐部可以淋漓尽致地使用各种体验营销的手段，让消费者感到每一次来俱乐部都是一次美好的体验，给他们带来无尽的附加价值，使他们感到离不开健身俱乐部。健身俱乐部可以在健身活动的各个环节设计不同风格、不同特征的体验方式，以给消费者不同的感受。体验营销主要有以下几种类型。

1. 感官体验

健身俱乐部在对环境设计、风格、主题、广告、整体形象设计上充分地利用视、听、嗅、味、触五种感官的美好体验使消费者获得美好的享受。

2. 情感体验

运用人、机构和情境等情感介质对消费者的情感进行刺激，使之产生美好的情感体验。营销人员微笑的面孔、健身教练激情的动作、功能完善的设施和运动空间悦耳的音乐，无不给消费者一种动感、富有生命力的情感激励。

3. 思考体验

消费者到健身俱乐部来渴望学习和掌握一些健身知识，俱乐部应利用一些墙报宣传、知识讲座等创意的方式引起消费者的惊奇、兴趣、对问题进行集中或分散的思考，为消费者创造认知和解决问题的体验。

4. 行动体验

消费者在每一次的健身行为中都会产生不同的身体感受。教练员要很好地运用这一体验的方式，精心设计每一次课，通过增加消费者的身体体验，丰富消费者的生活，从而使消费者被激发或自发地改变生活形态，使消费者在锻炼中感受不同的行动体验。

5. 关联体验

消费者通过对俱乐部在感官、情感、思考与行动营销等层面的体验，个人对理想自我、他人和文化等一系列社会系统产生关联，使自我与健身产品相融合。如让消费者参加一个健身操项目，使健身操所体现出的自由、激情、狂热的个性特征被消费者所感知，产生关联体验，进而使其更加喜欢这一健身方式。

（四）品牌营销

品牌营销是指企业通过利用消费者的产品需求，用质量、文化和独特性的宣传使目标客户形成对企业品牌和产品、服务的认知—认识—认可的一个过程。当一个健身俱乐部正经历从卖方市场转变为买方市场、产业增长方式从数量规模型向质量效益型转变的变革过程时，品牌作为一种重要力量，对市场对决的输赢作用巨大。品牌是一种错综复杂的象征，它是企业或产品属性、名称、包装、价格、历史声誉、广告方式的无形总和。一个有影响的品牌可以征服消费者，取得越来越大的市场份额。品牌竞争就是以品牌形象和价值为核心的竞争，是一种新的竞争态势。树立品牌可从以下几个方面入手。

1. 分析行业环境

从分析其他健身俱乐部开始，准确地掌握它们在消费者心中的大概位置，以及它们的优势和弱点。然后寻找一个“新概念”，使自己与其他健身俱乐部区别开来。

2. 卓越的品质支持

健身俱乐部必须以优质的业务质量为根本树立良好的品牌形象，这里所指的业务质量，是一个综合性品质的概念，包括健身俱乐部的交通位置、硬件设施、服务质量，以及对服务过失的补救等。

3. 通过媒体、广告等方式的持续传播

健身俱乐部要靠传播才能将品牌植入消费者心里，并在应用中建立自己的宣传体系。要确保在每一方面的传播活动中，都尽力体现出品牌理念。

（五）深度营销

深度营销，就是以健身俱乐部和顾客之间的深度沟通、认同为目标，从关心人的显性需求转向关心人的隐性需求的一种新型的、互动的、更加人性化的营销新模式、新观念。它强调将人文关怀的色彩体现到从产品设计到产品销售，乃至产品整个生命周期的各个阶段。

（六）网络营销

网络营销是信息网络时代的新的营销方式，它与传统营销相比，能够超越时间约束和空间限制，更直接地满足消费者的需要，从而具有更大的优势。通过网络，建立一个与消费者“全无阻式”的信息交流、沟通平台。

1. 信息发布

健身俱乐部要紧随网络技术的发展，及时建立自己的官方网站，以及微博、微信平台，及时发布俱乐部的有关信息。信息发布也是网络营销的基本职能，要有专门的人员进行管理和及时更新，如各类课程的时间安排，各种健身方法、新兴项目的介绍，各种促销活动的报道，还有优秀会员和教练的介绍等，要让网站成为消费者和合作伙伴了解健身俱乐部的窗口。

2. 网上调研

通过在线调查表或者电子邮件等方式，可以完成网上市场调研，相对传统市场调研，网上调研具有高效率、低成本的特点，因此，网上调研成为网络营销的主要职能之一。要建立会员对俱乐部的意见和建议的反馈系统，让会员把真实的感受和体会在网上发布，俱乐部要及时针对会员的意见和想法反馈，进行回答和解决问题。把网络变成一个俱乐部和会员之间信息交流的通道。此外，也可以利用网络进行管理人员的网络会议等交流活动，还可以对经常参加网络交流和探讨的会员给以奖励。

网络资源的潜力是无限的，健身俱乐部对网络的资源进行合理有效的开发，将成为俱乐部发展的有利保证。

（七）数据库营销

数据库营销作为一种个性化的营销手段，在体育场馆获取、保留与发展客户的各个阶段都将成为体育场馆不可或缺的竞争能力与有效工具。

数据库营销的核心要素是对客户相关数据的收集、整理、分析，找准目标消费与服务对象，有的放矢地进行营销与客户关怀活动，从而扩大市场占有率与客户占有率，增加客户满意度与忠诚度，取得健身俱乐部与客户的双赢局面。

实施数据库营销时，健身俱乐部需要在总体战略与服务理念、人员组织配置与素质和信息技术系统几个方面协同配合。

（八）会员制营销

会员制是较成熟且较流行的营销方式，是商业健身俱乐部营销的一个重要形式。它是由商业健身俱乐部发起并组织管理，吸引客户自愿加入，目的是定期与会员联系，并为会员提供具有较高感知价值的服务方式。

健身会员制是通过定向募集会员的方法获得稳定的客源，一般分为封闭式会员制（会员人数是既定的，会员卡是可以转让的）和开放式会员制（会员人数一般不是固定的）两种形式，以及团体会员和个人会员两种类型。对于商业健身俱乐部而言，留住一个老客户的成本要大大低于赢得一个新客户的成本，并且老客户比新客户更成熟，更了解商家的产品和服务。从二八法则可知，商业健身俱乐部80％的利润来自于其20％的客户，这20％的客户基本都是老客户。所以，商业健身俱乐部固定住老客户，就能使自身赢利有保障。商业健身俱乐部可以通过充值办卡的方式捆绑会员的钱包，也可以通过情感营销的方式捕获会员的心。

会员卡是会员在参与健身休闲活动时用作识别身份、登录或结算消费的凭证。会员分为荣誉会员、个人会员和团体会员三种形式。在做会员制营销时必须注意：一是不能将目标顾客变成会员之后就不管不顾，这样会员流失也会很快，达不到会员制营销的效果；二是不能将目标顾客变成会员之后降低自身的服务质量或出现一些服务问题，这样也很容易导致一部分会员流失。

（九）会籍顾问推销

会籍顾问是商业健身俱乐部促销方式中的一种传统的促销方式，是指商业健身俱乐部通过派出销售人员与一个或者一个以上可能成为购买者的人进行交谈，做口头陈述，以推销产品，促销和扩大销售。在商业健身俱乐部市场中，会籍顾问推销是最重要的促销工具。

1. 会籍顾问推销的特点

首先是注重人际关系。会籍顾问既代表着商业健身俱乐部的利益，也代表着顾客的利益，会籍顾问应深知满足顾客是达成销售的关键。其次是具有较大的灵活性。会籍顾问能与顾客保持联系，可以立即获得顾客的反应，从而有针对性地做出调整，促使交易的达成。最后是针对性强。与广告相比会籍顾问推销针对性强，无效劳动少，目标明确，往往可以直达顾客。

2. 会籍顾问推销的类型

会籍顾问推销可分为外部会籍顾问和内部会籍顾问两大类，其中外部会籍顾问是进行旅行推销，上门访问客人；内部会籍顾问是在办公室内通过电话、网络等开展业务，并负责接待可能来访的客人。近年来，随着电话营销、网络营销的发展，会籍顾问营销为销售队伍的建设和管理提供了广阔的发展平台，这使得会籍顾问推销将在体育场馆的促销过程中发挥更大的作用。

第二节　职业体育俱乐部运营管理

一、职业体育俱乐部概述

（一）职业体育俱乐部的概念与类型

1. 职业体育俱乐部的概念

职业体育俱乐部是指为满足人们体育竞赛表演的观赏需要，将职业体育竞赛及其相关产品作为商品组织生产经营并追求赢利、自主经营、自负盈亏、具有独立法人资格的体育经济实体。

2. 职业体育俱乐部的类型

职业体育俱乐部主要有以下三种类型。

（1）联办合作型俱乐部

联办合作型俱乐部是由地方协会和企业以合资合作的方式组建的俱乐部，是职业体育俱乐部转轨初期的一种过渡方式。

（2）股份型俱乐部

股份型俱乐部也可称之为合伙人俱乐部，是指投资人参与合伙经营的组织和个人（包含国有或私有机构），按合同的投资比例出资组建，入股成为股东，依协议享受权利，承担义务，并对俱乐部债务承担无限（或有限）责任的自然人或法人成立的体育俱乐部。

（3）独资型俱乐部

独资型俱乐部是由一个出资人（企业）独立出资和独立经营，产权、经营权、管理权都属于这一个出资人（企业），避免了联办过程中的诸多矛盾，但独资型俱乐部的出资人（企业）需要有雄厚的财力和体育市场的经营经验。

（二）职业体育俱乐部的构成要素

1. 准公共性的竞赛产品

职业体育俱乐部的基本社会功能是以组织体育比赛的形式生产某一体育项目的竞赛产品。该产品一般具有排他性和非竞争性，属准公共产品范畴。所谓排他性，是指职业体育俱乐部以会员制的形式将非会员排除在外，非会员不能像会员那样享受俱乐部竞赛产品；所谓非竞争性，是指体育竞赛产品在被某一主体消费时不会影响到其他主体的消费。职业体育俱乐部竞赛产品，可以由多人同时消费，其消费是排他的，但又是非竞争的；超过拥挤点之后，其消费既排他又是竞争的……竞赛产品的这种准公共性，决定了职业体育俱乐部竞赛产品消费的有偿性。因此，职业体育俱乐部必须通过提升竞赛产品质量、增加竞赛产品数量的方式来满足竞赛消费者的需求。

2. 职业化的运动员

职业体育俱乐部中的基本生产要素是具有专项运动技能的职业运动员。“职业”是相对“业余”而言的，其基本含义是指个人服务社会并作为主要生活来源的工作，所属运动员的职业化是区别职业体育俱乐部与业余体育俱乐部的标志。职业化意味着运动员从事相关体育比赛是取得劳动报酬的谋生手段，职业运动员与职业体育俱乐部之间存在劳资关系，职业运动员的基本法律地位是劳动者。

3. 联营性的竞赛机制

体育竞赛不同于表演，自身无法构成对抗，必须有对手的参与，而且彼此水平越接近，对抗越激烈，比赛结果越具有不确定性，对观众的吸引力也越大。体育竞赛的这一特点决定了职业体育俱乐部的生产经营活动不同于其他企业，也有别于文化娱乐企业。体育竞赛产品的生产必然要在两个以上的职业体育俱乐部之间进行，职业体育俱乐部之间因此形成了一种特殊的联营关系。在联营过程中，一方面，它们共同生产了竞赛产品；另一方面，又会有而且只有一家俱乐部同时生产了“赢得竞赛”这一专有产品。一场比赛，一个生产过程，同时产生共有和专有两类产品，这是职业体育俱乐部联营生产的特点，决定了俱乐部之间竞争与合作的双重关系，并由此产生了协调这双重关系的竞赛机制。以美国 4 大联赛为代表的不存在升降级的“封闭型”职业联盟制度和以欧洲 5 大足球职业联赛为代表的存在升降级的“开放型”职业联盟制度，是联营性竞赛机制的典型代表。

（三）职业体育俱乐部的形成和发展

1. 国外职业体育俱乐部的形成与发展

职业体育俱乐部是现代竞技体育的基本组织形式，最先产生于西欧。1650 年，在英国成立了著名的“赛马俱乐部”。其模式很快就被英国的板球、拳击等其他运动项目所效仿，并进一步在欧美许多国家流行。美国是最早出现职业体育俱乐部的国家。早在 1858 年，美国棒球运动开始了职业化。1869 年，美国第一家职业体育俱乐部——辛辛那提红袜棒球队在美国进行巡回表演。1876 年芝加哥商人 W. A. 哈伯特联合各俱乐部业主建立了全美职业棒球联盟，取代了 1871 年成立的全美职业棒球运动员协会。全美职业棒球联盟成为后来美国各职业体育项目运作的基本模式。

美国在引进英国俱乐部体制的基础上，又创造了另一种重要的组织形式——联盟体制。20 世纪 20 年代，美国职业体育俱乐部发展迅速，1920 年、1924 年和 1925 年分别成立了美国职业橄榄球联合会、美国职业冰球联合会、美国篮球联盟。20 世纪 60 年代以后，美国各种职业体育俱乐部迅速发展，观众对职业体育比赛的兴趣日趋增长，广播电视转播费不断上升，同时也由于俱乐部及其联盟运作的科学、合理程度不断提高，使职业体育成为有利可图的产业。随着职业体育的兴起，北美和西欧相继出现了以营利为目的的高水平职业体育俱乐部。

职业体育俱乐部经过一百多年的发展演变，由早期的个人制、合伙制发展到今天的股份制，已形成产权公众化、组织实体化、管理专业化以及经营市场化的格局。在总的发展趋势上，职业体育俱乐部正朝着商业化、娱乐化、社会化、国际化的方向发展。

2. 我国职业体育俱乐部的形成与发展

我国职业体育俱乐部是从计划经济体制下的专业运动队模式中转变而来的。1992 年 6 月，全国足球工作会议后，足球项目率先进入以“体制改革与机制转换为核心，以协会实体化、俱乐部制和产业开发为重点”的历史阶段，并成为整个体育改革的突破口。1994 年 4 月，万宝路全国足球甲级联赛揭幕，甲 A 与甲 B 共有 24 家俱乐部参加，标志着职业足球俱乐部正式开始运作。

我国以足球改革为突破口的职业体育试点起步后，开始对竞技体育管理体制推行单项协会实体化改革，20 多个运动项目管理中心相继成立，在职业足球俱乐部改革初见成效的影响下，篮球、排球、乒乓球等运动项目也分别在 1995 年、1996 年和 1998 年成立了职业体育俱乐部或半职业体育俱乐部，实行了主客场形式的职业俱乐部联赛。

随着我国市场经济体制的完善，我国职业体育俱乐部与市场经济相适应的新体制、新机制将不断生长并占据主导地位，最终将建立和完善现代职业体育俱乐部的运行机制。

二、职业体育俱乐部的经营与管理

（一）职业体育俱乐部经营的本质和特点

1. 职业体育俱乐部经营的本质

（1）职业体育俱乐部是具有企业性质的经济实体

根据职业体育俱乐部的含义，从职业体育俱乐部发展的总体上看，处在市场经济条件下的现代职业体育俱乐部是一个企业性质的经济实体，具备一般意义上的企业应有的特点。具体表现为：职业体育俱乐部是职业体育的基本组织形式；是从事体育文化娱乐及其相关产品的生产经营的体育企业组织；是有其自身经济利益的经济实体；是经注册登记的具有独立法人资格的体育团体。

作为企业性质的经济实体，职业体育俱乐部必须按照企业的模式来设计与运作。首先，它的设立必须符合我国企业法和公司法中规定的条件，并接受工商行政管理、税务部门的监督与管理。其次，它应具有自己的名称、组织机构和场所。再次，它还应当具有符合法律要求的注册资本。最后，它应该能够在经营活动中独立自主地开展活动，自主经营、自负盈亏，在对外经营活动中，能独立地享有权利、承担义务，与此同时，在其内部的运作机制上应当按照企业机制运作。

（2）追求利润的最大化是职业体育俱乐部经营的本质

从职业体育的产生发展过程可以看到，职业体育俱乐部产生的前提是将竞技体育竞赛作为商品并进入市场交换。竞技体育竞赛向社会提供的是非实物形式的商品，它是以服务来体现的。只有当人们为满足自身需要而愿意为之付费时，竞技体育竞赛的商业价值才能真正实现。因此，职业体育俱乐部是以经营某一高水平运动项目训练和竞赛，并开发其附属产品，追求利润最大化的一种特殊企业。

无论是国外还是国内职业俱乐部经营的本质，都是追求投资的回报和增值，这是由企业的本质属性所决定的。营利性是职业俱乐部存在与发展的前提，它必须遵循经济规律，以最小的投入，获取最大的经济利益。因此，作为从事商业性活动的职业体育俱乐部，如果不以追求利润最大化为经营目标，它就不是企业。从本质上讲，职业体育俱乐部的功能是生产具有观赏价值的竞技体育竞赛产品，并通过市场交换向消费者提供竞技体育竞赛表演娱乐服务。职业体育俱乐部经营管理成功与否，取决于它能否最大限度地为消费者提供优质服务，能否充分满足消费者观赏体育竞赛的需要。因而职业俱乐部经营的本质无论是国外的还是国内的，都是追求投资的回报和资本的增值，通过向社会提供服务来追求利润最大化。

2. 职业体育俱乐部经营的特点

职业体育俱乐部作为主营体育竞赛的体育企业有其自身的特点。因此，作为经营管理者必须了解自己的俱乐部有什么样的特点，并根据这些特点来开展经营，才能取得好的经营效益。我国职业体育俱乐部在经营上的特点（除开各运动项目的个性特征）主要有以下几个方面。

（1）以体育训练竞赛为根本

职业体育俱乐部经营的基石是俱乐部所拥有的运动队和运动员的训练竞赛水平。俱乐部一切经营活动都源于训练竞赛，没有训练竞赛活动，也就没有经营活动的开展。因此，职业体育俱乐部经营过程中的一个基本原则，就是任何时候都不能为一时之利而损害或影响运动队和运动员正常的训练与竞赛。只有运动队和运动员的训练竞赛水平提高了，俱乐部的声誉才能提高，拥有的无形资产才能升值，经营的领域才会更宽更广，经营的后劲才会更足。

（2）以无形资产开发为主要经营内容

职业体育俱乐部经营的主体内容，是围绕着俱乐部拥有的无形资产来开发和经营的。如俱乐部冠名权的开发，主场电视或网络转播权的开发，场地、队服、明星广告的开发以及俱乐部标志产品的开发等。即使是观众产品的销售和主场门票的销售也和俱乐部的无形资产有着紧密的联系。因为俱乐部越是形象好、声誉佳，无形资产的积淀就丰富，开发的潜力就大，市场价值也相对高。

（3）观众享受快乐为经营的宗旨

职业体育俱乐部是经营娱乐，而不是经营胜负。当然俱乐部竞赛成绩的好坏对俱乐部经营状况有影响，这是正常的也是难以避免的，但是职业体育俱乐部的经营状况完全受制于联赛成绩则是不正常的。其根本原因在于，俱乐部没有真正把观众作为消费者，缺乏与观众沟通的渠道，不关心观众的心理感受，不善于在主场营造“观众之家”的和谐氛围。众多职业俱乐部对主场气氛的包装以及对赛前、中场休息及赛后各环节进行娱乐性安排，其目的只有一个，就是无论胜负都要让观众感受到“家”的亲情和观赏竞赛带来的欢愉。

（4）同新闻媒体的沟通与合作越来越广

职业体育俱乐部作为体育企业，与新闻媒体保持密切沟通关系是十分重要的。这主要是职业体育俱乐部的训练竞赛活动需要有新闻媒体不间断地报道，而体育俱乐部在新闻媒体上的曝光频率和时间，又在很大程度上决定了俱乐部无形资产的市场价值。所以，对经营管理者来说，任何时候都应致力于改善与媒体的关系，保持更广泛的有效沟通与合作。

（5）中介机构的代理经营占有重要位置

职业体育俱乐部的经营，尤其是围绕无形资产开发、运动员转会、商业性比赛运作、网络商机的策划等各项商务活动，专业性和时效性强，把握开发时机的要求高，收益与风险也高。因此，俱乐部除常规经营活动可以自己经营外，重大商务活动的运作和新兴业务的开发，一般都需要请高水平的中介机构来代理经营。实践证明，学会、善于委托代理经营是职业体育俱乐部成功经营的制胜之道。

（二）职业体育俱乐部经营的主要内容和方式

职业体育俱乐部经营的主要商品有两种：一是运动员所进行的比赛，二是伴随比赛而产生的各种衍生产品。

1．职业体育俱乐部经营活动的主要内容

（1）出让冠名权

冠名权经营是职业体育俱乐部经营内容中最主要的一项。目前，我国各项目职业俱乐部冠名权转让收入一般都占俱乐部经营收入的50%以上，中超足球俱

乐部除开发俱乐部冠名权之外，还进一步开发了城市冠名和球队冠名经营，冠名权经营实际上就是职业俱乐部寻找冠名赞助商的过程。它的开发过程和经营技巧与体育组织寻求赞助商的过程及运作技巧基本相同。

（2）组织门票收入

门票收入是职业体育俱乐部重要的财源。它反映了观众对比赛的满意程度，是衡量俱乐部经营优劣的重要标志，因而各俱乐部都十分重视研究观众上座率与门票收入情况，并采取一切可能的措施将观众吸引到比赛场上来。如实行主客场制、为观众提供各种服务与便利、为观众参与比赛创造各种条件与营造氛围、通过市场调查明确消费人群与科学制订门票价格、向球迷推出价格优惠的各类套票、出租豪华包厢等。俱乐部在进行门票销售时应当注意定价的合理性，尤其要考虑到当地的经济状况、人口密度等；并要合理拉开各不同等级之间球票的价格，保证大多数的人都能看得起比赛。

（3）发展球迷会员

俱乐部为扩大自己的实力和影响都积极发展自己的会员，并使会员费成为俱乐部主要经费来源之一。俱乐部的会员一般在本地发展，但一些影响较大的俱乐部在全国各地都有它的会员。经营会员的方式有多种，如一般会员、荣誉会员、理事会员等，并且保证会员能看到一些重大比赛。俱乐部还可为会员提供队服、纪念品和随队到外地或国外观看比赛的优惠，在交通费、住宿费等方面提供便利条件和优惠，这样既满足了会员看球的欲望，又为本队增加了啦啦队，增进会员与俱乐部之间的感情。另外俱乐部向会员出售优惠的年票、季票和月票，使会员成为最基本的观众，这样也使门票基本收入得到了保证。俱乐部还可办会员之家，提供休闲、娱乐、用餐等便利，活跃会员的生活和增进俱乐部之间的交往和感情，这样会员以球队为荣，球队以会员为后盾，共建俱乐部。发展俱乐部的会员并在会员中开展各种经营活动，是俱乐部的重要经营活动之一。

（4）经营广告业务

俱乐部可经营的广告业务很多，如场地广告、比赛服装和器材上的广告、门票广告、赛场实物广告以及拍广告片等。厂商在利用比赛扩大自己的知名度、介绍和推销自己的产品时，愿意付给俱乐部或运动员的广告费是十分惊人的。据报道，国外有些俱乐部的广告收入有时要占一场比赛收入的30%～50%。在商品竞争激烈的现代社会，新产品要打开销路，名牌产品要保住自己的市场占有率，都争相做广告宣传，因而广告越来越不可缺少，从而使俱乐部的广告业务源源不断。就对广告需求程度而言，厂商远胜于俱乐部。因此，广告费就成为俱乐部的主要收入之一。

（5）出售电视转播权

出售电视转播权是职业体育俱乐部的又一经营活动，也是职业体育俱乐部经费主要的、可靠的来源之一。由于电视机构为争夺转播体育节目权而展开的竞价，导致电视转播费增长十分迅猛。在国外，电视转播权的出卖一般是俱乐部从众多电视台中选择转播费出价最高者。出售电视转播权一般采取集中销售方式，由体育协会掌管，各参赛俱乐部提取一定的比例分成。随着有线电视和网络在线直播的发展，以及为适应电视转播和提高比赛观赏性的要求和对体育比赛的组织、赛制、规则、器材等进行的改革，电视转播费将在职业体育俱乐部的收入结构中占据着越来越重要的位置。

（6）转会运动员

运动员转会是职业体育俱乐部经营的主要内容之一。运动员转会的经营主要是指俱乐部根据自己的经营目标和球队成绩的实际状况，以最合理的价格买入和卖出运动员的经济活动。对俱乐部而言，运动员转会经营最重要的是要清楚转入或转出运动员价格的估算方法，并以此为底价设计谈判方案，争取以最合理的价格与对方俱乐部达成协议。转会经营的核心是买入或卖出运动员的价格质量比，即根据俱乐部的实际情况，确定应转入或转出运动员的质量水平，在保证质量的前提下以最适宜的价格成交。由于职业体育俱乐部拥有众多优秀的球员及后备队员，因此球员本身就是一大笔财富。俱乐部若经济拮据，濒临破产，则可通过转让自己的球员，甚至是优秀球员，以换取转会费来渡过难关；若俱乐部经营有方，也可通过培养优秀的后备球员并转卖给其他球队来增加利润。

（7）经营商业赛事

商业性赛事经营是指俱乐部利用联赛间歇期，组织运动队或队员参加能为俱乐部带来收益的对抗赛、表演赛及擂台赛等。商业性赛事的经营既可以委托经纪机构来代理，也可以由俱乐部的市场开发部门自己运作。在经营过程中，主要考虑几点：一是尽可能选择收益高的比赛，要引入机会成本的概念来测算比赛的收益，使收益最大化、成本最小化；二是商业性比赛安排要有提升俱乐部整体形象、扩大俱乐部影响力和拓展俱乐部营销渠道及市场空间的考虑；三是要处理好赛训关系。总之，俱乐部商业性比赛的经营要处理好经济效益、社会效益和球队备战三者之间的关系，力求综合效益最佳。

（8）开发观众产品

观众产品经营是指俱乐部为引导观众形成对俱乐部的归属感而向观众提供的产品和服务。它既包括俱乐部标志产品的生产和经营，如俱乐部标志物、队服、鞋帽、围巾、球场模型、纪念品和明星卡等，也包括会员俱乐部、各类主题餐厅、酒吧、咖啡屋、训练营观摩、开办主题公园、俱乐部观光旅游等服务性产品的生产和经营。观众产品的经营，首先是拓展俱乐部财务来源的一个重要渠道。其次观众产品的经营也是树立俱乐部品牌形象和引导观众形成对俱乐部归属感的需要。

2. 职业体育俱乐部的经营方式

职业体育俱乐部的经营方式主要有自营和委托代理经营两种形式。

（1）自营方式

自营方式一般是指俱乐部自主开发经营一切商业活动，经营的主体可以是俱乐部分支机构，也可以是俱乐部主管市场开发的职能部门。自营方式下俱乐部所有权和经营管理权是合一的，这样可以更直接有效地控制俱乐部，避免模式化的管理、减少运营成本，获取更高的俱乐部利润。从发达国家职业体育俱乐部的经营现状来看，欧洲职业体育俱乐部大多采用自营模式。

（2）委托代理经营

委托代理经营是指俱乐部将全部或部分经营活动授权给中介机构，由它们来代理经营，经营的主体是有授权的中介机构。如北美职业体育联盟体制下的俱乐部大多采用“自营＋代理”的复合经营模式。

从趋势上看，由于职业体育市场不断拓展，商务活动日趋繁忙，俱乐部经营业绩的优劣越来越取决于经营内容和营销方式的创新，因此，俱乐部的经营方式逐步由自营向“自营＋代理”的方向转变，并正在成为一种潮流。

职业体育俱乐部采用代理经营方式开展的业务活动，主要是将俱乐部的无形资产开发的经营活动交由中介机构来代理经营，即委托人和代理人通过分工使各自的技能和优势得以发挥，从而产生出分工效果和规模效益。所以，职业体育俱乐部根据自身的实际情况，有选择地将部分专业性强的商务活动委托中介机构来代理经营，是一种较好的经营策略。

同时，职业体育俱乐部在采用代理经营时有可能会遇到某些代理人为谋求自身利益的最大化而侵害委托人利益的情况，针对这种情况发生的防范措施主要有两个方面：一是要慎重选择中介机构，要对代理人以往的业绩、声誉和资信情况进行全面的考察和评估，做到好中选优。二是把好签约关，要科学设计代理契约，明确代理人的责任、权利、义务和违约责任，同时还可以根据情况，设置奖励条款，以激励代理人创造最大价值，使其行为目标与委托人的目标在获利动机上保持一致。

三、职业体育俱乐部的运行机制与管理体制

（一）职业体育俱乐部的运行机制

职业体育俱乐部的运作是一个非常复杂的体系，涉及组织、经营、投资、发展、约束等诸多问题，我们应该在借鉴国外职业体育俱乐部运行机制的基础上根据本国职业体育发展的实际，不断完善和确立职业体育俱乐部运行机制。

1. 政府与俱乐部分开的管理机制

政府与俱乐部分开的管理机制是指剥离政府与俱乐部之间的行政隶属关系，明确界定政府与俱乐部各自的职能，政府与俱乐部的关系主要表现为法律关系，政府依照法律管理俱乐部，俱乐部依法运作，不受政府的直接干预。

2. 面向市场的经营机制

职业体育俱乐部只有面向市场，及时对市场需求及变化作出积极反应，俱乐部经营才有活力，市场机制的作用才能发挥。面向市场的经营机制主要包括：

第一，俱乐部的宗旨应定位于“最大限度地满足人民群众不断增长的体育赛事表演观赏需要”，以“观众第一”为行为准则，以观众满意与否作为经营管理的评价标准；

第二，俱乐部经营利润最大化成为俱乐部追求的目标；

第三，俱乐部根据市场需要安排、组织经营活动，形成自己的经营体系；

第四，俱乐部要建立一支具有现代社会市场营销理念、熟悉体育训练竞赛、精通俱乐部经营、有市场开拓能力的俱乐部经营管理队伍。

3. 产权清晰的投资机制

产权关系是人们围绕财产而形成的责任、权力、利益关系，它以一定形式的财产为对象，有财产责任的担当者及权力和利益的管理者。产权主体在一定的约束下承担应负的责任，并获得相应的利益。产权清晰是保护投资者利益的必然要求。产权清晰的投资机制主要包括：

第一，理顺俱乐部的产权关系，使俱乐部产权关系清晰化，明确俱乐部法人财产权，真正成为具有独立法人资格的体育经济实体；

第二，建立以社会化多元投资为主体的俱乐部投资机制；

第三，俱乐部产权由凝固化走向产权转让的市场化，进行俱乐部产权经营，理顺俱乐部产权关系，建立起通过市场合理配置俱乐部资源的机制，实现俱乐部资产的资本化和社会化，以及俱乐部资产的增值。

4. 责权明确的决策机制

责权明确的决策机制是职业体育俱乐部实施科学经营管理、使各项经营活动有序进行的必然要求，它包括以下方面：

第一，确立俱乐部的市场主体地位；

第二，俱乐部法人对投资者负责，承担投资者资产保值、增值的责任；

第三，投资者在法律上与俱乐部法人同处于平等的民事主体地位，双方的权利义务以及财产关系的调整依法律和俱乐部章程进行；

第四，俱乐部依公司化的组织模式，按照现代企业制度的要求，建立健全俱乐部公司的法人治理结构，形成规范的组织管理和权力责任利益体系，从制度上实现投资者对经营者的监督控制。

5. 利益协调的激励机制

激励机制是俱乐部运行机制的中心环节，激励机制的基础是俱乐部各行为主体对自身利益的追求。要建立合理有效的激励机制，就必须建立科学合理的激励结构，协调所有者、经营者、员工三者之间的利益关系。利益协调的激励机制主要包括：

第一，通过物质激励与精神激励不断调动俱乐部各类人员的积极性，并集中到不断提高竞赛训练水平和经营管理水平的方向上来；

第二，市场机制在俱乐部各行为主体的利益协调中起基础作用；

第三，俱乐部的工资总额增长与俱乐部经营收益相协调。

6. 制度健全的约束机制

建立现代职业体育俱乐部必须转换经营管理观念，树立法制意识，形成一个完整配套的符合市场经济要求的科学有效的管理制度。制度健全的约束机制主要包括：

第一，科学的组织制度。建立一套科学完整的组织机构体系和组织规范制度，使俱乐部的权力机构、决策机构、执行与监督机构之间职责明确，规范投资者、经营者和员工之间的关系，形成激励与约束相结合的管理机制。

第二，建立一整套完整的管理制度。俱乐部的章程、训练制度、竞赛纪律、人员聘用制度、工资制度、财务会计制度等都要科学规范，并形成一个完整的制度体系。

7. 外部体系的监控机制

职业体育俱乐部为社会公众提供体育竞赛表演服务，社会影响面大，而且它的经营内容主要是无形资产，与社会评价休戚相关。它的运作是否规范，对其生存发展影响甚大。因此，在科学健全的内部管理制度的基础上，还应形成强有力的外部监控体系，即完善政府及法制体系的监控，完善行业自律组织的监控，完善社会舆论的监控。

（二）职业体育俱乐部的运作管理

1. 俱乐部实行独立的经营管理

所谓独立的经营管理，即意味着俱乐部是一个独立的经济实体和经营单位，有独立的管理机构和管理方式，并实行企业式的经营管理。俱乐部在符合条件的情况下向协会登记注册后，即享有法人的各项权利及义务。经济上自筹资金、自主经营、自负盈亏，并按国家有关规定上缴利润和税收。俱乐部在国家法律和规定范围内进行经营活动和开展竞争，其经营活动同时也受到法律保护和约束。俱乐部的收入必须用于自身建设，不能挪为他用或私人占有。

2. 职业体育俱乐部的管理机构

职业体育俱乐部是职业体育基本的组织形式，是具有法人资格的经济实体，能独立承担民事责任。因此，职业体育俱乐部具有较为明确的组织结构。职业体育俱乐部一般的组织结构为：俱乐部主席领导俱乐部董事会，俱乐部总经理管理运动员、经营部、财务部、办公室等部门，并直接对董事会负责。由于国情、项目特点、俱乐部性质与规模等不同，俱乐部的组织结构也有所差异。

俱乐部董事会主要由俱乐部股东或代表组成，对俱乐部发展的重大问题做出决策。俱乐部主席由董事会推选或指派，通常由出资最多的一方或由其指定代表担任。董事会聘请总经理负责俱乐部的日常事务和运作。俱乐部还设有主管具体业务活动的职能部门，如财务部主要负责俱乐部财务方面的工作，宣传公关部主管宣传、公关、广告业务等，运动管理部负责俱乐部球队的竞赛训练工作，办公室主管俱乐部的行政性事务，市场开发部负责俱乐部的经营开发，会员部负责俱乐部与球迷之间的联系，这些职能部门均对总经理负责。

3. 职业体育俱乐部的人员管理

对教练员和运动员实行合同制，即意味着允许竞争和球员流动。俱乐部按自己的需要和经济实力在所属协会规定允许范围内去聘请教练员和运动员，教练员和运动员根据自身的价值和球队条件与水平自由选择俱乐部。实行合同制是职业化管理的核心，合同制是聘方和受聘方通过契约的形式确立双方之间的劳资关系，明确双方的责、权、利，其契约具有法力效力。运动员和俱乐部合同关系中的纠纷，可由劳动法庭解决。吐故纳新是职业体育俱乐部生存和发展的根本之道，因此每一个俱乐部都应该重视后备人才的培养和选拔。俱乐部后备人才培养的主要途径有：一是俱乐部自己培养，设青少年队；二是俱乐部成立专项体校；三是俱乐部从学校代表队中选拔。

4. 职业体育俱乐部的成本管理

职业体育俱乐部成本管理的基本原则是：根据市场的实际情况，在满足俱乐部日常开支的情况下，用尽可能少的资金来争取尽可能多的经济效益，使投资者得到最大、最为可观的利益回报。职业体育俱乐部是一个独立的经济实体，必然要讲求效益，讲投入与产出比，讲成本核算和控制。如美国 NBA 各个俱乐部十分讲究成本管理，注重投入后的产出，同时经营着球赛门票、电视转播、广告、服装、器材、标志产品、吉祥物、餐饮、娱乐、旅游等业务。凡是可以获取利润的业务，俱乐部都会努力去经营。

我国职业体育俱乐部在成本管理方面重视不够，在一些关键场次比赛中，为了赢得比赛胜利，成倍增加奖金，这种不计成本、不管投入产出的做法，导致俱乐部陷入了严重亏本的境地，使得原本满怀希望的股东一个个灰心离去；同时还造成社会效益的负面影响。因此，职业体育俱乐部在运作管理中应当重视成本管理，尤其要重视训练和竞赛的管理，训练水平高，竞赛成绩好，就是最好的成本控制。同时也要重视投资效益，在进行一项投资之前，要看它能带来多少效益，不能进行只讲对俱乐部的支持，不讲经济效益和社会效益的投资。

第八章 体育广告与赞助的运营管理

第一节 体育广告的运营管理

一、体育广告概述

（一）体育广告的含义及特点

广告，就是广而告之。《辞海》的解释是："广告是向公众介绍商品、报道服务内容或文娱节目等的一种宣传方式。"查《申报》发现至少在1901年就开始大量使用"广告"这个词汇，到1905年前后，"广告"一词已非常流行。美国市场营销协会（AMA）对广告的定义是：广告是由明确的广告主在付费的基础上，采用非人际的传播（主要指媒介）形式，对商品、观念及劳务进行宣传、介绍的活动。一般来说，广告就是一种宣传方式，它是在特殊的媒体上、锁定特殊的对象、传达特殊的商品信息、达到一定商业目的的一种有价的传播。随着商品经济的发展，市场和商品竞争的出现，广告作为一种推销产品、传递信息、开展竞争的手段为人们所普遍使用。

广告的媒体很多，主要有网络、广播、电视、杂志、报纸、户外建筑物等六种类型。不同类型的广告媒体虽然各有其特点，但都是通过有偿形式传递产品或信息，在企业和顾客、广告经营者和广告主体之间建立起联系的一种手段。

1. 体育广告的含义

所谓体育广告，就是指以运动员、体育报纸杂志、体育场馆、体育活动及其他与体育有关的形式为媒介，将观念、劳务、商品产品等信息传递给消费者和经营者的方式和手段。

2. 体育广告的特点

广告一般都具备四个基本要素，即广告的受众、内容、媒体和目的。体育广告在受众、内容、目的上和一般广告差别不大，但在广告媒体上却有着自身的特征，与一般广告差别十分明显。体育广告不但可以通过体育场馆、体育比赛和体育活动以及比赛期间所发行的所有刊物，如宣传册、秩序册、纪念册、门票、奖杯等为媒体，而且还可以将运动员作为体育广告的媒体。

（二）体育广告的诞生和成长

广告是商品经济的产物，商品经济的发展为广告的萌芽提供了肥沃的土壤。在西方国家，历经了文艺复兴的洗礼和工业革命的风暴之后，市场经济得到了快速的发展，导致消耗性产品的市场供给远远超于市场需求，市场竞争尤为激烈。企业为推销产品、扩大销路、开展竞争、提高产品知名度，将广告作为实现目标的一种手段，广告得到了极普遍的重视和利用。企业家为了推销产品，扩大影响，一般都愿意花钱做广告，并且在产品的成本中，广告费支出也占有相当的比重。

存在即合理，体育广告的诞生和成长显然也不例外。商品经济的崛起促进广告与体育的结合，不断地增加现代体育运动的价值，体育同经济的密切结合，已经成为引人注目的社会发展趋势。这是由于体育具有较强的交往功能，经济有着旺盛的拓展需求，这种功能与需求都是客观的、内在的、不以人的意志为转移的。从经营管理的角度来认识，世界级的体育比赛，具备了最佳的广告时机，即亿万观众的视觉焦点都集中在热烈的赛场，在激动人心的时刻，金牌与广告交织，市场竞争的因素大大减少。凡是人群集聚的地方，也是企业家最感兴趣的地方。所以体育竞技已经成了一个特殊的广告媒介形式，有着巨大的经济效益。美国的可口可乐公司、韩国的三星集团、中国的李宁公司等一些广告客户非常注重把握广告时机，挤进竞技场，不失时机地提升自身的品牌形象，最终实现了体育与企业的双赢。

随着改革开放和我国体育部门体制改革的不断深化，体育广告业在我国也正处在方兴未艾的阶段。无论是全国综合性运动会，还是地区综合性运动会，无论是单项运动会，还是部门举办的邀请赛、杯赛，甚至是群众性体育竞赛，都为体育广告经营单位提供了极好的发展契机。体育广告已成为我国体育产业的重要组成部分，尤其是最近几年，随着我国竞技体育的社会化和职业化的推进，以及一些重大体育赛事的成功举办，催生大量的体育广告资源，使得体育广告有着良好的发展前景。众多的体育明星活跃在广告界，越来越多的企业也开始注意借助体育来扩大知名度。广告品牌中运动服装、饮料、药品占据了前三位，分别占31%、16%和10%。

（三）体育广告的功能、优势和分类

1. 体育广告的功能

体育广告的功能，一般可归纳为以下几个方面。

（1）传递信息，沟通产需

体育广告的首要功能与作用，就是通过体育媒体把产品或劳务的信息传递给可能的消费者（包括现实的和潜在的消费者），即将产品的生产者与消费者（或用户）联系起来。体育作为一种独特的宣传载体，更侧重表现生活娱乐和健康等方面，在促进生产者和消费者之间的沟通上具有很好的桥梁作用。

（2）介绍知识，指导消费

体育广告和其他广告一样，可以通过公共媒介对其产品进行宣传，起到诱发消费的作用。消费者在购置某些产品以后，由于对产品性能和结构不十分了解，既不会正确使用，也不善于保养，往往会发生问题。通过广告对产品知识的介绍，可以更好地指导消费者做好产品的维修和保养工作，从而延长产品的使用寿命。

（3）激发需求，增加销售

体育广告就是要借助体育媒介的宣传，使那些原来不打算购置这种产品的单位或个人，能对这种产品产生兴趣，进而产生购买的欲望和冲动，最后自觉购买它，以此扩大产品销售量。

（4）树立企业形象，扩大产品知名度

许多企业、许多产品、许多品牌原来并不为人们所认识，通过体育广告的宣传作用或由体育明星做广告来吸引受众的注意力，使之更具有说服力，从而会成为家喻户晓的著名品牌，不少企业及其产品正是因此而被消费者所熟知。

（5）促进体育事业发展

综合国内外体育发展的经验，体育事业以市场为导向，走商业化、产业化的道路是它的必然发展方向。在体育事业发展中，体育广告起到了非常重要的作用。通过自身的“造血”功能吸纳社会的广告收入，运动竞赛可以摆脱国家拨款不足的困境，使竞赛的经费来源趋于多样化；体育广告也可以提高运动员的收入，并提高运动员的竞技水平。运动员广告收入与自己的社会形象、运动技术水平有直接关系，从而促使其不断提高自身的综合素质，继而促进体育竞赛的竞技性和可观赏性进一步提升。

2. 体育广告的优势

现代社会广告媒体很多，其中主要媒体是印刷媒体、广播、电视、户外、网络媒体等，不同媒体特点和优势有着明显的区别。和以上这些广告媒体相比较，利用体育媒体做广告宣传具有如下特点及优势。

（1）受众多，广告传送面广

一场体育竞赛的现场观众动辄成千上万，国际体育竞赛的全球转播，电视观众更以亿计，其人数之多是其他任何活动所望尘莫及的，利用体育媒体做广告，其广告信息传递面非常广。

（2）影响大，广告效益好

由于著名运动员及著名球队是广大球迷心目中的上帝和模仿的对象，因而他们做广告的示范效应特别显著，往往有事半功倍的效果。

（3）效果自然，易为人们所接受

市场经济的迅猛发展推动市场竞争更加激烈，导致商业广告铺天盖地，使消费者对此不感兴趣并产生厌烦情绪。而利用体育媒体做广告，特别是比赛时运动员服装、场内广告牌等在不经意间进入人们的视野，使观众在欣赏精彩比赛的同时，也自然而然地接受了广告的宣传。

（4）时间长，一次投资多次受益

相比于厂商在电视上做一次广告时间只能以分以秒计算，体育比赛中广告的曝光时间往往有数十分钟甚至数小时。而且大型国内外体育比赛，无论是场地展示还是电视转播的曝光率都很高，因而广告的曝光率就高，这样对广告主来说是一次投资，多次受益。

3．体育广告的分类

按照不同的广告形式和不同的媒介，可以把体育广告分为以下几种类型。

（1）冠名广告

冠名广告是体育广告最主要的形式，即给各种体育活动、运动队、体育俱乐部等冠以企业或产品的名称，如“XX杯足球甲A联赛”。还有一种在奖杯上冠名，羽毛球比赛和网球比赛中多见这种形式。

（2）场地广告

这是体育广告最常见的方式，利用体育场所、各类体育比赛或其他体育活动的机会，在活动场地周围设立牌广告、横幅广告、赛场地面广告等。

（3）印刷品广告

印刷品广告即利用体育赛事和活动的入场券、佩戴的证件、比赛号码布以及秩序册、宣传画、成绩册、明信片、信纸、信封等做媒介，在这些媒介的适当位置印上企业的宣传材料进行广告宣传。

（4）路牌广告

路牌广告即借助体育比赛或其他体育活动的机会，在比赛场馆周围或其他建筑物附近摆设广告牌，以此增加曝光度。

（5）排他性广告

排他性广告即在某些体育比赛中，体育组织授权某企业独家提供某一类别的产品，例如赛事指定饮料、赛事指定用品、赛事标志产品等。

（6）明星广告

明星广告是通过利用明星效应，将在社会上具有较大影响力的体育明星作为广告载体，开展现场促销或做形象代言人，制作广告节目等。

（7）实物广告

在运动服装、运动器械、纪念品、礼品上带有广告宣传用的商标名称或企业名称。

（8）奖券（奖品）广告

奖券广告即利用体育比赛或专项体育活动，发行体育彩票、可抽奖门票或购物打折券，用以筹集资金，烘托比赛气氛或促进产品宣传和销售。

除上所述几类体育广告外，还有宣传体育活动的画册、纪念册、明信片、信纸、信封等物品上的印刷广告，记分牌广告、滑翔机广告、拉拉队广告、指示牌广告、背景台活动广告等。

二、体育广告的经营策划与经营管理

（一）体育广告的经营策划

获得体育广告经营业务并不容易，少数体育广告是由客户主动找上门来的，大多数体育广告业务则是靠体育广告经营单位提前同企业联系，主动争取来的。体育广告经营的实践证明，争取体育广告业务是一门技术、一门学问，要搞好体育广告经营管理必须掌握相关的经营策划的谋略。

1. 体育广告经营策划的基本原则

互惠互利是体育广告经营策划的基本原则。互惠互利是体育广告赞助合作的基础，也是体育广告经营的基本原则。这是因为广告客户和体育广告经营单位，都是独立的或相对独立的商品生产者和经营者，彼此消耗的物化劳动都需要得到适当补偿，否则双方再次合作就有困难。对于厂商来说，广告投资一定要有广告效益回报。因此，获得体育赞助首先就是要考虑广告客户的利益，从而得到广告企业的支持和赞助，否则只仅仅顾及自身利益是很难进行合作的。但是现今我国体育市场正处于起步阶段，市场发育不健全，以致体育广告业的发展也不平衡。此外，互惠互利原则的实行在各地也不完全一样。

体育广告的另一个重要原则是恪守诚信、与人为善。体育业务经营重要的公关活动就是要同企业保持经常联系。不管企业经营情况盈利还是亏损，也不管企业是否有广告宣传，都要与其保持密切沟通与联系。适当进行“感情投资”“以诚待人”，这样可取得企业的好感并建立相互的信任，从而为今后的业务往来打下基础。千万不能有事有人，无事无人。

2. 体育广告经营策划的基本思路

（1）广告主的选择

体育广告主的选择是有一定讲究的。选择一个较理想的目标企业对提高广告主的寻找效果有重要作用，体育经营单位在经营体育广告时必须充分考虑本身与企业的各种因素，不单单是满地寻找广告主，而是要寻找两者之间的契合点。在确定目标企业时，需要考虑以下四方面的因素：

第一，了解企业情况。根据企业目标制定出一年的体育竞赛活动计划，宣传活动的规模、方式和优惠条件；为企业提供产品需求量和需求趋势的预测资料；提供用户对产品的设计、商标、包装反馈的信息；提供竞争企业在市场上的占有率及相关信息；为企业拟定广告策略和广告计划提供合适的社会化媒体；使企业把体育广告赞助列入活动计划。

第二，企业产品与体育运动的关系。一般来说，和运动有关的企业及产品（如运动器材、运动服装、运动鞋帽等产品）、摄影器材（如内存卡、照相机等产品）、家电产品（如电视机、家用电脑等产品）以及民用和大众日常生活用品（如建材、服装、饮料、保险等产品），比较适合利用体育媒体进行广告宣传。

第三，了解企业领导人的个性心理特征及爱好。企业领导人对体育是否感兴趣、对体育运动哪些项目感兴趣、对体育的经济功能是否有清楚的认识，这对体育广告经营者能否拉到体育广告业务有直接关系。由于企业广告费开支计入产品成本且有固定的比例，故其广告费用可投入任何广告媒体来宣传其产品及企业。如果企业领导人爱好体育活动并对体育的经济功能十分熟悉和了解，上门去争取广告赞助，效果较好；否则，难度较大。对体育广告经营单位来说，注意到细致的方面对取得广告赞助是很有利的。

第四，了解企业的宣传需求。如果你想了解广告主，那就从他们的角度去看。如果你能看得越多、越深，你最终会发现：企业是精明的，他们舍得花钱，但是同时会衡量着投入和回报。对一个企业来说，它的新产品要宣传，老产品也要宣传；市场占有率低的要宣传，而占有率高的为了更有力地参加竞争，进一步巩固其原本地位也要宣传，这么做都是为了企业投资回报最大化。因此，想得到企业的广告赞助，重要的是要了解企业最需要宣传的是什么，以及用什么方式怎样宣传才对它有利。

(2) 体育广告的营销方式

营销是选择目标市场，并通过创造、传播和传递更高的顾客价值来获得、保持和增加顾客的一门艺术和科学。体育广告的营销方式有很多种，根据不同性质的体育活动，其广告招商的方式和途径也有所不同。一般说来，体育广告的营销方式主要有以下几种：

第一，招商。招商就是将体育广告资源包装策划后，向社会公开推出，征求合作伙伴。这是一种基本以自我为中心的营销手段，适合于广告价值大、水平高、影响大的体育活动。

第二，广告。在电视、报纸等新闻媒体上发布广告，推介体育广告资源，公布招商计划，或请记者写一些软性的报道，这种主动搏击市场的方式为大多数体育广告经营单位所采用。

第三，游说。人际关系在现代营销中起着不可轻视的作用。体育广告经营单位在广告营销过程中，应充分利用各种社会关系，以提高广告的寻找效率和降低搜寻成本。

第四，中介机构代理。随着市场经济的深入发展和社会分工的日益明细化，中介组织以其独特的作用在促进市场交易方面起的作用越来越大。在体育广告营销中，中介机构的作用也非常明显。

第五，行政手段。行政机构在考虑其整体利益的基础上，有时会对体育活动的广告营销给予一定的干涉，如一些具有较大社会影响力的体育赛事的举办（奥运会、亚运会、全运会等）会给举办地的社会带来重要的影响，所以政府会给予较大的支持。我国目前的体育广告营销中的行政痕迹比较明显。

第六，主动出击。体育广告经营单位在进行广告营销时，成立专门的机构和组织相关的人员，制订营销计划，并主动与目标企业联系，这是一种依靠自己力量的广告营销，这种营销方式的缺点是可能会因为运作的不规范而影响广告收益。

(3) 体育广告费用的支付方式

体育广告具体的费用支付方式须在双方签订的协议中予以明确规定，如费用支付的手段、时间，费用的形式，是资金还是实物，如果是实物，如何计算其价值等。这些必须在协议中做出明确的规定，以免在以后的广告操作中，出现纠纷。但是体育组织在广告招商中应该采取机动策略，对广告费用的支付方式要视具体情况灵活处理。

在支付体育广告费用时，要善于利用“变通”的技术。所谓“变通”就是指以较灵活的方式帮助企业解决想做广告但经费一时难以筹措的问题。当某一企业想做广告，而经费一时还支付不出，对这种情况，完全可以采取缓交或分批交纳广告费的办法给客户做广告。有时企业没有现金，愿意给产品，也可以先接受产品然后再变卖。“变通”是建立在相互信任的基础之上的相互支持和合作的一种形式。因此，“变通”是有原则的，是在政策和法律许可的范围内的“变通”，而不是违反政策原则搞不正之风的“变通”。

(4) 体育广告的回报手段

体育广告回报手段，就是指体育广告经营单位给广告主的各项权益。体育广告回报手段基本可分为以下几种：

第一，赛事冠名权和各种称号使用权。这是体育广告的主要回报措施。其中赛事冠名权影响最大，是冠名广告主的独享专利。广告主除了从签订合同起就享有赛事冠名权，在任何场合提及这一赛事时都必须使用包括广告主名称在内的全名不得省略外，一般同时还享有奖杯杯名权和向获奖者授奖权。这种方式的最大特点是广告主的名称和赛事总是联在一起。

第二，会徽和吉祥物使用权。重大赛事一般都有会徽和吉祥物。作为体育广告回报，主要是将会徽和吉祥物印在产品包装和广告上，使广告主的名称及产品直接和赛事挂钩，借此来提高广告主及其产品的档次和声望。

第三，各类广告权。体育广告权通常分为两种，一种是与回报无关，只是单一地买体育广告权；另一种是回报性体育广告权，即把各种体育广告权利作体育广告回报的方式之一，供广告主进行广告宣传。

第四，媒体曝光权。媒体曝光权主要指广告主的名称、商标、主要产品以及领导人活动（如出席开幕式和闭幕式、开球、讲话、授奖等）的电视和报纸的曝光权，其中包括曝光的时间、次数和力度等具体权利，这是影响最大、赞助者最感兴趣的一种回报。由于这种回报在很大程度上牵涉媒体的合作，因此，这种方式事先必须要和媒体协商并取得书面承诺之后方可进行。

第五，赛场专卖权。赛场专卖权就是在赛场上独家专卖主要广告、自己的产品，产品在现场推广促销，并可在赛场指定地方设立专卖柜台，如饮料、食品、纪念品等。

第六，公关活动权。公关活动权就是指广告主可以利用赛场开展公关活动。如广告主在赛场内或周围设立自己的独立展厅，以便展览供观赏和试用的产品，散发广告和推广产品，提供咨询，或接待应邀而来的代理商、供应商等；现场活动举办权，即广告主可以利用比赛休息的时间举办一些抽奖、文艺表演等活动，使消费者愉快地接受广告主的沟通意图。

第七，礼遇权。礼遇权主要是指广告主可享有不同档次的包厢和贵宾席，在赛场主要入口处拥有专用而方便的停车位，出席招待会、宴会和新闻发布会时在贵宾席入座，享有独立召开新闻发布会或记者招待会等特殊礼遇权。

（二）体育广告的经营管理

广告活动的管理包括微观管理和宏观管理两个层面，微观管理指广告发布主体对广告活动的管理，广告发布主体在广告发布过程中必须清楚与其有关的某些具体规定、行为规范、权利和义务；宏观管理指广告活动受到广告发布主体以外因素的影响，也就是指能够对从事广告活动的广告主、机构和人员行为产生监督、检查、控制和约束作用的法律、法规、社会组织或个人、社会舆论与道德等。对体育广告而言，它的发布过程同样也应进行微观管理和宏观管理。企业和体育广告经营单位在体育广告中必须严格自查，遵循国家法律、法规及有关规定，所制作的广告应符合社会道德规范。同时，体育广告的发布也受到国家有关行政部门、消费者协会等部门的监督。体育广告有着比较广泛的社会影响力，一般代表着健康、向上的形象，因此在体育广告发布过程中，必须注意它的社会影响。体育广告经营单位在体育广告发布中扮演着极其重要的角色，它既可是发布者，也可是监督者。体育广告经营单位必须在注重经济效益的同时，也要考虑社会效益，切实担负起维护企业利益和社会公共利益的责任。具体来说，体育广告的经营管理应包括以下几个内容。

1．加强广告双方的交流和沟通

在实际的体育广告操作中，许多体育广告经营单位在寻找广告商的过程中与其的关系往往是“如胶似漆”，但一旦签订合同后就“相敬如‘冰’”，这是一种短视行为的表现。体育广告经营单位与广告商的关系应该是利益共同体，只有双方进行有效的配合和积极的互动，才会实现“共赢”的结果，体育广告经营单位必须具有这种意识才能持续地赢得发展的资金。因此，体育广告经营单位和企业之间必须进行富有成效的互动和沟通。

沟通分为正式沟通和非正式沟通。正式沟通指双方通过协议建立的沟通机制进行交流和沟通，正式沟通的对象一般为比较重要的事件。非正式沟通指双方通过不定期的小范围的交流来进行协调互动。在体育广告的营销过程中，正式和非正式沟通都是必要的，只有畅通了双方沟通的渠道，才能使双方在问题处理中取得更多的共识，达成更多的谅解，取得更多的成果，从而实现最大的利益。

2. 预防隐蔽营销

隐蔽营销是从 20 世纪 90 年代开始出现的现象，而且被越来越多的公司所采用。所谓隐蔽营销就是指某公司通过其他广告和推广活动，直接减弱那些通过支付体育广告费用而获得体育广告经营单位认同的官方广告主（赞助商）的关系，企图从广告主（赞助商）那里挖走部分观众，吸引到自己那里去。隐蔽营销的本质就是不向体育广告经营单位支付体育广告费用，但寻求与体育广告经营单位的联系，从而试图迷惑消费者，使他们错误地认为隐蔽营销的企业就是比赛的官方广告主（赞助商）。因此，隐蔽营销被人们称为“寄生虫营销”，是欺诈行为。

隐蔽营销对体育广告经营单位造成的最大危害是对体育广告经营单位的体育广告资源的整合造成威胁，这使得广告主（赞助商）望而却步，使预期的收益无法实现，最终影响体育活动的顺利开展，对体育广告的筹资工作造成威胁；隐蔽营销对广告主（赞助商）的最大损害是混淆视听，使广告主（赞助商）的目标受众感到困惑，最终导致预期利益无法实现，导致企业资源的浪费。

隐蔽营销有很大的危害。隐蔽营销者虽然也花了不少钱，但却没有落在体育广告经营单位的手中，而与体育广告经营单位有正式协议的公司的利益却受到了极大威胁。更为可怕的是，它可能会诱使更多的企业参与这种高收益、低成本的营销活动。

我国对隐蔽营销的危害已给予了一定程度的重视，也采取了一些防范措施。国家工商局对赞助体育活动的企业广告用语做出了规范，国家广电总局、国家体育总局分别就电视转播管理和转播权问题下发文件，这对防范隐蔽营销起到了很好的作用。但这远远不够，还应该通过完善相应的法规对这种行为实行严格的法律监管。体育广告经营单位也要充分发挥自己的作用，积极与政府、赞助企业、传媒进行沟通和联系。在实施体育广告活动前，体育广告经营单位就应制订防止隐蔽营销的方案。对体育广告活动的过程实行有效的监控，发现隐蔽营销者应及时与之交涉，并争取有关部门的配合。体育广告经营单位应树立自身利益与广告主利益共生的指导思想，坚决打击隐蔽营销行为。

3. 处理好体育商业化与其公益性的矛盾

体育是一个具有公益性的社会事业，它对于提高人们的精神面貌、丰富人们的精神生活有重要意义，同时体育也是一种有经济价值的资源，开发体育的经济价值，对于补充体育事业经费，促进经济发展有重要作用。因此，各国的体育事业基本都走上了社会化、产业化的发展道路，通过社会集资的手段来弥补国家投入的不足。但体育资源的经济开发不应是无限制的，体育必须继续发挥它的社会价值。在开发体育的经济价值的同时，体育也必须保持它的独立性，不应被赞助商完全掌控。

4. 作好危机公关的准备

在体育广告过程中，体育广告经营单位和企业都应有危机意识，注意防范风险。在任何活动开展的过程中，都会遇到一些问题，如体育赛事因不可抗力而被迫中断、运动队因某些问题的干扰而不能正常比赛、明星代言人出现丑闻等。这些问题如果解决得好，则可保障活动的顺利开展；如果解决得不好，则会对活动造成很大危害，甚至陷入夭折的境地。

没有哪个企业愿意将自己的品牌笼罩在丑闻和非议之中，体育广告中非正常因素的出现对企业和体育广告经营单位来说都是不利的。因此，企业和体育广告经营单位都应作好危机公关准备，尽量消除潜在的负面因素。

体育广告经营单位要加强对体育活动全过程的管理，促进体育活动的顺利开展。体育广告经营单位在选择合作企业时，要选择社会形象较好、经济效益较好的企业，防止在体育广告活动进行过程中出现合作企业不能及时支付广告费用的问题。体育广告经营单位还应监督企业利用体育媒介开展的营销活动，对于企业在营销中出现的违规现象要其及时改正，甚至叫停。如果广告主在生产经营中出现了违反国家法律、违背社会道德的事情，应果断与之切断关系，防止这种不利因素影响到体育广告经营单位的形象。

在体育广告合同履行过程中，企业要加强与体育广告经营单位的沟通和交流。对体育广告过程中可能出现的问题要做出预测，并制定相应的对策和措施。一旦体育赛事、明星代言人、体育广告本身发生问题，要及时做出反应，并及时做出处理，以最大限度地减轻对社会的影响。如果体育媒介出现严重危害社会利益的行为时、要果断停止与其的联系。

经济合同是保障体育广告双方利益的关键。在签订合作协议时，应对可能发生的问题做出详细的规定，并明确双方的权利和义务。

5. 加强体育广告的法律管理

广告的法律管理在广告的宏观管理中占有重要地位，宏观管理法制化是市场经济发展的必然结果。法律管理具有规范性、权威性、强制性和稳定性。为了正常的市场秩序，促进广告活动的规范运作，保护相关方的利益，许多国家都颁布了广告法，我国也不例外。广告的法律管理是广告管理机关依据有关法规，对广告宣传和广告经营活动进行的引导和监督，其目的在于使企业合法经营、维护消费者利益、维护正常的经济秩序，并以此保证我国广告事业健康发展。

(1) 对广告宣传的管理

广告宣传是指广告客户，包括工商企业、机关团体、公民个人等为达到某种目的，通过一定的媒介或形式向社会公开传递信息的行为。对广告宣传的管理实质上是对广告客户的管理，管理的核心是保证宣传内容的真实、可靠、合法。

(2) 对体育广告经营的管理

我国的体育广告业尚处在发展和完善过程中，许多具体的管理制度、管理办法还需要进一步研究和探讨。然而，国家颁布的《中华人民共和国广告法》是体育广告经营管理必须遵循的基本法规，为了保障体育广告的正常经营活动，对体育广告的经营活动要加强管理。

第一，举办体育广告经营活动的单位必须编制体育广告经营活动计划，报省、自治区、直辖市工商行政管理局或其授权的地市级工商行政管理部门批准。大型国际比赛体育广告经营活动必须报国家工商行政管理局批准。工商行政管理部门对体育广告经营活动计划要严格审查。体育广告经营活动计划的内容包括：举办体育广告经营活动的理由和名目；体育广告的项目、费用预算总额和用途；体育广告的收费标准；体育广告宣传的具体实施方案；上级主管部门批准经营体育广告活动的函件等。

第二，体育广告的具体收费标准，应在工商行政管理部门批准的范围内，本着收支平衡、略有节余的原则，由广告经营单位与广告宣传单位协商确定。开展体育广告经营活动，应讲究效益勤俭节约，不得任意加重企业的负担。

第三，举办体育广告经营活动的单位，对广告费的收支，必须加强管理，单独核算，并按批准的计划专款专用。如有剩余，必须纳入举办单位收入总额，按国家财务制度的规定执行，不得私分或用于请客送礼开支等。广告费的收支情况，年度终了，都要编制决算报有关部门备案。

(3) 体育广告经营活动的具体管理办法

第一，经营体育广告业务，属全国或国际性的，须纳入国家体育总局年度体育比赛计划，经国家工商行政管理总局批准；未纳入年度体育比赛计划的，由国家体育总局临时提出计划，报国家工商行政管理总局核准。属地方性的，须纳入省、自治区、直辖市体育局年度体育比赛计划，经省、自治区、直辖市工商行政管理局核准；未纳入年度体育比赛计划的，由省、自治区、直辖市体育局临时提出计划，经省、自治区、直辖市工商行政管理局核准。

第二，体育广告必须由持有营业执照的体育中介服务公司或广告公司代理。外商来华广告必须由经批准代理外商广告的广告公司或体育中介服务公司代理。主办单位不得直接承办或代理外商来华广告。

第三，承办国内体育广告的代理费，不得超过广告费的10%；承办外商来华广告的代理费，不得超过广告费的15%。

第四，代理体育广告业务的单位必须严格审查广告内容，对不符合我国广告管理法规的广告不得接受。

第五，对国际体育组织在我国举办比赛活动统一承揽的广告，国内主办单位或其委托的广告代理单位必须按照我国广告法进行审查。凡不符合规定要求的，应提前通知对方变更，否则不得发布。

第六，体育比赛不得使用烟酒企业名称和商标名称冠名冠杯，个别需要使用的须经国家工商行政管理总局批准。不允许利用比赛场馆的横幅、立牌、记分牌以及比赛用的器械、成绩册、秩序册及体育宣传品以卷烟、烈性酒企业名称或商标做广告。禁止以礼品、纪念品馈赠实物为媒介做卷烟、烈性酒广告。

第七，企业赞助的广告性服装、体育器械、体育用品、纪念品等实物，只能用于体育活动，不得销售。

第八，经国家体育总局批准举办的重大国际、国内体育活动，主办单位对体育场馆原有广告可临时覆盖或迁移的，场馆及广告客户不得向主办单位索要补偿。

第九，全国性综合体育运动会，不得使用冠杯广告。其他全国性单项体育比赛，允许使用冠杯广告。

第十，体育场馆设置国内、国外广告的比例和位置要合理安排，不准用外商广告挤对国内广告。

除此之外，体育活动结束60天内，主办单位应迅速将广告费收支结算报送财政、审计机关。广告费的结余，经财政部门批准，主办单位可留作下次活动使用，或交省、自治区、直辖市级以上体育主管部门作为体育事业的补充经费，禁止挪作他用。

违反以上规定的由省、自治区、直辖市工商行政管理局及其授权的工商行政管理部门按《中华人民共和国广告法》及其他有关条例进行查处。

第二节　体育赞助的运营管理

一、体育赞助概述

（一）赞助与体育赞助

1. 赞助与体育赞助的概念

赞助一般分为教育赞助、文化艺术赞助、体育赞助、社会福利赞助、广播电视赞助、学术赞助、环境保护赞助等，体育赞助是赞助的一种形式。

对于赞助的概念，国内外学者有着不同的理解。美国桑德勒提出："赞助是企业提供资源（金钱、人员、设备、技术等），以利组织执行各项活动，并换取企业与该项活动的直接关系，以达到企业营销目标或媒体目标。"米勒汉认为："赞助是指以现金或贷款的形式进行的投资行为，该行为追求与赞助活动相关的一切可以利用的商业机会和权利。"马克威廉则认为："赞助应是一种交换过程，其中包括有形的资源（金钱、实物等）及无形的资源（地位、技术、职务等），通过交换，赞助者和被赞助者双方达到互利的关系，且不论双方在赞助过程中是主动的还是被动的，都是一种双赢的结合。"

国内学者倾向于对赞助作这样的界定：赞助是指企业（赞助者）与公益组织、机构及个人（被赞助者）之间投入（资金、实物、技术、服务等）和回报（冠名、广告、专利和促销等权利）互惠的交换关系，是平等合作、互利双赢的商业行为。

体育赞助是以体育运动为载体的赞助。施奈特认为："体育赞助是指一种商业关系，它存在于资源供给者与体育事件（活动）或组织之间，资源供给者提供资金、资源和服务，体育事件（活动）或组织便授予一些权利以及其他可获得商业利益的要素作为回报。"布鲁斯提出："体育赞助是从一个体育组织买权利（买的形式可以是现金、产品或服务），并借既定的各种活动和形象来与体育符号相联结，以追求企业的宣传和目标对象的锁定，进而达成企业的效益。"马克威廉认为："体育赞助是指企业提供体育组织、运动竞赛及运动员等所需要的任何物资，包括资金、产品、服装、器材、技术及服务等，并凭借赞助关系来达到企业营销的目的。"

综上所述，我们可以理解体育赞助的概念为：体育赞助是赞助者（企业）通过体育运动与被赞助者（体育组织）进行利益交换，以支持和回报为内容，以满足双方的需求为目的的平等合作、共同获益的特殊商业行为。

2. 体育赞助的特点

体育赞助是一种特殊的商业行为，它具有如下内涵特点：

第一，商业性是体育赞助最本质的特点，是赞助者的首要目标，是被赞助者是否受到社会认同的体现。企业以体育活动或者赛事为平台开展营销活动，形成"体育搭台，经贸唱戏"和"场内拼足球，场外忙供求"的景象。体育赞助的商业性使其更具有市场活力。

第二，赞助者（企业）和被赞助者（体育组织）共同组成的赞助整体。

第三，以支持和回报之间的等价交换为中心。赞助者给予被赞助者金钱、实物、劳务等支持；被赞助者给赞助者以冠名、促销、广告等权利为回报。以支持换回报，以回报换支持，两者进行等价交换。

第四，平等合作是对赞助者和被赞助者双方的地位和关系的界定。赞助双方拥有平等的权利和义务，又有共同的前提，因而他们彼此之间平等平权，绝无高低贵贱之分。此外，双方只有在共同建设和维护各自的形象以及共同完成赞助活动的前提下，方能做到共同获益，实现各自的利益追求。因此，只有同舟共济，才能共同获益；只有精诚合作，才能实现双赢。

第五，以共同获益为前提。赞助者不遗余力地向被赞助者提供物资、场地、经济等支持，都是为满足其商业目标而进行投资的。而被赞助者给赞助者各种回报的前提，则是从赞助者那里获得支持，以解决自身生存和发展的问题。通过赞助而各得其所，收获共同获益，这是赞助关系得以形成和维系的前提条件。

（二）体育赞助体系

体育赞助体系是由赞助方企业、被赞助方体育部门、中介方体育经纪人和传媒方构成的，它们之间有着相辅相成和利害与共的关系。只有各组成部分为一个共同赞助目标，分工明确、各司其职、密切配合，才能发挥赞助的最大效益，实现赞助的预期目标，使得参与赞助各方皆大欢喜，共同获益，实现各自的利益追求。

1. 被赞助方——体育部门

体育部门是体育赞助的被赞助方，亦即体育赞助的卖方，与体育赞助的买方，即赞助方构成体育赞助的两大主体。它是体育赞助服务的提供者，具体负责体育赞助的策划、营销、组织和实施。体育部门营销体育赞助的主要目的是扩大体育资金的来源和影响，增强体育的活力，促进体育普及和提高，满足人们从事体育活动和观赏体育比赛的双重要求，加强和社会的沟通。欲达到此目的，必须采用两种手段：一是努力加强自身建设，不断提高自身可赞助资源的档次和魅力，为营销赞助打好基础；二是力争向赞助者提供并落实尽可能多的、切实可行的、充满魅力的回报，最大限度地满足对方的利益要求。上述目的只有在正确运用必要的手段时方能实现，不能只顾目的，忽视自身建设和赞助回报工作；也不能只顾手段，一味迎合赞助企业的过分要求而扭曲目的，损害体育的尊严和自身的形象。必须两者兼顾，使之相辅相成。

2. 赞助方——赞助企业

赞助企业是体育赞助的赞助者，亦即体育赞助的买方，是构成体育赞助的另一大主体。体育赞助市场目前普遍是供大于求，属于买方市场，因而它是矛盾的主要方面。它在体育赞助中的任务是向被赞助方（体育部门）提供金钱、物质、劳务或技术等支持，换取冠名、广告、专利和促销等商业回报权利，达到扩大和加强与目标受众之间的沟通，提高企业和品牌的知名度、美誉度和顾客对企业和品牌的忠诚度等目的。同样，这也存在着正确处理目的和手段两者的关系的问题。其中最重要的是，只有既给予体育部门必要的支持，又高度尊重体育部门所肩负的职责和独立自主的地位，才能使双方的合作顺利进行，实现自身的利益追求。

3. 中介方——体育经纪人

体育经纪人包括从事体育经纪工作的个人、法人和其他经济组织。它是体育赞助两大主体之间的中介，其目的是通过中介工作获取报酬和利润。体育经纪人的主要任务是向赞助双方提供代理和经纪服务，牵线搭桥，促成赞助交易；或者作为赞助双方的代理人，具体策划、筹备、营销和运作赞助事宜。体育经纪人的构成比较复杂，有的是个人，有的是公司，有的是广告公司的一个部门；有的是专业体育经纪公司，也有的是某体育组织下属的体育经纪人。体育经纪人特别是以经纪体育赞助为主的经纪人，拥有比较丰实的专业知识、技能和经验，信息比较灵通，手段比较齐备，因而，他们无论在促成赞助交易方面，还是在提高赞助质量和效益方面都能起到很重要的作用。

4．传媒方

传媒是大众传播媒介的简称，包括电视、广播、报纸、杂志、网络、广告载体等。体育赞助如果没有传媒的大力配合、渲染，就会失去其独有的魅力而无法存在，因为体育赞助的重要优势就是信息传播力强、覆盖面广、受众数量大、效果好，而这一优势的形成和发挥都离不开传媒。传媒无论是在赞助开始前的包装和炒作，还是在活动期间及活动结束之后的传播、报道和评论，都发挥着重要作用。相反，体育赞助特别是由体育赞助所激活的精彩赛事，也为传媒的报道提供了大量的素材和机会，为丰富其报道内容、提高其声誉、增加其广告数量创造了良好的条件。

上述对象都直接或间接地指向目标受众，目标受众才是它们真正的上帝，因此体育赞助的根本任务是与目标受众进行沟通，发挥各自的优势和力量，不断扩大目标受众的队伍，为他们提供优质服务，实现沟通的预期目的。

体育赞助是企业、体育部门、中介机构和传媒四方的共同任务，为了确保赞助活动的顺利进行和保障各自责、权、利的充分体现，体育赞助的传媒方既要有明确的分工，又要有密切的合作，并且只有坚持互惠互利原则，精诚团结，优势互补，严格按照市场规则办事，才能使体育赞助活动顺利进行，才能实现预定的目标，各方的利益追求才能如愿以偿。

二、体育赞助的作用

赞助方——企业和被赞助方——体育部门构成体育赞助的两大主体，体育赞助的作用也体现在赞助方和被赞助方两方面。

（一）体育赞助对赞助方——企业的作用

1．扩大企业和品牌的知名度

体育集健身、娱乐、休闲、文化、审美、交往、感情宣泄于一体，是现代社会一种健身和休闲方式，而观看体育比赛也成为不少人日常生活的一个必不可少的组成部分，普及率特别高。因此，体育赞助在扩大企业和品牌的知名度方面效果最为显著。

2．美化企业和品牌形象

企业和品牌的形象是指人们对与之有关的文化、质量、信誉、款式、商标、包装和服务等要素的各种看法的总和，也是企业及产品的美誉度、可信度的决定性因素，因此，良好的形象是企业最宝贵的财富。当今市场竞争从产品之争、价格之争转向品牌之争，因此品牌的重要性就更加突出，强化企业及其品牌建设，成为每个企业特别是大型企业的首要目标。一个企业如果经常赞助某些体育项目或口碑和形象极佳的著名运动员、俱乐部的话，久而久之人们就会把这些体育项目、运动员和俱乐部联系在一起，自然而然地把他们的特征转移到企业及其品牌身上，从而有利于提高和巩固该企业和品牌在人们心目中的形象和地位。如可口可乐公司自身形象设计追求健身、青春、竞争、休闲、快乐、群众性理念，而体育所具有的主要形象特征是健身、青春、竞争、休闲、快乐、群众性，两者几乎形成了完全对应关系，可口可乐公司从1928年开始赞助奥运会，与体育结下了不解之缘，成功地把体育的美好形象转移到企业及其品牌形象上，成为借助体育获得成功的典范，真正实现了“哪里有体育，哪里就有可口可乐”的追求目标。

3. 促进企业营销活动

营销活动是企业赞助的根本目的，在重大比赛如奥运会、世界杯足球赛中提供赞助，赞助者比任何其他时候回报更多，名声更大，最终会大幅度增加产品销售和提高市场份额。

4. 增加广告时间

平常在电视上做一次广告，时间只能以秒计，而且价格昂贵。而在一场体育比赛中，广告的时间往往有几十分钟甚至几小时之多，据统计，一场足球比赛中场附近广告牌的出现时间累计长达7分37秒；乒乓球、网球等比赛场地四周挡板上的赞助广告出现的时间，几乎相当于整个比赛时间的一半，且广告画面多次重复出现，给人们的印象更加深刻。而一些大型比赛，无论是场地使用还是电视转播的重复率都很高，可使广告画面不断重复展现在观众面前和电视荧屏上，累计的次数和时间比单独刊登广告要多得多，效果也更好。

（二）体育赞助对被赞助方——体育部门的作用

1. 扩大体育财源，增强体育活力

赞助所得收益目前已成为国内外许多体育部门的重要资金来源之一，有助于解决体育部门经费不足的困难，增强体育部门的活力。据统计，大多数俱乐部的赞助收入占总收入的一半以上。

2. 改善体育的社会形象，提高体育的社会地位

过去所有体育机构和部门，上自国际奥委会、国家奥委会，下至地方体育机构和部门，都面临一个共同的难题就是自身“造血”功能很差，主要依靠会费、捐赠和政府财政为生，遇到重大赛事往往向商界四处化缘甚至由政府出面进行摊派，因而使其社会形象逐渐失去魅力。而体育赞助使体育从过去到处求人的尴尬处境，上升到和商界平起平坐、互惠互利的平等地位，大大改善了体育的社会形象，提高了体育的社会地位。

3. 激活各类比赛，促进运动水平的提高和竞技体育的发展

通过赞助，激活了各类比赛，使得各种类型比赛的次数大大增加。通过赞助，不但使国内许多足球、篮球俱乐部的优秀运动员增多，而且在国内举办的国际赛事也大大增加了，运动队和运动员出国参加比赛的机会也增加了，这对丰富运动员的比赛经验以及提高整体运动水平都起到巨大的促进作用。此外，通过赞助使各级运动员的收入也有了不同程度的提高，不但有利于稳定运动员队伍，而且还刺激了后备人才的培养和成长，这些都有利于运动水平的提高和竞技体育的发展。

4. 满足人们的观赏需求，促进群众体育的开展

随着赛事的增多和竞技水平的提高，观众人数也大幅度地增加。此外，赞助群众性体育竞赛活动也不断增加，这不但满足了人们对体育比赛日益增长的观赏需求，同时也促进了群众体育的开展，对群众增强体质，丰富业余文化生活都产生了积极影响。

三、体育赞助的运作

体育赞助的精髓是体育部门和企业联姻，通过支持与回报之间的等价交换，精诚合作，互惠互利，共同获益，实现双赢。所以，体育赞助的运作包括企业体育赞助和体育部门的体育赞助两部分内容，本节重点探讨体育部门的赞助运作。

体育部门的体育赞助任务是以体育赞助市场为导向和出发点，以满足赞助者的需要为目标，利用所有的积极因素，通过不断增强部门可利用产品的价值，以及供应形式繁多、具有诱惑力的回报方法，在最优地满足体育赞助者的利益的同时满足部门自身的利益需求。体育部门营销赞助的流程可分为总体策划、个案营销、组织实施和评定总结四个阶段。

（一）总体策划阶段

总体策划是整个赞助工作至关重要的一步，体育部门在实施具体营销赞助之前，首先要做好营销的总体策划工作。

1. 树立营销意识是赞助总体策划的前提

如何建立正确的体育赞助与合作目标是策划的关键。体育部门要制定明确的整体营销目标和战略，根据顾客和市场需要，全面开发自身的各项资源，提供人们满意的服务和产品，并综合运用产品、价格、渠道和促销等营销手段，最大限度地满足顾客和市场的需要。同时要以不断变化的体育赞助市场为导向，针对赞助企业的需要，通过提高自身赞助产品的价值和提供充满魅力的回报方法，来满足体育赞助者的利益追求。

2. 周密的调查研究是赞助总体策划的基础

调查研究的主要任务是多角度、多层次地对外部环境进行细致、全面的调查分析，使体育赞助的策划和决策具有可行性和实效性。

（1）企业资料

收集有可能成为目标赞助商的企业资料，并建立相应的资料库，可以根据需要做一些专项调查工作，调查方式可采用问卷、电话及面访等多种形式。调查内容应涉及企业经营理念、组织概况、资产及预算情况、有无体育赞助的经历、赞助金额、赞助方式、负责处理赞助的机构、决策程序、目前企业经营效益、企业负责人是否爱好体育及爱好的项目等情况。

（2）以往赞助资料

收集资料除了在目标赞助商上下工夫外，还应尽可能收集以往其他体育赞助的案例，尤其是成功的案例，这样不仅能学到成功的策略和经验，而且也能吸取失败的教训，更有利于发现目标赞助商，提高赞助的成功率。

（3）体育环境

由于体育赞助是以体育活动为平台，因此需要对体育环境有一个全面的、客观的了解。体育环境分为体育内环境和体育外环境。外环境包括体育政策、人们体育意识、体育消费观等；内环境包括当前体育竞技水平、球迷队伍规模、体育管理水平以及在媒体中的形象等情况。

3. 正确的战略是赞助成功的保证

体育部门的赞助营销战略主要取决于自身所拥有的可赞助资源的数量、商业价值及赞助营销目标的需要等，其中赞助营销目标主要是扩大财源，增强活力，塑造体育的社会形象，提高体育的社会地位，激活各类比赛，更好地满足人们的观赏需求，促进竞技体育和群众体育的发展，提高自身的知名度，扩大自身影响，在更大范围内与公众联系和沟通。就体育部门而言，大致有以下三种战略。

(1) 突出重点战略

这是可开发利用资源较少、高业价值较低的体育部门及其所组织的赛事所采用的营销战略。这类体育部门和赛事的情况比较复杂，尽管级别、层次参差不齐，但都有一个共同特点，喜欢人数不那么多，喜爱程度不那么热烈，因此可赞助资源不那么丰富，吸引力不大，但这些赛事也有自己的长处和优势，应扬长避短，突出重点，确定好赞助的主攻方向，选择好突破口，可在地区和行业方面集中几个与自身特点和形象有密切关系的行业。

(2) 相机行事战略

这是可开发利用资源比较丰富、商业价值比较高的体育部门所采用的一种战略。这类体育部门又可分为以下几种情况：

首先是少数民族运动会、农运会、城运会等全国性综合运动会，各省、直辖市、自治区运动会。其特点是分别属全国某一领域或本省、直辖市、自治区最高层次，包含的运动项目较多，可开发利用的资源较多，商业价值也较高。

其次是水平较高，受欢迎程度较广的全国性单项体育组织，省、直辖市、自治区热门项目及其大赛。其特点是层次较高，可开发利用资源比较集中，所包含的运动项目又多属受欢迎的项目，商业价值也较高。

最后是在国内举行的国际非重点项目单项大赛，这些项目虽受欢迎程度差，但是由于具有国际性，因而也较受欢迎。如国际风筝赛、国际龙舟赛等。

这类体育部门的赞助营销战略是相机行事，有所侧重。对于单项比赛，由于受项目局限性的影响，赞助者应侧重与自身项目有较大相关的地区和行业。对于综合运动会而言，由于其包含运动项目较多，赞助者以国内各类型行业的企业为主，兼顾外资和合资企业，规模以大型企业为主，以中小型为辅。就营销项目而言，无论是广告权、公关权、促销权等可赞助资源，还是名称、称号、标识、吉祥物等无形资产都可开发，具体实施应根据实际来侧重，因地制宜。

(3) 全方位战略

这是可赞助资源既丰富，商业价值又高的体育部门所采用的一种战略。这类体育部门又可分为以下三种情况：

第一，中国奥委会和全运会之类的全国顶级综合性体育组织和大赛（如奥运会、亚运会、全运会等）。其特点是国内层次最高，涉及运动项目最多，可开发利用资源最丰富、影响最大，因此商业价值也最高。

第二，中国足协、篮协、排协、乒协等全国比较热门的单项体育组织及全国大赛、联赛。其特点是可开发利用资源比较集中，运动项目多属国内影响最大、最热门项目，商业价值极高。

第三，国内举行的国际综合性和单项大赛，如北京亚运会、世界大学生运动会等综合运动会和体操、乒乓球、游泳等世界锦标赛。这类大赛特点是参赛者来自不同国家和地区，其影响、沟通和广告效益波及许多国家和地区。

这类体育部门的赞助营销战略应是面向全国或全世界，全方位出击。就赞助者而言，既可面向外资和合资企业，又可面向各类国内企业。对于高度热门的项目也可充分运用竞争机制，采取按行业投标的方式选择具有排他性的独家赞助者，这样获得的效益会扩大到最大限度。

（二）个案营销阶段

体育赞助个案是指单个的具体赞助方案。体育赞助个案营销首先通过策划，充分开发赞助个案的可赞助资源；通过炒作、包装和招商等方式，把赞助个案推销出去，找到合适的赞助者；通过签约把赞助关系稳定下来。因此，赞助个案营销的全过程可分为策划、销售、商谈和签订合同三个阶段。

1. 个案策划

针对个别赞助策划书的设计，策划是赞助营销的第一步，如果策划极富魅力，充满商机，富有新意，个案营销也就成功了一半。相反，如果策划无创意和卖点，即使赞助个案本身很有价值，也很难引起赞助商的赞助意向与兴趣。

个案策划分为精确策划和初步策划两种。精确策划是针对赞助成交协议已协商好但缺乏赞助经验者或有赞助意向而又摇摆不定的赞助方，可根据他们的需求并结合赛事，对原有的初步策划进一步加工，提高其针对性和独特性，吸引对方的赞助兴趣，取得更大的赞助效益。初步策划是由策划者根据赞助个案的具体情况、性质、特征而进行的框架式策划，作为统一招商流程使用。

2. 个案销售

赞助个案策划之后，紧接着就进行营销的销售阶段，此阶段主要任务是设法把个案推销出去，找到更多、更为合适的赞助者。因此个案销售有两个主要内容：一是个案炒作，二是物色赞助者。

（1）个案炒作

赛事要想得到赞助商的青睐，吸引人们的注意力，都离不开必要的炒作。通过炒作，让受众不知不觉中熟知赛事，提高赞助个案的知名度。

（2）物色赞助者

为了在浩如烟海的市场行业和企业中物色到合适的赞助者，需对体育赞助市场进行分型，包括商品类型、商品的目标顾客、消费群体、企业层次、企业的沟通风格等，在全面深入地了解赞助个案的自身特点、可赞助资源和体育赞助客户的基础上，通过对相关市场进行分解、梳理，从大到小，由面到点，由远及近地逐渐缩小范围，寻找潜在的目标市场范围，直到集中到少数与自身关系密切的行业与企业上。

3. 商谈并签订赞助合同

商谈并签订赞助合同是赞助双方正式接触的开始，其具体过程一般是当中介机构受体育部门之托，物色到赞助者之后，即邀请双方共同商谈并草签一份赞助意向合同。然后再由中介机构根据赞助双方的特点并听取双方特别是赞助方的具体要求，对策划进行深加工，力求最大限度地满足赞助双方特别是赞助方的意愿和要求。待赞助双方同意后签订正式合同，才算完成这一过程。

（三）组织实施阶段

1. 组织工作

当赞助商加入赞助计划且获得良好的反馈之后，接下来就要充分执行各项工作。组织工作是赞助个案实施的前提和保证，只有成立一个分工明确的领导班子，落实赞助中所承担的义务，必要时展开协调会来协调双方利益，才能确保赞助工作有组织、有计划地顺利实施。

首先要明确赞助实施的总负责方是谁，这主要取决于赛事的性质和营销方式。如果是大型综合性运动会，主要由官方的组委会负责；如果主办方自己营销赞助，实施由主办方负责；如果主办方把赞助营销工作委托中介方，那么就由中介方负责。

其次是成立赞助实施领导小组和办公室。由于大型赛事的赞助实施工作牵涉面广，仅依靠某一方的力量是难以胜任的，这时必须成立一个赞助各方负责人参加的领导小组，依靠各方力量，精诚合作，才能圆满地实现赞助计划和各项安排。

再次是制订赞助实施计划。根据赞助个案的总体策划和计划确立赞助实施目标，制订实施总体计划；各部门根据总体目标和计划，制订出各部门目标和实施计划；最后由组长对各部门的目标和实施计划进行审查、协调和平衡，再交付各部门分头执行。

最后定期召开相关筹备会议，以利互通信息，协调工作、解决存在的问题，保证赛事和赞助的良好运转，促进赞助关系良好发展。

2. 实施工作

（1）新闻工作

体育赞助中不可或缺的一个组织就是媒体和公众信息传播组织。新闻发布工作必须要持续不间断且高发布频率才能构建赛事和公众的桥梁。新闻发布工作内容包括赛事的起源历史、内容项目、规模大小、趣闻轶事、主要参加者的情况介绍等背景材料，即要突出重点，又要丰富多彩。同时要组织新闻发布会，报道有关赛事组织和赞助的专题新闻、定期新闻、重大新闻、宣传推广工作。围绕着赛事和赞助在媒体上组织有奖征答、答读者问、专访、科普文章等丰富多彩、引人入胜的活动和文章，进行炒作，以吸引公众的注意。还可采用海报、传单、招贴画、小册子、秩序册，甚至广告等方式进行宣传推广。

（2）落实现场广告

现场广告是赞助回报的一个主要内容，也是体育赞助效益的集中体现，因此一定要严格按照事先商定的方式、数量和质量予以落实，根据协议制订详细的、责任到人的实施计划，同时明确责任人。此外，还要和赞助者协调解决以下问题：

第一，确定各种现场广告以及诸如门票、工作服、气球、广播、荧屏字幕等回报性广告措施的品种、规格、数量、提供者、制作者、安装者、费用承担者、提供日期、保管人等事宜。

第二，确定不同广告摆放的具体方式和地点，应放在电视镜头所能扫描到的地方，以便最大限度地发挥它们的作用。

第三，比赛场地及其四周在正式开始前2～3天必须清场，即清除原来所有的广告以及带有企业标识、具有广告痕迹的比赛器材和用品，以便放置本次比赛的广告和指定比赛器材和用品，不能留有与本赛事赞助者无关的其他广告痕迹。

第四，根据协议在现场周围陈列展览商品，应明确展览台（棚）制作、安装和保管人等。

3. 赞助实施的检查监督

在体育赞助实施阶段，需要对实施的全过程进行系统的监督和检查，以确保赞助活动顺利进行。赞助实施的检查监督的具体内容如下：

第一，赞助的目标和战略：检验赞助目标和战略的现实性、完整性和可操作性，保证赞助目标和战略的可执行性。

第二，赞助策划的依据：重点检验作为赞助策划依据的、事先所进行的背景调查研究的结果是否准确、全面、充分，发现问题，及时补救，以确保赞助的总体策划不出现差错。

第三，赞助组织工作：制定详细工作表、检查监督赞助策划、实施和检查监督这三个过程的人员和组织安排是否妥当、所使用的方法是否合理等。

第四，赞助的措施：检查监督赞助各项措施的落实情况、双方履约情况、各项赞助经费分配和开支是否合理、赞助目标和战略与赞助措施之间的逻辑关系等。

上述检查监督工作的方法将策划和计划与现实情况、落实状况进行对照和比较，保障项目顺利实施。其原则是不但要及时发现问题，还要寻找原因，采取对策，并予以修正和克服。

（四）赞助效果的评定和总结阶段

1. 赞助效果评定

体育赞助效果是指通过体育赞助活动给赞助者、被赞助者、目标受众和社会所产生的效益和所起的作用。对于赞助商来说，投入大量资金是否有效益，需要通过赞助效益的评定来揭示；对于体育部门来说，赞助效益的评定也是说服企业赞助，并寻求与企业保持长期赞助伙伴关系的需要。下面介绍三种赞助效果评价方式。

（1）赞助商形象评价

采用问卷调查方法，即在赞助活动之前，针对赞助商和与赞助商主营产品、目标市场、企业规模以及实力相近的企业，调查企业的公共形象；赞助活动结束后，针对赞助商相同的项目对市场进行第二轮调查，通过比较两轮调查结果，来揭示赞助商赞助前后企业形象的变化情况。具体方法如下：

第一步确定目标企业。目标企业包括赞助商和与赞助商性质相近企业。如李宁公司是亚特兰大奥运会中国体育代表团指定装备的独家赞助商，国家体育总局运动装备中心作为寻求赞助的体育组织，要对赞助企业形象评价，就可选择耐克、阿迪达斯、锐步、康威、双星等作为目标企业。

第二步设计调查问卷。这包括两部分，一部分是问题，如“某某公司给你的印象如何”等，另一部分是对企业印象的等级评定，一般是非常满意、满意、一般、不满意、非常不满意五个等级，并赋予5、4、3、2、1的分值。

第三步确定调查对象和样本。调查对象应是赞助商目标市场的消费者或潜在消费者，样本尽可能大，小型赞助活动样本容量应不低于100人，大型赞助活动样本容量不低于1000人。

第四步确定调查的操作方式。有两种方式可供选择，一是邮寄方式，二是在消费场所由调查人员现场调查。

（2）经济效果评价

企业赞助活动能否在产品销售量上有所收益，是赞助商关心的一个重要问题，赞助商大多把赞助目标定为促进产品的销售。赞助活动促进产品销售主要有两个渠道：一是通过赞助活动获得的各种权益来提升企业形象，使更多的消费者对该产品形成好感和认同，从而有助于产品销量的增加；二是通过现场销售活动促销产品。

（3）媒体报道评价

一般来说，赞助商的赞助目标不仅是提高产品销售量和市场占有率，而且还着眼于赞助活动能否带来企业声誉和形象的提高以及广告支出的下降。因此，对赞助活动媒体报道程度进行评价十分重要。对媒体报道程度的评价主要收集三个方面的资料：一是有些媒体（电台、电视、网络、网页、报纸和杂志等）直接或间接地报道了赞助企业；二是各媒体报道的量，即报道次数的多少、时间的长短及版面的大小等；三是依据现行的市场价格计算赞助商在相同的媒体形式购买相同量的广告时段需要花费的资金总量，这样就可测算赞助商因赞助所获得的广告收益或企业广告费的下降幅度。

2．赞助的总结

赞助过程实施结束后，赞助活动进入了总结阶段，这是赞助活动不可缺少的一个环节，总结阶段主要应做好以下三个方面的工作。

（1）撰写赞助评估报告

赞助评估报告的撰写应重点论述本次活动的赞助效益，评估赞助是否成功。赞助效益应采用定性和定量相结合的表达方式。定性描述着重对赞助活动的企业效益和社会效益进行分析和评价。定量描述应包括实物赞助的数量和质量、资金赞助的总额以及服务赞助的时间、质量和人员数量。通过分析赞助效益，最终要对是否达成赞助计划中确定的目标作出实事求是的评价。

（2）召开总结会

总结会不仅要对体育组织内部对赞助计划、赞助提案、人员配置、经营管理和后勤保障等方面进行全面、系统的总结，而且还应邀请赞助商共同研究讨论对本次赞助活动的总结，并征询未来继续发展长期稳定伙伴关系的意向。

（3）建立专项档案

相关组织必须指定专门人员负责收集、归纳和整理涉及赞助活动的一切资料，包括各类文件、会议记录、传真材料和信函，以及能证明赞助效益的图片、赞助商报表、杂志、录像带、光盘等资料，这对于体育赞助研究和发展有重要的参考价值。

第九章　其他体育产业的运营管理

随着现代社会经济的快速发展，现代体育也逐渐向着市场化、商业化、产业化的方向发展。目前，现代体育已形成了具有一定规模的体育产业，涉及体育的诸多方面，有体育竞赛表演产业、体育用品产业、体育健身休闲产业、体育旅游及体育服务产业等，形成了一个相对较为完备的体育产业服务体系。

第一节　体育竞赛表演产业的运营管理

一、体育竞赛表演产业的属性

所谓体育竞赛表演产业，其必然是围绕着竞技体育这一核心来开展的，对各个体育运动项目进行相应的产业开发的结果。由此可见，体育赛事便是体育竞赛表演产业针对各体育运动项目开发出来的产品，而服务就是体育竞赛表演产业所具有的本质属性。通常来说，体育赛事规模越大、赛事水平和质量越高就会对大众在体育消费方面产生更为积极的刺激作用，从而更好地促进整个体育产业得以进一步发展。

在整个体育产业中，体育竞赛表演产业之所以能够占据重要的地位，是因为其所具有的非常巨大的社会效益和经济效益，这也使得体育竞赛表演产业占据了主体地位。为了便于对体育竞赛表演产业所具有的属性进行分析，下面主要从体育竞赛表演产业的概念、基本要素两个方面来展开论述。

（一）体育竞赛表演产业的概念

就目前来看，人们还没有对体育竞赛表演产业形成一个较为统一的概念。对于体育竞赛表演产业，不同的学者有着各自不同的见解。其中，以马国义、张庆春两位学者所做出的竞技体育的概念最为典型，也最具代表性，在他们看来，体育竞赛表演产业就是一个经济体系，是将竞技体育服务消费品的生产链条双向延伸、要素优化组合、三个效益相统一。也就是说，体育竞赛表演产业作为一个经营体系，它是将俱乐部作为实体，其基本商品就是运动员的竞技表演，而其目的便是将获得的利润最大化。由上述体育竞赛表演产业概念可知，在整个体育产业中，体育竞赛表演产业是非常重要的组成部分，且在整个体育产业中占据着非常重要的地位。

（二）体育竞赛表演产业的基本要素

对于体育竞赛表演产业的基本要素，郑立志、辛利等人做了专门性研究，认为体育竞赛表演产业是一个包含诸多环节的非常复杂的系统工程。通过进一步深入分析体育竞赛表演产业的内涵，得出体育竞赛表演产业的基本构成要素包括竞技体育俱乐部、消费者、竞技体育项目基地、竞技体育龙头项目等方面。

二、体育竞赛表演产业形成的条件

（一）基本条件

1. 体育竞赛表演产业形成的前提是体育竞赛表演产业的商业价值和竞技体育消费

在竞技体育市场中，竞技体育消费者是其中非常重要的因素。体育竞赛表演产业的发展和运营都是将竞技体育市场作为基础的。竞技体育的表演服务就是指向主体供给体育竞赛表演产业的产品。

在研究竞技体育消费市场的过程中，其关键就是对竞技体育消费需求进行研究。竞技体育市场容量的大小在一定程度上取决于竞技体育消费需求的多少。这就需要我们正确、积极地对竞技体育消费者的消费行为给予引导，并充分地满足体育消费者的各种需求，这样既能够为促进竞技体育的快速发展奠定坚实的基础，同时也能够更加明确竞技体育发展的目标。

学者卢元镇专门针对体育产业发展与体育消费两者之间的关系作了科学分析，并就此方面，有效地论证了体育产业在21世纪成为新的国民经济增长点的基本条件和可行性。针对体育消费的社会价值和经济价值等方面，学者王娜提出了在我国国民经济中体育消费将成为新的经济增长点的观点。学者李雷也综合分析和论述了体育产业与体育消费两者之间的关系，认为：体育消费是体育产业的目的和归宿，它是体育产业中生产、交换、分配的结构，同时也会对生产、交换和分配产生相应的影响；对于体育消费来说，体育产业是重要的推动力，也就是说，体育产业的兴起与发展能够很好地促进体育消费的快速增长。

就目前来说，国内外针对竞技体育价值展开的相关研究非常少。一些研究也只是研究了竞技体育所带来的直接效应，而针对其价值层面的研究非常少。而就现有的竞技体育价值的相关研究可知，这些研究的核心观点如下：

第一，对于竞技体育来说，其价值主体是运动员。

第二，目的价值和工具价值是竞技体育的主要价值表现。

第三，竞技体育价值的特点主要有时效性、社会性、客观性、主体性、一元性和多维性等。

2. 在体育竞赛表演产业中，市场经济体制是其得以形成的基础平台

自从我国的社会主义市场经济体制得以正式确立后，对于体育产业化的概念也形成了较为明确的界定。竞技体育的产业化发展受到诸多因素的影响。其中，竞技体育的消费需求和其所具有的商业价值是其中的核心和根本所在。此外，我国的社会主义基本经济体制也是其中非常重要的影响因素。我国社会主义市场经济体制的不断发展和完善为体育竞赛表演产业的发展和整个体育产业化的发展提供了非常重要的制度保障。这主要归因于社会资源在社会主义市场经济体制中得到了更为充分的利用，有效集聚竞技体育的各种需求，从而充分地发挥出竞技体育具有的潜在的商业价值。

3. 在体育竞赛表演产业形成中，产业化是其发展取向

所谓体育产业化就是指使体育事业的基本运作方式向着市场经济的基本要求方向转化。就目前的体育产业化发展趋势来说，体育产业化就是对一种观念进行更新，这也对其中的相关内容提出了具体要求。例如，体育事业应是投入与产出两者共存的有机结合体；体育部门也应该是社会福利部门，具有生产性质；将社会效益与经济效益两者综合起来，是体育部门所追求的；国家政府主管部门应将

国家投入转为国有资产，并对其进行增值和保值，从而更好地保障民间及企业对体育投入的回报和经济效益。从整体上来看，体育事业具有公共和半公共产品的性质，同时也具有营利性质，这是客观存在的。

作为一种机制的转化，体育产业化能够充分地体现出形成体育竞赛表演产业的基础条件。值得注意的是，体育发展与市场经济的运行机制和规律有着非常密切的关系。在促进体育产业发展的过程中，法律手段和经济手段是必然采用的重要手段。通过借助于市场，体育产业能够更好地增强其自身的“造血”功能，更好地为实现体育产业所具有的商业价值和应有价值提供保证。此外，政府和企业在体育产业发展中也要对各自应具备的功能加以准确定位。

（二）具体条件

体育竞赛表演产业的形成仅仅依靠上述几个基本条件是不够的，还应该具备一定的具体条件，具体如下。

1. 竞技体育需求量要满足一定的标准

在体育竞赛表演产业发展过程中，社会对竞技体育是否具备足够的需求量，这直接决定了体育竞赛表演产业以后的生存和发展情况。

通常从以下三个方面来理解竞技体育需求量：

第一，在运作方面，要保证竞技体育能够更好地实现收支平衡。

第二，要促使竞技体育的需求量能够达到更好地激发运动员的激情的程度。

第三，竞技体育需求者在受到竞技体育影响之后，开始从竞技体育观赏者转变成竞技体育参与者。

从某种角度来看，运动员与观众之间的互动性在体育竞赛表演产业中有着更为鲜明的体现。而就竞技体育消费者来说，其参与需求与观赏需求也存在着非常密切的相互促进关系，这对竞技体育的观赏需求产生了很大程度的影响。

2. 竞技体育的经济资源投入要达到相应的标准

只有在保证竞技体育在投入和产出最低量的基础上，形成一定的规模，这样才能促使竞技体育逐步发展成为独立的产业。这需要同时满足以下两个条件：

第一，要对竞技体育产生自身运行的资源整合要求进行维持。

第二，在竞技体育市场运行中，要维持必要的支出。

只有能够同时使以上两个条件得到满足，才能证明投入到体育竞赛表演产业中的经济资源是有效的。

在产业化发展过程中，竞技体育一般会表现为职业化、半职业化和非职业化三种形态。体育竞赛表演产业也能够通过这三种形态而展现出与之相对应的形态，分别是指体育竞赛表演产业中那些市场化较早，具有较强盈利能力的项目；能够对部分支出进行弥补，已初具一定的发展规模，但尚未成为一个完全独立的项目；具有相当的比赛价值，但社会需求量不高，通过进行市场化运作，尤其是进一步开拓消费市场之后，能够进行职业化发展的竞技项目。

3. 在规模和水平方面，竞技体育要达到一定的标准

竞技体育作为一个产品，从产品提供者的视角来看，只有竞技体育在规模和水平方面的表现达到一定要求之后，才能形成相对应的体育竞赛表演产业。也就是说，体育竞赛表演产业在具有相当观赏价值以及足够吸引力的同时，还要在需求方面达到一定的规模。而从消费者的角度来看，竞技体育只有达到一定的消费要求，才能够形成相对应的产业，在此过程中需要有“保守者”“成熟者”“热情者”共同作用和行为，以为促进体育竞赛表演产业健康可持续发展提供有效支撑。对于竞技产品来说，其提供者与消费者之间存在的关系可以通过图更为直观

地体现出来。

三、体育竞赛表演产业的发展模式

目前来看，体育竞赛表演产业的发展模式根据经济体制可分为政府参与型和市场主导型两大类。

（一）政府参与型模式

该类型模式主要是指由政府制定本国体育竞赛表演产业发展的具体目标，在组建和运作市场主体的过程中通过借助于多种手段来进行规范、调控和引导。采用这种模式来发展本国体育竞赛表演产业的国家有很多，如法国、日本、韩国等，这些国家都属于后发市场经济国家。

（二）市场主导型模式

所谓市场主导型模式是指通过市场主体对商业利润的不懈追求为体育竞赛表演产业的发展提供重要的驱动力，同时，不同市场主体相互之间的竞争所带来的压力和动力也是其原动力来源。一般来说，市场主导型发展模式在原发市场经济国家最为常见，其中最为典型、最具代表性的国家是英国和美国。

四、竞技体育服务业的经营与管理

（一）竞技体育服务业发展历程

竞技体育服务业主要包括职业体育赛事、商业性体育赛事、社会体育竞赛和大型综合性运动会等方面，竞技体育服务业的发展也主要从以上几个方面表现出来，具体内容如下。

1. 职业体育赛事

对于运动竞赛市场来说，职业体育赛事是其中非常重要的组成部分，很多高水平的体育赛事随着体育商业化和职业化在世界范围内的快速推广和发展，而家喻户晓，也逐渐发展成为人们日常生活中所时时关注的热点话题。目前我国的职业体育俱乐部大约有150个，在这些职业体育俱乐部中以足球、篮球、乒乓球、排球四大职业联赛为首。

从我国目前各个体育运动项目市场发展情况来看，发展不平衡现象普遍存在。详细地说，这些进行市场化发展的体育项目可以分成以下三类。

(1) 第一类

主要是指以乒乓球、足球、排球、篮球四大职业联赛为首的少数体育运动项目，这些体育运动项目市场发展的特点为已经形成了相当的市场规模，并且有着非常广泛且扎实的球迷和观众群体，受到企业界和新闻媒体的热捧。

(2) 第二类

主要是指跳水、摔跤、散打、体操等运动项目，大约占到1/3。针对这些体育运动项目进行挖掘和开发，能够进一步建立起最初的体育竞赛市场管理模式。

(3) 第三类

所占比例接近2/3，其中以棒球、举重、垒球、射击等项目最为典型。虽然对这些项目的市场化运作进行了很多尝试，但所取得的成效甚微，其市场化发展的速度非常缓慢。

2. 商业性体育赛事

所谓商业性体育赛事主要是指通过采用各种手段来对体育赛事的资源进行充分挖掘，同时进行赛事策划包装以及赛事经营实施等，从而更好地实现竞技体育赛事所具有的商业性价值，它也是竞技体育赛事的重要组成部分。在我国体育市场中，随着各类商业性赛事的加入和快速发展，体育赛事也越来越向着商业化方向转变，并且体育赛事成为一种名副其实的商品，并在市场中完成产品交换，同时也极大地为我国竞赛表演体育服务业的发展开拓出了广阔的市场空间。需要注意的是，作为一种商品，体育赛事伴随着我国不断深化的经济体制改革以及我国各种体育赛事与市场的完美结合而更好地实现了其自身所具有的价值。

这些年来，我国举办了诸多商业性的体育赛事，受到了世界各国人民的广泛关注，如F1汽车大奖赛、NBA篮球季前赛、ATP网球大师杯赛、皇马中国行等，正是因为这些体育运动项目通过商业性体育赛事的成功运作而逐步进入到了我国竞技体育表演服务市场，更好地满足我国国民观赏高水平体育赛事的需求，同时也促使我国竞技体育表演服务得到了更好、更快的发展。但就目前来看，行政主导模式是我国各类重大体育赛事市场运作所经常采用的手段，这主要归因于举国体制的影响，而就我国竞赛表演体育服务业而言，这种运作模式对其长期的市场化发展会产生诸多不利的影响。这就要求我国要对体育赛事进行积极引导，并将行政主导模式转变为市场主导模式。

3. 社会体育竞赛

社会体育赛事与学校体育竞赛、高水平的竞技运动赛事、职业体育赛事、军队体育竞赛等不同，它是大众竞技体育运动的重要组成部分。所谓社会体育竞赛是一种将身体运动作为主要的手段，在社会成员中广泛开展和自愿参与的，以衡量身体运动能力和运动技术为主要目的的身体娱乐活动。就体育活动来说，人们的参与意愿也随着我国社会经济的飞速发展和人们生活水平的提高而变得越发强烈。其中，社会体育竞赛就是一种能够使社会大众参与体育竞赛的需求得到满足的重要形式。因此，作为社会体育的重要内容，社会体育竞赛也是全民健身计划得以实施的重要载体。

通过提供各种类型的社会体育赛事服务，能够使越来越多的老百姓关注，并参与到体育健身活动之中，这为全民健身活动的开展与推广起到一定的推动作用。就目前来看，我国的社会体育赛事尚处于最佳的发展机遇时期。目前我国的社会体育竞赛项目主要有竞技类项目（足球、篮球、乒乓球、羽毛球等）、气功保健类项目（太极拳、秧歌、健身操等）、传统趣味性项目（“九子”、扯铃等）、休闲类体育项目（钓鱼等）、社交类项目（门球、家庭体育竞赛等）等。此外，在社会体育竞赛服务运作过程中，政府相关主管部门、社会和街道相关的组织、体育中介机构等是其中主要的机构。

4. 大型综合性运动会

大型综合性运动会是促进我国体育事业发展、体育竞技水平提高的重要环节，其具有推动经济发展和社会进步的多元化功能。对大型综合性运动会进一步加大市场开发力度，这也是我国社会主义市场经济发展以及体育体制改革的必然要求。

在众多大型综合性运动会中，全运会当属其中的典型代表，它的举办一部分来源于国家财政的定额拨款，另一部分来源于赛事承办地方政府的自行筹集。这些年来，各个省市承办地对赛事市场进行了积极开发，并面向社会来筹集相应的赛事资金，获得了不错的成效，在此期间很多手段得以广泛应用，如等级赞助商、赛事与活动冠名、专有权、电视转播权等。

对以全运会为典型代表的大型综合运动会加大加强市场开发的力度，促使大型综合运动会得以健康、可持续发展，这也是我国社会主义市场经济快速发展以及体育体制改革的必然要求，同时也使得竞技体育服务业得到了一定程度的发展，进一步增加了体育赛事无形资产所具有的价值并促进了竞技体育表演服务市场得以更加繁荣发展。

（二）竞技体育服务业经营管理的内容

我国竞技体育服务业的市场化运作所需要的资金，其来源一是社会和政府的资助，二是赛事承办者自身的资金。一般来说，竞技体育表演市场运营主要包括以下几个方面。

1. 组织门票收入

对于体育赛事来说，门票收入是竞技体育赛事所需资金的重要来源之一。如在奥运会、各单项体育运动赛事、各大职业足球联赛中，门票收入依然是重要的资金来源。而门票收入受到诸多因素的影响，其中最为重要的影响因素是门票价格、社会大众的体育消费意识以及社会经济发展水平。为了获得更为理想的门票收入，赛事的相关组织或部门在进行门票收入组织时，要注意以下几个方面：

第一，门票价格的设定要依据体育运动竞赛的水平和赛事级别来确定。

第二，门票价格的设定还要考虑赛事举办国总体的竞技发展水平。

第三，门票销售渠道的选择要充分考虑体育市场的需求情况。

2. 出售媒体转播权

大型运动竞技市场经营和管理的重要内容之一，就是媒体转播权经营，同时也是资金来源的一个重要渠道。现代大型的体育赛事具有较大的赛事规模、较高的竞技运动水平和较好的观赏价值，这对世界各国人民都形成了巨大的吸引力，因此，当赛事举办时往往会吸引到世界各国数亿甚至数十亿的电视观众来关注此项赛事。通常情况下，体育竞技媒体的转播权包括电视转播权、广播电台转播权和互联网转播权，而电视转播权在其中占据着主导地位。

竞技体育由于现代网络的快速兴起和发展受到了社会各界越来越多的关注。为了获得竞技体育的转播权，各个电视机构之间的竞争日益激烈，这使得电视转播费受到积极的刺激而在一定程度上得以快速增长。1936 年第 11 届奥运会开始电视实况转播，随着 1964 年东京奥运会利用地球卫星开始全球直播，电视转播权的售价不断上升，并成为奥运会最主要的经济支柱。就整个奥林匹克运动来说，在 1993～1996 年期间，获得总收入为 25 亿美元。其中通过出售电视转播权获得的收入占到 48%；通过赞助获得的收入占到 32%；门票的销售收入占到 10%；通过颁发纪念邮票、纪念币、许可证等其他方式获得的收入占到 10%。之后，随着奥运会的举办，获得的电视转播权收入越来越高。对于职业体育俱乐部来说，通过出售电视转播权获得的收入要高于门票收入。对于竞技体育市场来说，电视转播权等媒体收入的快速增长，进一步刺激了其发展和繁荣。而就整个体育服务业发展走向来说，在体育竞赛表演市场经营过程中，媒体转播权占据的位置显得尤为重要。

3. 开发运动竞赛的无形资产

无形资产是指不具备实物形态的经济来源或资产。而从某种层面来看，无形资产是一种重要的体育经济资源，能够带来更多的经济效益，同时能够更好地补充企业所获得的经营收入。无形资产产生经济效益的原理是将无形资产转化为有形资产。对于体育运动竞赛来说，其有着很多能够进行开发的无形资产，其中，体育竞赛的名称、吉祥物、会标、图案和标志等是较为重要的。通过竞拍、招标等方式来最大程度实现体育运动竞赛无形资产所具有的最大价值是对体育赛事无形资产进行市场开发所经常采用的手段。

4. 赞助与广告经营

在体育运动竞赛运营管理方面，赞助和广告经营也是其中非常重要的组成部分。在体育运动竞赛中，其广告业务涵盖了很多方面的内容，其中最为常见的有体育竞赛的秩序册、赛场通讯、各种宣传物品、体育竞赛成绩册、体育运动竞赛赛场内外的广告牌等。从运营方式来看，体育运动竞赛的运营形式主要有两种：一是自主运营，另一种是向中介公司委托代理。

就本质而言，赞助与广告经营实质上是对广告特许权的经营。也就是说，为体育运动赛事寻找相关广告赞助商的经营活动。越来越多的大型企业都通过争取为体育竞赛提供赞助来获得更高的知名度，从而进一步宣传、推广、促销自己生产的产品，以获得更多的商业利益。体育竞赛表演在宣传方面具有独特的效果，能够帮助企业通过广告和赞助来达到对自身企业进行宣传的目的，这也吸引了更多的企业来为体育运动竞赛提供高额的赞助费用。

5. 发行运动竞赛纪念品

在体育运动竞赛中，常见的可以用来进行开发的纪念品有很多种，如会徽、纪念邮品（包括纪念邮折、纪念邮票等）、纪念章、电话磁卡、吉祥物造型、纪念磁卡、纪念金币等。

在开发和运营体育运动竞赛纪念品时，常采用的形式主要有以下几种：

第一，通过体育竞赛组委会进行自行运营与开发。

第二，通过向其他商家企业进行委托和合作来进行运营与开发。

第三，通过出让许可证的方式来吸引有意向的商家企业来进行运营与开发。

采用以上几种方式来开发相关纪念品之后，通过进行相应纪念品的销售，能够获得较为可观的经济效益。在此过程中要特别重视体育运动竞赛纪念品的定价以及销售，要尽量多地采用各种渠道和策略来进行销售，从而获得更好的经济效益。此外，在对纪念品进行销售的过程中，要充分考虑纪念品本身所具有的精神价值，既可以在体育赛场周围进行销售，又可以在体育赛事举办地所在地区进行销售，同时还可以在其他地区以及其他的国家来进行销售，通常采用多种销售方式，来将销售利益最大化。此外，在对体育赛事纪念品进行开发和运营的过程中，还要综合考虑对市场定时决策的分析与研究，以制定出与实际相符合、易于操作、可以实施的策略。

第二节　体育用品产业的运营管理

一、体育用品产业概述

体育用品即为用于开展体育活动并且具有一定体育特性的各种物品的总称，其与人们体育活动的开展具有密切关系。体育用品制造业在我国 20 世纪 50 年代就开始兴起了。改革开放以来，我国经济社会得到了快速发展，人们的体育需求不断增长，从而使得体育用品的生产不断扩大。

在狭义上，体育用品是指那些以运动训练实际为基础制造出来的、服务于运动竞赛和训练的消费品。这类体育用品有着严格的质量要求，需要达到运动规则规定的标准，并且有相关质检部门和体育运动机构对其进行检验、认真认证。广义上的体育用品则是指那些用于体育活动并且符合体育活动要求的那些生活消费品的总称。其不仅包括狭义上的那些体育用品，还包括体育健身和休闲等体育活动中所使用的体育用品。

体育用品制造产业是生产对接相互竞争的体育用品的企业的集合。我国国家统计局、国家体育总局共同制定了《体育及相关产业分类（试行）》，该标准对我国的体育用品进行了分类，体育用品制造业分类见表9—1。

表9—1　体育用品产业分类

类别名称	层次名称
体育用品制造	球类制造
	体育器材及配件制造
	训练健身器材制造
	运动防护用具制造
	其他体育用品制造
体育服装及鞋帽制造	纺织服装制造
	制帽
	橡胶鞋制造
	塑料鞋制造
	皮鞋制造
体育相关产品制造	游艺用品及室内游艺器材制造
	绳、索、缆的制造
	皮箱、包装制造
	茶饮料及其他软饮料制造
	机械化农业及园艺机具制造
	汽车车身、挂车制造
	脚踏自行车及残疾人座车制造
	车辆专用照明及电气信号设备装置制造

二、体育用品产业的发展现状

（一）行业现状

1. 我国体育用品产业的经济运行现状

近年来，我国体育用品行业保持着不断增长的势头。与发达国家相比，我国的体育用品行业增加值占GDP的比例相对较低。我国体育用品行业整体规模在不断扩大，具有较大的市场发展潜力。

目前，我国体育用品产业主要集中在东部沿海发达地区，我国大部分体育用品都由广东、福建、江苏、浙江和上海等省市生产。2014年的统计资料显示，我国的体育用品企业有近千家。从2014年开始，我国体育用品企业和从业人数呈下降趋势。这表明我国的体育用品产业正处于调整发展时期。在所有体育用品行业中，运动服装和运动鞋企业呈下滑趋势，而球类和健身器材则呈快速增长趋势。

2. 我国体育用品产业的品牌现状

2013年是我国体育用品产业十分艰难的一年，在这一年我国各大体育用品生产商的营业收入出现了不同程度的下降，各大品牌都出现了大幅度的关店现象，我国体育品牌的销售额和利润都出现了一定程度的下降。

（二）我国体育用品产业市场格局分析

1. 我国的GDP总量及其对体育用品市场的影响分析

多年以来，我国的GDP增速一直处在较高的增长水平，经济发展总体趋势良好，发展速度较为稳定。我国经济的良好发展态势缓解了世界经济整体发展疲软的现状对我国造成的冲击。体育用品行业属于第二产业，几年来我国第二产业保持着较高的增长率。体育用品产业的发展在很大程度上取决于第三产业的发展。我国第三产业的发展势头良好，体育赛事和健身活动水平不断提高，这刺激了人们对体育用品的需求。

2. 我国体育用品行业进出口情况分析

近年来，虽然我国的进出口贸易波动较大，但是仍然保持着增长的势头，只是增速相对较慢。我国体育用品品牌的国际影响力相对较小，在这一现状下，不利于我国体育用品品牌的国际化拓展。而很多国际品牌不断涌入我国，增加了国内体育用品市场的竞争。

3. 我国体育用品产业的行业竞争结构分析

2010年之前，我国的体育用品产业获得了快速的发展。但是，2010年以后，行业成本上升，增速放缓，同时行业间的竞争加剧，从而使得市场集中度逐步提高。经过这一段时间的发展，我国各体育用品品牌建立了完善的生产和销售网络，知名品牌的市场占有额不断上升，而小企业的生存空间越来越小。现阶段，我国体育用品的新行业集群效应明显。调查显示，我国的运动鞋企业主要集中在福建晋江、广东东莞、浙江慈溪、江苏昆山；而运动服装行业主要集中在福建石狮、广东中山、浙江海宁；运动器材主要集中在浙江富阳、苍南、江苏泰州以及河北的沧州；篮、排、足球用品主要集中在上海、天津、浙江奉化以及福建的长泰和永林等地。

（三）我国体育用品行业面临的市场前景分析

受到2008年北京奥运会的影响，我国的体育用品产业在21世纪的头十年实现了快速的增长。但是在快速增长之后，也经历了发展的衰退期。而其后一段时间，随着一些重大体育赛事的举办，以及我国全民健身运动的开展，我国体育用品产业的发展将迎来新的发展机遇。

1. 我国体育用品产业面临的优势

（1）经济环境优势

近年来，我国的金融环境不断发展成熟，这为民营企业的发展提供了良好的融资环境。我国的大多数体育用品企业均为民营企业，这促进了其更好的发展，我国一些知名的体育用品企业都相继在各地上市。

（2）潜在的市场需求优势

体育用品产业的发展受到市场需求变化的影响。我国人口众多，并且居民人均收入和人均消费支出都在增长。另外，人们的健康意识也在发展，体育消费不断增多。在城市化发展过程中，体育场馆和体育设施不断增加。总而言之，我国体育用品市场需求将不断增加，这无疑能够促进我国体育用品市场的快速发展。

（3）产业基础优势

我国体育用品产业的发展与欧美国家相比具有较大的差距，但是我国体育用品产业也有自身的产业基础，具有多方面的发展优势。近年来，我国体育产业集群已初步形成，形成了一些国家级的体育产业基地，包括：广东深圳国家体育产业基地、成都温江国家体育产业基地、福建晋江国家体育产业基地、北京龙潭湖国家体育产业基地、浙江富阳国家体育产业基地、山东乐陵国家体育产业基地和江苏昆山国家体育产业基地。良好的产业基础优势为我国体育用品产业的发展提供了便利的条件。

2. 我国体育用品产业面临的劣势

（1）技术劣势

现阶段，我国体育用品产业的技术劣势逐渐凸显，这与国外体育用品企业具有较大的差距。高科技含量的体育用品在市场中更加具有竞争力。近年来，我国各大体育用品企业不断增加在科研方面的投入，但是其投入占营业收入的比例仍然较低，技术含量方面的劣势在一定程度上阻碍了我国体育用品产业的发展。

（2）人才劣势

现代市场竞争即为技术和人才的竞争。体育用品产业同样也不例外。各项技术的开发离不开人才的努力。而现阶段，我国高素质的专业人才相对较为缺乏。

3. 体育用品产业面临的机遇和挑战

（1）赛事全球化带来的机遇

体育赛事的全球化在一定程度上促进了我国体育产业的发展。人们在观看相应的体育比赛时，赛事方面的消费支出就会增多，对于体育用品的需求也会增多。一些大型赛事中，赛事特许经营商品的迅速增加，促进体育用品产业的快速发展。

（2）企业国际化发展带来的机遇

目前，我国体育用品出口的国家数超过世界一半以上的国家，并且保持在相对较为稳定的范围内。目前，我国体育用品企业主要通过在国外设立分公司、邀请国外知名明星代言、赞助国外体育赛事等方式来促进体育用品的国际化发展。例如，李宁、匹克、安踏等品牌都曾与 NBA 篮球运动员签约，通过明星代言来增加自身的知名度。

（3）劳动力比较优势带来的挑战

近年来，随着我国经济社会的不断发展，我们的劳动力成本也在不断提高。这使得我国体育用品代工生产的优势逐渐降低，一些国外的企业不得不将生产工厂转移至劳动力成本更低的国家。近年来，我国体育用品产业的贸易竞争指数呈现出下降的趋势，表明了我国体育用品产业比较优势的逐渐降低。

（4）全球化发展带来的挑战

近年来，随着我国市场的不断开放，大量国外的体育用品品牌占领了我国的体育用品消费市场。国外的体育用品企业耐克和阿迪达斯长期占领我国中高端体育用品市场，而我国的体育用品企业长期在中低端市场发展。我国体育用品产业发展时间相对较短，在与国际知名品牌竞争过程中处于不利地位。要想更好地应对国际企业的挑战，应加大自身的科研和技术创新，促进专业人才的培养。

三、体育用品产业经营与管理的策略

（一）积极打造体育用品的品牌

近年来，人们逐渐认识到了品牌的重要性，通过不断打造国际知名的品牌，能够更好地促进产品的销售和推广。通过打造优秀的体育用品品牌，树立自身的品牌文化，能够在竞争中树立品牌优势，从而更容易获得消费者的认可。

现阶段，我国体育处在相对较高的发展水平，但是体育用品和品牌文化并没有取得较好的优势。为了提升体育用品的竞争力，应注重品牌的打造，管理者应树立良好的品牌意识，创建属于自身的品牌文化。

（二）体育用品的个性化发展

现代社会注重个性的发展，人们在各个方面注重自身的独特性，张扬个性是现代人的重要特点。体育用品方面，人们也在追求个性化。在体育用品企业推出一些新产品时，应注重消费者的积极参与，尤其是商品的设计和创意方面。体育用品的个性化发展是体育用品发展的必然趋势，企业应充分注重消费者的需求，适应消费者的购买心理。

（三）体育用品企业营销手段的网络化

现代社会被称为“网络社会”，网络将世界各地的人逐渐联结在了一起。体育用品企业在进行营销时，应注重手段的网络化。大数据、云计算等是网络时代出现的重要思维和手段，能够对消费者的偏好进行分析，从而为消费者提供更好的商品和服务。通过利用现代化的营销手段，能够拉近与消费者之间的距离，开展精确营销，从而提高营销效果。

（四）体育用品产业结构的优化对策

1．政府加大支持力度

我国体育用品产业起步较晚，而随着我国改革开放的不断深入，一些国际品牌不断涌入我国，使得我国的一些品牌遭受了较大的冲击。为了推动体育用品产业的发展，我国应积极营造良好的外部政策环境，为企业的发展创建良好的金融和财政政策环境，促进我国企业自我发展能力的培养。

我国确立了社会主义市场经济体制，在此基础上应积极完善和规范市场环境，促进市场竞争的有序开展；应推动市场在产业结构调整和资源配置中的基础作用，推动我国企业积极开展现代企业改革，不断提升自身的竞争力。

2．提升专业化水平

体育用品企业在发展过程中，应积极转变自身的经营管理思想观念，推动自身运用管理的科学化发展。中小企业应积极壮大自身，加快专业化分工，积极推动技术创新。中小企业灵活性较强，能够开展弹性经营，对于市场需求具有较强的适应性。中小企业应围绕体育用品产业的产业链条形成高度专业化的分工、协作，充分发挥自身的专业技术、原材料等方面的优势，促进生产效率的提高。

3．加强技术创新

中小企业应积极进行技术创新，多采用一些新的工艺和新材料。应促进体育用品向着技术密集型和资本密集型方向转变，增强自身在市场中的竞争力。

4．加强合作

面对日益激烈的竞争，中小企业应加强合作，促进品牌优势和资源优势的合理配置，增强相互之间的合作，从而营造规模效应。

第三节　体育健身休闲产业的运营管理

一、体育健身休闲产业概述

（一）体育健身休闲产业的内涵

体育健身休闲产业是休闲产业结构构成中一个最为基础的组成部分。体育健身休闲产业是指向人们提供设施、物品、服务等，并使人们的休闲体育消费需求得到满足的组织集合体。从某种层面上来说，体育健身休闲产业就是将满足人们休闲体育需求作为目的的产业。其概念主要包括以下几个方面内涵：

第一，在体育健身休闲产业中，休闲体育服务和休闲体育用品是两种主要的产品。

第二，通过向人们提供相应的休闲体育产品，体育健身休闲产业能够实现休闲体育消费，这也说明了体育健身休闲产业所提供的产品具有明确的指向性。

第三，对于休闲体育产品，人们通过支付一定的费用来进行购买，从而使自身的休闲体育需求得到满足，这一过程就是休闲体育消费。

第四，同其他体育方式不同的是，休闲体育具有一个比较特殊的属性，在休闲体育产品生产和提供方面，体育运动便是其中的基本方式和基本手段。

（二）体育健身休闲产业的基本特征

从产生到发展至今，在人们的日常生活中，休闲体育成为其中重要的组成部分，并经过不断地发展逐渐形成了一个相对较为完善的休闲体育文化产业，这也是现代社会经济与现代体育共同发展的结果。通常来说，现代体育健身休闲产业主要包括以下几方面的基本特征。

1．消费者特征

（1）年龄

对于参与休闲体育消费的群体来说，处于不同年龄阶段的消费群体有着各自不同的消费特征，这主要从以下几个方面体现出来。其一，在休闲产品消费方面，不同年龄阶段的人，其消费的侧重点也存在较大差异。对于青年人来说，由于具有较强的冒险精神，追求刺激的体验，往往会选择那些具有较大的运动强度、激烈的娱乐活动；而对中老年人来说，他们更喜欢选择那些运动量相对较小的活动。其二，对于同一消费者来说，在不同的年龄阶段所表现出来的消费特征也存在较大的差异。美国经济学家F·莫迪格利安尼认为，人的一生中消费特征在不同的年龄阶段也是不同的，并且将人的一生划分为少年、壮年、老年三个阶段。在进入壮年之后，消费后剩下的收入，一部分用来偿还之前欠下的债务，另一部分储存起来，以用来应对以后老年阶段的开支。这一学说被人们称为“生命周期假定”。从这一学说来看，人在壮年时期的收入高于消费，也就是说已经具备了在休闲体育方面满足消费需求的经济基础，因而成为体育健身休闲产业所重点关注的群体。

（2）性别

在休闲消费中，性别也是一个非常重要的影响因素，这主要体现在以下两个方面。一是在休闲体育消费方面，男女消费者有着不一样的消费重点。由于男性消费者要比女性消费者具有更强的体力，因此男性消费者所选择的消费项目往往倾向于具有较强的刺激性和激烈性。二是由于社会角色的不同所产生的收入、职业差异。与女性相比，现代社会中男性在收入、职业、地位等方面的平均水平要好一些，这也造成了在休闲体育消费项目和领域方面，男性的需求与选择面大于女性。

（3）文化程度

作为一种文化活动，在休闲体育中所进行的各种消费，其实是一种文化消费。所以，在休闲体育消费方面，人的文化素养往往会产生很大的影响。通常来说，具有较好的文化素养和较高文化水平的人，能够正确地认识和理解休闲体育所具有的功能和意义，从而在参与休闲体育活动方面的兴趣往往也会提高。而对于文化水平相对较低的人来说，由于对休闲体育所具有的积极意义无法形成一个正确、全面的认识和理解，必须要对这类人群加以科学引导。

（4）职业

从某种程度来说，一个人所从事的职业决定了其在这个社会中的地位。此外，职业也决定着工作量的大小、收入水平、生活特点和闲暇时间。通常来讲，对于具有较大工作量的人来说，他们往往会选择一些较为轻松的娱乐项目；与体力劳动者相比，脑力劳动者往往具有更多的娱乐兴趣。

（5）健康状况

休闲消费在一定程度上能够很好地缓解疲劳，促进体力的恢复，但所有的消费项目都会消耗一定的精力和体力。对于身强体壮的人来说，可以选择自己所喜欢的任何一项休闲体育项目；而对于年老体弱的人来说，必须要根据身体健康状况，在身体能够承受的范围内选择娱乐项目，从而达到防病治病、延缓衰老的目的。

2. 休闲需求特征

（1）时间性特征

由于受到休闲时间的限制，人们的休闲需求往往会呈现出明显的周期性特点。在我国，节假日期间往往成为人们休闲需求较为集中的时段，在这些节假日期间往往会出现消费高峰期，即所谓的“假日经济”现象。事实上，“假日经济”是我国休闲竞技的一种特殊表现形式。一方面，为了更好地刺激社会经济快速增长，扩大内需，政府往往会采用宏观调控的方式来增加社会成员时间；另一方面，国家通过对职工工资标准进行上调，促使居民的购买能力得到提高，再加上消费观念和消费方式的转变，休闲经济现已成为一种消费趋势。

此外，我国缺少带薪假期，在休闲时间方面，消费者缺少自主选择能力，因此假日成为人们较为集中的休闲活动时间，假日消费是日常消费在时间上的转移。另外，由于休闲长期得不到应有的重视，再加上经济相对较为落后，这就造成了休闲产品的供给较为单一，需求方面也缺乏多样性，这也就造成了在假日经济中，旅游活动成为其中全部的主题。

（2）时尚性特征

从某种层面来看，在现代社会中，时尚是一种经济现象，通过它能够很好地反映出消费者收入水平的提高以及社会生产工艺技术的进步。此外，时尚也是一种心理现象，能够很好地反映出消费者心理和精神方面的需求，如消费者自我表现、求美求新、渴望变化等。休闲需求指向人的非生存性资料，同时受各种社会文化思潮的影响，追逐于时尚成为体育需求的一个特征。

（3）个性化特征

体育需求的个性化主要从以下两个方面表现出来：

其一，休闲消费是人们为了满足自身非生存需求（如个性展示和自我发展等）的各种活动的总和，主体自身因素会对其产生较大的影响，因此在休闲体育项目消费和时间消费方面，都会表现出较强的异质性和个体性特征。

其二，对于休闲组织来说，其所提供的产品、品牌、服务等只有具有鲜明的个性，使消费者的休闲需求得到满足，才能赢得主动，获得发展。

（4）层次性特征

休闲需求是指具有强烈的购买欲望，就个体的休闲需要来说，他是在受到各自不同经济条件的影响和限制下而形成了各种不同层次的休闲需求。此外，在相同的经济条件下，由于消费者在兴趣、爱好、文化素质等方面存在差异，也会使他们的休闲需求产生明显的层次性。一般来说，休闲体育需求包括两个层次，即现实需求和潜在需求。只有在一定经济条件的支撑下，才能将潜在的需求转化为现实需求。就结构而言，休闲体育需求主要由五个方面构成，分别为活动需求、体验需求、环境需求、满意需求、收获需求。其中，休闲体育需求的终极目标是满意需求。就拿钓鱼来说，钓鱼是一种休闲体育活动，而其环境可以包括池塘、绿树、草坪、座椅、太阳伞等，整个过程是一个体验过程，钓上来的鱼是一种收获，从而使垂钓者在精神上能够获得一定程度的满足。

3．产品经济特征

（1）生产与消费的不可分性

从时间和空间上来看，休闲体育产品的生产和消费是不可分离的，即生产与消费的不可分性。对于休闲体育产品来说，其具有不可储存性，只能在一边生产的同时，一边进行消费，如健身锻炼、球类运动的消费，在时间和空间上脱离了与生产环节的同一性，这就很难真正、充分地实现其所具有的价值。

（2）休闲体育产品生产要素供给弹性的特殊性

休闲体育产品价格的变动对其供给量变动所带来的影响的程度，即休闲体育产品生产要素。

其一，劳动力的供给弹性系数小于1。这里所说的劳动力主要指的是休闲体育产品的生产者，如健美运动中的教练、球类运动的教练等。这些人往往掌握了很多特殊知识和专门的技能，当这种劳动力的价格开始上涨之后，它的供给量很难在短时间内做出相应的调整。就拿已故的健美操教练马华来说，就目前来看，很难找出能够与之相媲美的人，由此可见，这些人的供给弹性无限接近于0，不管其价格发生怎样的上升变化，它的供给量却不能有所增加。这也就要求休闲体育相关企业要对相关的休闲体育人才加强培养，重视人才，尤其是对那些有着特殊贡献的高层次人才，更应该给予重视。

其二，娱乐场馆场所的供给弹性系数小于1。娱乐场馆场所主要是指健身房、运动场馆等。就生产技术和管理的层面来看，这一类要素具有生产周期很长，并有着很高的技术含量，在其价格出现变化之后，在生产和供给方面的调整和增加有着很高的难度，这也就是说娱乐场馆场所的供给弹性系数要小于1。当娱乐场馆场所的供给出现变动的幅度要远远小于其价格变动的幅度，就需要我们做出统筹规划，合理布局场馆场所，从而更好地避免以后出现浪费和闲置等情况。

其三，一般运动器材的供给弹性系数大于1。一般运动器材主要包括运动服饰、球类、健身器材等，这些都是价格不高的休闲体育产品，具有生产周期短、技术含量相对较低的特点。而从生产技术和管理的层面来看，当价格出现变化之后，这些要素的生产具有较小的难度，它的产量往往高于价格变化的速度，因此一般运动器材的供给弹性系数要大于1。

(3) 休闲体育产品生产要素的替代弹性较大

所谓休闲体育产品生产要素的替代弹性是指当休闲体育产品的一种生产要素在价格方面发生变动之后，其与另外一种生产要素之间相互替代的变动率。对于休闲体育产品来说，大部分的生产要素都具有较大的替代弹性。当其中的一种生产要素在价格方面发生变动后，可以通过另外一种要素来进行替代。例如，当健身房房租费用、健身器材等价格过高时，人们往往会选择使用一般性的运动器材，或者参与一些徒手运动，如散步、跑步、打太极拳、练气功等，以上这些特征也充分说明，健身房、健身器材等生产要素的提供者，在针对产品制定价格策略时，不能将这些要素的价格制定太高，要不然就容易造成“为渊驱鱼”的后果，从而导致消费者寻找价格相对较低的替代品。

(4) 休闲体育产品具有最终产品的性质

在休闲体育产品中，劳务形态也包含其中，它所具有的价值很大一部分是由劳动的消耗组成的，运动器械等投入品在这个行业中所占据的比重相对较小。这也使其具备了中间投入率小的特点。另一方面，休闲体育产品被其他产业作为投入品（原料）的比例小，人们往往为了满足最终的消费需要来购买休闲体育产品，这也使得休闲体育产品具备了最终产品的性质。

（三）体育健身休闲产业体系构建

体育健身休闲产业是休闲产业中一个非常重要的组成部门，它主要包括休闲体育用品产业和休闲体育服务产业。

休闲体育用品产业是指在休闲体育产业中从事休闲体育用品、设施、设备、服装鞋帽等生产的组织，共同为了更好地实现休闲体育活动得以顺利开展而组成的一个集合。

休闲体育服务产业由诸多产业构成，较为常见的有体育健身产业、体育赛事产业和体育旅游产业。体育健身产业是指从事各种户内和户外健身产品提供的组织，体育赛事产业是指从事体育竞赛表演等观赏性产品提供的组织，体育旅游产业是指从事体育运动为主要内容的旅游产品提供的组织。

二、体育健身休闲产业产生与发展的条件

（一）现代社会消费价值观的建立

世界上最早出现消费社会的国家，当属美国。从需要理论来看，马斯洛将人的需要划分成了生理需要、社会需要、安全需要、尊重需要和自我实现需要五个不同的层次。对于这五个层次来说，彼此之间是有级别划分的。对于很多人，特别是比较理性的人来说，只有在满足了衣食住行等基本需要之后，才会增加在娱乐、休闲等精神享受方面的需求。在休闲消费过程中存在着一种必然的毋庸置疑的现象，那就是人们需要投入一定的时间和财力。此时，如果大量地生产物质产

品，尤其是生活必需品，那么势必会造成供大于求的现象。对于人的精神需求，主要从以下两个方面表现出来：其一，人对自身自由价值进行实现的需要。其二，根据当前的社会关系等进行计划、结构化的符号编码的精神产品需要。

以上两个方面的消费能够促使人们在社会中的地位得到不断提高，能够更好地促进人们加强实现自我价值程度，换句话说，就是通过进行以上两个方面的消费，人们就会产生一种消费品位或消费档次提高的意识。

（二）个体自由本质实现的需要

在古时，由于当时社会生产力水平较低，为了生存下去，人们仅凭自身力量是远远不够的，这就需要依赖于集体的力量。对于个体而言，机体存在和发展的过程就是使自身的主体性进行不断弘扬和强化的过程，是不断丰富自身生活以及系统整体化的过程，也是使自身才能得到不断突破、使自身本质力量和创造性得以充分体现的过程。

人的主体性主要表现为积极主体性和消极主体性需要。积极主体性需要主要从创造性、积极性和主观能动性方面体现出来。消极主体性需要主要从公平、安全、信仰、舒适、尊严、善恶、自由、个性等方面体现出来。由于人的生存和发展中必然会产生生产和消费行为，因此人的积极主体性需要是生产需要的主要体现。事实上，对于消费的需要，其也是消极主体需要的本质。通过消费这一行为，人们既能够使自身的基本生存得到满足，同时又能将“自由”这一人的重要属性实现。所以说，实现自由是人们幸福的前提条件。

但在现实中绝对享受幸福和自由是无法实现的，这就使得人们将这一期望寄托在体育和艺术上。人体通过参与休闲活动来获得自由，其中体育活动和艺术活动就是主要的参与形式。就体育来讲，其形式是丰富多彩的，既包含了奥运会比赛中的正式比赛项目，同时也包含了很多民间体育活动。

（三）市场经济体制是前提条件

休闲体育活动的产生和发展是体育健身休闲产业得以产生的基础阶段，这非常符合现代市场经济发展的逻辑。同其他一般产业部门追求相同，休闲体育产品提供者也是将利润最大化作为终极追求的目标。休闲体育产品的产生是以休闲体育服务劳动分工作为基础的。而休闲体育能够持续不断地促使休闲体育服务劳动和地域分布得到深化，对休闲体育经济的发展提供必要的支撑和导向作用。

只有在市场经济体制下，体育健身休闲产业才能真正体现出产业特点，众所周知的是，要促使资本得以持续不断地增值，这对于休闲体育资本来讲也同样如此。休闲体育经济和相关产业的发展同样需要不断增值资本。休闲体育资本的增值主要表现为，在广阔的休闲体育领域中积极寻找投资和融资的机会，以此来获得更大的价值量。从某种意义上来讲，休闲体育资本是一个非常大的开放系统，它将休闲体育囊括其中。休闲体育资本从某种角度来说，是一种导向力量，它能够实现休闲体育经济结构的转变。

（四）休闲时间充裕与收入的增加

休闲是指除了物质生产过程之外的活动，休闲时间的多少取决于社会生产力的发展程度。在社会发展的各个不同时期，社会生产力的发展水平在很大程度上决定了休闲时间的具体差异。在进入资本主义社会以前，为了更好地维持社会的生存和发展，需要投入更多的时间和更多的人力，这就需要人们利用这些时间进行采集、狩猎、耕作，这是为了满足社会生存需要所必需的。这就造成了人们几乎没有多余的时间去享受休闲的生活方式，在休闲消费方面也是非常少的，也只有当时的帝王将相和皇宫贵族才会有多余的时间来享受休闲生活。

进入工业社会之后，社会劳动生产率由于蒸汽机等动力机械的投入使用而得到了巨大的提高，这促使人们生活必需品变得更加丰富和多样，此时人们不再为了提高劳动生产而投入大量的时间，能够抽出一些时间来更好地参与休闲活动。但是，由于资本主义原始积累，人们每天都需要投入十几个小时的时间，造成人们的闲暇时间非常少，这就阻碍了休闲消费的发展。

随着现代社会生产力水平的不断提高，人们的生活水平也在不断提高，收入得到了增加，产业结构和产品结构得以更好地优化，并向人们提供了大量具有多样性的物质产品和精神文化产品，这对休闲消费的发展起到了巨大的促进作用。由此可见，促进休闲消费得以发展的重要原因主要有收入的增长、竞技水平的提高、生产力水平的提高。休闲体育作为休闲中的一种方式，其在大量休闲消费产生的过程中获得了更好的发展。

三、我国体育健身休闲产业的发展

（一）体育健身休闲产业的市场规模不断扩大

就目前来说，我国的经营性体育产业机构已经达到了 20 000 多家，这些机构在体育健身休闲产业发展中投入了 2 000 多亿元，每一年的营业额能够达到 600 多亿。在人们的内心深处，“花钱买健康”的观念已经打下了深深的烙印，人们将其视为一种对时尚的追求。当前，我国经常参与各类体育健身休闲活动的人有 3 亿多，平均每人参加 3.45 项体育活动。根据相关调查研究可知，参与健身俱乐部健身消费的人，有 90％的人每次消费的额度保持在 50～100 元。对于一些大城市的居民来说，在体育健身消费方面的投入占到家庭收入的 10％。以上这些数据都明确说明，我国体育健身休闲产业的市场规模正在不断扩大，并将持续不断地扩大。

（二）初步形成了体育健身休闲市场体系

一个国家的体育市场体系是否健全是对这个国家体育产业发展程度加以判断的一个重要指标。就现代体育市场体系来说，它是一个多元化的市场体系，主要包括体育用品市场和体育服务市场两个市场，其结构具体包括诸多相关市场，如休闲健身市场、体育用品市场、竞赛表演市场、体育中介市场等。

我国休闲体育市场在 20 世纪 80 年代初期开始萌芽，后来经过了几十年的发展，特别是最近几年得到了非常快速的发展，逐步形成一个新兴的市场格局，这一格局具有以下几方面特点：在这个格局中，各相关休闲体育机构都是一种平等竞争的关系；其中包含了多种所有制；投资主体来自不同的行业；体育健身休闲用品市场和健身运动营养补品市场等得以共同发展，其中体育健身休闲用品市场是以体育健身市场作为核心和主体；休闲体育市场所提供的体育服务产品包含低、中、高三个不同档次。

具备以上几种特征的休闲体育市场格局为进一步促进体育健身休闲产业的发展创造了好的基础条件。

（三）体育健身服务呈现出多元化发展的趋势

各种类型的休闲体育健身俱乐部和健身中心向消费者提供丰富多样的体育健

身服务内容和项目，如形体训练、器械健身操、保健按摩、有氧健身操、体育舞蹈、台球、有氧搏击操、羽毛球、瑜伽、武术、网球、保龄球、游泳等。以上这些健身机构在健身项目数量方面进行了更为多样化的设置，同时也能够向消费者提供多元化的服务。例如，休闲健身中心能够同时向消费者提供健美、美容、运动、健身、康复等服务。此外还能够提供茶馆、咖啡屋、书刊室、舞厅、桑拿浴等一些其他服务项目。这样一来，就能够使各个阶层的人群在健身健美、娱乐休闲、交流等方面的不同需求得到很好的满足。

（四）重视体育经济法制的建设

对于市场经济来说，其是一种法制经济。因此，休闲体育市场规范有序的运行和体育健身休闲产业的可持续发展离不开相关法制的建设，也无法脱离对市场秩序进行规范。20 世纪 90 年代，我国体育产业自产生之后便获得了非常快速的发展，相关的各个部分都在体育经济法制方面不断加强建设，国家也相继制定并出台了一些体育法规和地方体育法规，最为常见的体育法规主要有《体育法》《全民健身条例》《公共体育文化设施条例》等。此外，对于休闲体育相关从业人员的有关资质认证制度以及体育市场的相关准入制度，国家也在不断进行完善，这必将促使体育市场管理得以进一步加强和规范，也为体育健身休闲产业的发展提供强有力的法律保障。

（五）连锁化经营模式发展较快

马华在 1999 年将连锁经营模式引入我国国内，其当时是将健身俱乐部引了进来，随后一些发达国家的体育健身企业巨头也来到中国开拓市场，这些企业都相继采用连锁经营的经营管理方式来占据更大的市场份额。由此，越来越多的健身企业开始采用这种连锁经营的方式，以不断扩大自身的规模。

一些国外著名的健身企业进军我国市场之后，通过采用连锁经营的方式，其影响力也在我国市场中得到了进一步扩大，这使得体育市场集中度得以不断提高。通过分析，国外体育企业在我国市场中之所以快速占据较大的市场份额，主要是因为其具有很高的知名度，具有雄厚的资金实力，具有良好的品牌形象，有着较高的经营管理水平，以及先进的健身理念。

（六）体育产业结构不合理，且发展缓慢

体育产业在我国国民经济发展的过程中做出了很大的贡献，尤其是最近几年，其对于国民经济总收入的增加起到了巨大的促进作用，每年的增幅已达到甚至超过 20%，这要远远高出国民经济的整体增长水平。

根据相关调查结果可知，我国体育及其相关产业在增加值方面构成中存在不合理情况，各个部门存在着不平衡现象，尤其是同其他体育产业的发展相比，体育健身休闲产业的发展存在明显落后的情况。也正是其发展相对比较落后，所以其所具有的发展潜力也是非常大的，需要进一步挖掘，有着非常大的发展空间。我国体育健身休闲业在经过一定时间的发展后，必将远远超过其他产业，在国民经济发展中，将会成为贡献率比较大的产业之一。

（七）面临日趋激烈的市场竞争和较大的经营风险

自从加入世界贸易组织以来，有很多国外著名的体育健身企业进入我国国内市场，如英国菲利斯公司、美国倍力公司等。这些著名的体育健身公司进入我国之后，既产生了积极影响，也产生了消极影响，具体内容如下。

1. 积极影响

国外著名体育健身公司进入我国市场，也将国外先进的经营管理经验和健身理念带入国内，这为我国体育健身企业的快速发展产生了非常重要的积极作用。

2. 消极影响

国外知名体育健身公司的加入，进一步加剧了我国体育健身市场的竞争程度，使市场竞争变得更加激烈，并且这些知名企业在服务产品上并不存在明显的差距，这对顾客产生了均等的吸引力，企业为了能够更好地吸引消费者，会采用很多价格手段，这就很容易导致我国体育健身市场秩序出现混乱，不断出现很多不公平竞争现象，这也使得企业经营的风险进一步增加。

四、体育健身休闲产业的经营与管理模式

就我国目前体育健身休闲产业的运营模式看，主要包括以下几种类型。

（一）国家休闲体育发展事业型运营模式

将休闲体育纳入人类文化范畴，并在这一思想指导下，与健康体育经营融为一体而形成的经营模式，即为国家休闲体育发展事业型运营模式。国家承担了这一运营模式所有的投入，同样也承担了其所有的支出。旨在提高人们的生活质量，不带有其他任何经济目的是这一运营模式所追求的最高目标，如居民区花园、市民广场、公园等，都是为了营造出优美的休闲体育活动环境。

（二）政府主导的体育健身休闲产业经营模式

政府主导的体育健身休闲产业经营模式是我国在大力发展社区工作时期提出的。这种经营模式，特别强调政府在全部过程中的主导作用，前期投入主要由政府负责，后期经营主要由政府负责，过程管理主要由政府负责。需要说明的是，它突出强调的是“主要”而不是“全部”，实际是利用行政手段加以调控或进行干预的一种经营模式，这种经营模式或多或少带有强制性和行政管理的功能色彩。

（三）事业型休闲体育的产业化运营模式

事业型体育健身休闲产业化运营模式是我国所处的社会经济特殊发展时期所提出的一种全新的运营模式。提高人们的日常生活质量依然是这种运营模式所追求的最高目标。由国家或社会承担其前期的所有投入，随着这一运营模式的正常运转，其后期的投入由其自身通过经营来获得。目前，这种运营模式尚处于讨论之中，需要进行更进一步的完善。

（四）社会休闲体育福利事业型运营模式

这种运营模式是将社会集资、社会赞助作为主要经济来源的模式，提高人们日常生活的质量同样也是这一运营模式所追求的最高目标。同时，也提出了人们要参与创造过程的经营理念。也就是说，“国家小投入，社会（企业）大赞助，人人出钱为人人”的运营模式。这种运营模式主要强调运营管理者的无私奉献精神。

（五）商业化的体育健身休闲产业运营模式

商业化的体育健身休闲产业运营模式是在市场经济条件下所形成的一种模式。经营者在这一运营模式中承担全部投入，使企业获得的经济利益最大化是这一运营模式所追求的最高目标。虽然从理论层面来看，这种运营模式在促进人们

生活质量提高方面发挥了非常积极的作用，但生活质量在这种模式下获得提高是通过物质交换实现的，如果脱离了物质基础，也就脱离了已经提高了的生活质量。由此可见，这种运营模式带有非常浓厚的商业色彩和浓重的“铜臭”味道。但是，商业化的体育产业运营模式也为人们更好地认识和理解高质量的休闲体育生活提供了很好的途径，并将这种理解提高到一个全新的高度。

上述这些体育健身休闲产业运营模式，其目的都是为了更好地促进人们生活水平和生活质量的改善与提高，大大减轻国家的负担，通过对资源进行有效、合理的利用，从而构建出一个和谐的社区和和谐的社会。当然，在不同的地区和省份不能采用同样的运营模式，在选择运营模式时要充分考虑当地的具体实际，因地制宜，选择与本地区相符的运营模式。

第四节　体育旅游及体育服务产业的运营管理

随着经济社会的发展，各方面的竞争也更加激烈，在现代社会，人们普遍面临着较大的社会压力，特别是一些上班族，他们长期处于压力状态，适当进行休闲就显得尤为重要。虽然各种休闲娱乐设施不断兴起，但是人们更愿意到新的地方去体验新鲜感。因此，体育旅游正成为很多人的选择。体育旅游可理解为有身体参与性活动的异地休闲活动。这种方式的活动具有良好的体育锻炼价值，能够促进身心的健康发展，增长相应的知识。体育旅游对于上班族来说，具有强身健体的作用。同时，在旅游过程中，还可以拓宽眼界，增长见识。

一、体育旅游概述

我国社会正在逐步进入老龄化阶段，各项休闲娱乐具有“轻体育”的倾向，轻体育有益于人体健康的发展，还能够促进精神和心理方面的调节，对于中老年人来说具有重要的价值。体育旅游属于一种“轻体育”，对中老年人特别适合。

（一）体育旅游的概念

在当今体育界和旅游界中，体育旅游已经成为研究的热点，它是将体育与旅游相结合而形成的产物。很多专家、学者都从自身研究的角度来对体育旅游给出了相应的理解，因此目前尚未形成统一的体育旅游概念。此外，对于体育旅游的认识，体育界和旅游界也存在着不同的观点。一般来说，对于体育旅游的概念，体育界往往会从广义和狭义两个层面来进行界定，而旅游者则是根据体育旅游所具有的“旅游本质属性”和体育旅游者的参与动机来进行界定。

目前，我国很多体育界的学者针对体育旅游的概念做出了相对较为集中的阐述。其中，在《社会主义市场经济条件下体育旅游业经济效益的思考》一文中，针对体育旅游的概念，杨秀丽从广义和狭义两个角度来进行了阐释，具有比较典型的代表性。从广义的角度来看，体育旅游就是体育旅游者在旅游的过程中所参与的各种身体锻炼、体育娱乐、体育康复、体育竞赛、体育文体交流活动与体育旅游企业、旅游地、社会之间关系的总和。而从狭义的层面来看，体育旅游就是通过开展各种形式的体育旅游，发挥体育所具有的各种功能，促进体育旅游者身心和谐发展，更好地满足体育旅游者各种体育旅游，从而实现丰富社会文化生活，促进社会精神文明和物质文明建设的一种活动。

（二）体育旅游的基本结构

虽然说，体育旅游是体育与旅游相结合而形成的产物，但这并不意味着体育旅游就是体育与旅游两者简单的叠加。从某种程度上来看，体育与旅游的结合同其他学科领域存在着一定的联系。但这也会产生一些新的结构，这既为体育旅游提供丰富的内容，也为体育旅游提供了更加生动、富有刺激性的活动方式。就旅游的活动方式来看，休闲、探险同体育和旅游有着非常密切的联系。体育旅游是体育与旅游的结合，在结合了休闲和探险等相关元素之后，体育旅游也形成了更加丰富的形式和活动内容。

这些年来，随着体育旅游的不断发展，户外体育旅游逐步成为一种非常流行的旅游项目，其场地大都是在自然的野外环境之中，如自行车、障碍跑、定向跑、水上运动、跑步、攀爬、轮滑、溜索、漂流、滑草、扎筏渡河、划船等。户外体育旅游项目既包括户外体育休闲项目，同时也包括户外竞技探险项目。作为户外体育旅游的基础，户外体育休闲也是当前大众体育健身发展的新趋势。而户外竞技探险则引领户外体育旅游的发展方向，也是户外体育休闲从量变到质变的结果，具有浓厚的经营色彩。

所以对于体育旅游，可以通过各个不同的角度来加以认识。而就本质来说，户外体育休闲与户外体育竞技探险是人们从体育训练学和旅游学的角度来认识体育旅游的。

（三）体育旅游的基本类型

体育旅游可以分为不同的类型，可以从体育学、旅游学、休闲学和探险学等角度对其进行综合分类。

1. 参团体育旅游

人们一般将参团体育旅游分为两类，即为观赏型、参与型以及竞赛型，这些形式的体育旅游类型都有其相应的自身特点。

（1）观赏型

在参团体育旅游中，观赏型的体育旅游者的参与程度相对较低。在观赏型体育旅游活动中，旅游者主要通过自身的感官来欣赏和体验体育活动、体育景观和体育文化等，从而在这一过程中获得良好的愉悦感受。旅游者在参与过程中，相应的费用一般一次性缴纳，并且旅游组织者统一安排各项活动，内容相对较为固定，个人的活动自由度相对较小，体能消耗也很小。

（2）参与型

参与型参团体育旅游活动与观赏型活动相比具有很多相似之处，具体而言，其都是由体育旅游部门进行统一安排的，并且都是一次缴纳相应的费用。其不同之处主要表现在如下两方面：参与型参团体育旅游活动不仅需要旅游者观看，还需要其亲身参与其中；其需要在相关人员的指导下来完成相应的体育运动项目，但是其参与的活动主要是以体验、感受和娱乐为目的。这一类型的活动虽然个人的自由度也相对较小，但是其活动消耗相对较大。

（3）竞赛型

竞赛型参团体育旅游活动是以参与某种体育竞赛为主要目的而进行的旅游活动，这一类型的活动对于团队行为的要求相对较为严格，对于参与者的年龄、性别和团队的人数等都有一定的要求，一般多为报名参加的形式。竞赛型参团体育旅游的特点主要表现为：较为注重团队，几乎没有个人自由，需要在规定时间内完成相应的竞赛项目，并且具有较强的挑战性，参与者承受的身体负荷比前两者都要大。

2. 自助体育旅游

自助体育旅游是一种非常流行的旅游形式，尤其是随着私家车的增多，人们通常利用节假日进行自驾游。这一类型的体育旅游活动很少依赖外界的帮助，通常自己来安排相应的体育旅游项目。通常情况下，可以将自助体育旅游类活动分为两类，即户外体育休闲和自助户外竞技探险。

（1）户外体育休闲

户外体育休闲以体育活动为主要内容，其旅游形式相对较为自由，没有相应的限制。户外体育休闲类的体育旅游活动包括度假型体育旅游、健身娱乐型体育旅游和保健体育旅游。

（2）自助户外竞技探险

自助户外竞技探险特点显著，其具有挑战自我和自然的特点，与各种户外体育运动具有密切的联系。参与这一类型体育旅游的游客个性较强，将自身与大自然作为对手，不断追求自我的极限，不断征服自然。竞技探险类体育旅游项目包括登山探险、地下洞穴探险以及高空跳伞等活动。

二、体育旅游业分析

体育旅游业在我国得到了快速的发展，虽然其发展起步较晚，但是未来几年，其将成为旅游业的重要组成部分。体育旅游是一种重要的旅游项目，其具有一般旅游项目的特点，同时也具有自身的独特性。体育旅游业以体育旅游资源为基础，以旅游活动为载体，满足了人们体育和旅游等方面的综合需求。

具体而言，体育旅游业具有如下几方面的内涵：①体育旅游资源是体育旅游业的主要依托。在开展体育旅游业时，需要具有一定的体育旅游资源，这样才能够对体育旅游者具有充分的吸引力。②体育旅游企业开展的体育旅游活动，其服务对象为体育旅游者。③体育旅游产业由各种相互关联的行业构成，其是一种综合性的产业。

体育旅游内部各行业通过提供相应的产品和服务来满足体育旅游者的不同需求，促进体育旅游活动的开展。其内部各行业开展经营活动的基础是体育旅游者的需求，即各项生产活动为满足体育旅游者的需求而展开。

三、体育传媒业的经营与管理

（一）体育传播的特点

人类生存与发展过程中，必须与他人进行交流与沟通，这样才能够实现人与社会的交互。在人类发展过程中，信息的沟通与交流促进了人类的不断发展。随着人类社会的发展，信息传播的手段也在不断丰富，并逐渐产生了各种形式的大众媒介，如报纸、广播、电视、网络等。

媒介是文化传播的重要载体，体育传媒业则是媒介产业中的重要分支，其包括“体育媒介”本体，以及在此基础上形成的产业分支。体育媒介是很早就形成的一种概念，其主要是指以体育赛事、体育新闻等与体育产业有关内容及与体育相关行业（如体育器材、产品、服务）和相关辅助科研（如运动心理、康复、保健）等为主要报道内容的专业媒体。现代体育传媒业具有全景式、全覆盖、全天候等特点。

1. 全景式

现代体育传播具有全景式特点，这主要得益于传播媒介的发展。多种形式的传播媒介共同发挥其相应的特点，从而使得体育文化的传播具有了形象性特点。在体育运动发展过程中，传播媒介起到了积极的促进作用。

在20世纪初期，人们在了解相应的体育活动信息时，只能通过阅读文字和图片等达到目的。随着媒体技术的发展，人们逐渐能够通过声音、录像来欣赏体育活动，甚至能够参与到体育赛事的传播互动之中。现代多种媒介传播形式使得体育活动的报道更加深入、全面、形象，能够更好地满足人们各方面的体育需求。在现代传播媒体的帮助下，人们可以足不出户就观看高水平的体育竞赛，并且花费成本较低，大大促进了体育文化的传播。

2. 全覆盖

随着现代大众媒介的传播，体育传播的手段更加丰富多样，并且大大促进了体育活动的传播范围。随着体育传媒业的发展，我们能够在家中看到欧洲高水平的足球竞赛，也能够看到美国高水平的NBA篮球竞赛。传播媒介的发展使得信息的传播跨越了空间的限制，使得体育信息能够在更广泛的范围内传播。加拿大传播学者麦克卢汉曾经预言“地球村”的出现，而如今这一预言成了现实。

现代各种体育活动能够在全世界范围内产生深远的影响力，正是得益于现代传播媒介的发展，在体育传播媒介的影响下，体育文化得到了快速的传播，人们的体育欣赏能力也得到了较快的发展。

3. 全天候

在电视传播时代，电视体育活动传播具有一定的局限性，就是具有时间限制，由于时区的不同，很多人并不能欣赏到精彩的比赛。而随着计算机和网络媒体的发展，人们可将相应的体育活动信息储存起来，以便在方便时候观看。在现代社会，网络和计算机技术大大提升了新闻记者和体育爱好者的体育信息传播速度与传播效率，使得采编的方式发生了多方面的变革。

体育传播媒介的全天候化发展对于体育活动的开展具有重要的意义，为体育活动的传播培养了众多的观众。在大众传播媒介的作用下，体育活动实现了娱乐化、社会化、全球化发展。全天候的体育传播使得人们无论何时何地都能够了解到相应的体育信息，其已经成为体育活动发展的重要推动力。

（二）体育运动与传播媒介之间的关系

1. 体育运动的发展离不开传媒的支持

其一，传媒拉近了人与体育之间的距离。随着社会的发展进步，人们对于体育运动的关注程度不断提高，与体育运动之间的关系越来越密切。传媒则是两者之间的重要桥梁。大众通过传媒获取各种体育信息，从而更加了解体育，进而更好地参与到体育运动之中。

其二，传媒使体育信息的传播加速。传媒大大增加了信息传播的速度，使得许多不能在现场观看的人能够实时看到赛场上的情况，并且感受到比赛的气氛，享受比赛的乐趣。传媒将体育运动的覆盖面大大拓宽。

其三，传媒促进了体育产业的发展。借助于传媒，特别是重大赛事电视转播权的转让，在体育比赛中插播广告，已经成为举办体育赛事资金的重要来源。离开了传媒，现代竞技体育将难以生存和发展。因此，从一定意义上来说，现代体育传播媒介是竞技体育发展的重要支柱。

其四，传媒增加了体育的曝光率，为体育树立了形象。借助于传媒的力量对体育运动进行宣传、报道、包装、炒作，从而使得体育的曝光度、受关注程度大大提升。在这一过程中，运动员和教练员的关注度和知名度也得到了提高。

2. 传媒自身的发展也离不开体育

其一，体育是传媒的重要传播内容。对于体育运动的宣传、报道是众多传媒吸引广告、赞助以及受众的一大法宝。随着人们生活水平的不断提高，人们对于文化娱乐生活的要求也越来越高。而体育运动因其自身的特性，成为人们首选的消遣娱乐方式。体育已成为人们生活中一个重要的组成部分。在人们看来，没有体育内容的传媒是乏味、无趣的。所以，传媒是不可能停止对于体育运动的追踪、报道的。体育运动是各种传媒进行新闻战的主要内容。新闻报道最注重时效性，而体育比赛自身所具备的竞争性和其比赛结果的不确定性使得体育新闻成为传媒间争夺的一项内容。

其二，体育运动增加了传媒的趣味性。体育运动自身的趣味性、娱乐性和竞技结果的不可预知性等特征，使得体育的相关报道也具有了相应的特征。体育运动，特别是竞技体育，其竞赛过程是精彩纷呈的，其竞赛的结果又往往是不可预测的。因而，对体育运动的观赏可以使人们摆脱生活中的压力、释放紧张情绪。这也正是人们喜欢体育新闻等内容的最根本原因。

其三，体育运动增加了传媒的受众。以体育运动为内容的相关报道，其受众群体覆盖面积广，这是其他任何报道内容所无法比拟的。喜欢体育运动的人是不分国家、民族、性别、年龄的。并且，当人们喜欢上一项体育运动时，这一偏好往往会持续多个人生阶段。现代体育运动已经实现了在全世界范围内的传播与发展，虽然语言和文字不同，但是人们开展的体育运动形式大都相同。这就使得人们对于体育运动比赛的欣赏脱离了国家、文化等方面的限制。这就使得媒体在进行体育信息传播时，能够面向全世界的受众进行传播。

（三）体育传媒业的发展现状及问题

1. 发展现状

体育传播媒介是人们了解体育信息的重要途径，其发展现状表现在如下几方面：

其一，体育传媒向专业化、多元化发展。近年来，我国体育传媒业发展较快，在体育信息传播的过程中，产生了相应的产业链条，使得体育传媒产业不断发展壮大，成为体育产业的重要组成部分。体育传媒产业实现了体育信息的传递，同时也创造了相应的经济收益。目前，随着我国网络媒体的兴起，国家对于体育传媒的控制正在逐步放宽。体育传播媒介正在向着多元化、产业化的方向发展，并且传播的内容和形式逐渐丰富多样。

其二，体育传媒市场化程度较高。随着经济社会的发展，人们的体育需求不断增长，体育市场逐渐繁荣。如今，体育已经成为人们日常生活的重要组成部分，人们可通过多种渠道来观看体育比赛，了解相应的体育信息。而体育传媒业采用先进的设备和技术将体育赛事更好地传播给观众，推动体育事业的发展。随着人们体育需求的不断提高，人们对于体育传媒的要求也在不断提高。在技术方面，更便捷、更清晰的要求越来越强烈；在媒体人方面，对于其专业素养的要求也在不断提高。

其三，体育传媒业传播渠道多。体育传媒市场广阔，因此其吸引着众多媒体的参与。在各大门户网站，都有相应的体育版块。体育传播媒体之间竞争激烈，而体育传播媒体之间的竞争促进了传播媒体的多样化，丰富了人们了解体育信息的采访和报道，促进了体育传播媒体的发展。体育传播媒体在进行体育信息的传播时，会进行立体的信息传播，直播、图片、文字等同步传播，电视、网络、App、微博等立体开展，在这一过程中受众还能够与媒体进行互动。

2. 我国体育传媒业存在的主要问题

其一，综合性、平衡性难以实现。现阶段，体育传媒业的发展存在一定的不平衡性特点。具体表现为，在进行体育信息的传播时，一些特色项目和优势项目得到了更多的传播机会，而一些其他项目的比赛不能得到有效的传播。这种不平衡性一定程度上是由于市场需求的发展所决定的，但也反映了我国体育传媒业市场开发过于集中的问题。这就使得一些传播媒体对于其他形式的体育运动项目的传播很少，从而在一定程度上损失了一些潜在的受众。

其二，体育新闻相关人才的缺失。现阶段，我国的体育新闻与编辑人才相对较为缺乏，在新媒体不断壮大的同时，这一问题更加凸显。优秀的体育媒体人相对较少，而各种形式的体育传播媒介缺乏专业新闻传播方面的人才。这就使得我国体育传播业对于高素质人才的竞争尤为激烈。

其三，客观、真实性难以保障。我国体育传播相关行业从业人员的专业素养普遍不高，这就使得在进行体育相关信息的传播时，很容易出现内容不严谨，甚至错误百出的现象，体育相关信息的客观性和真实性难以得到保障。人们在阅读相关的体育信息时，经常会看到一些不实报道，很多新闻信息都是道听途说，这对于体育新闻业的发展是极为不利的。在对一些国外的新闻信息进行翻译时，根本不会对其真实性进行辨别，这是造成不真实的体育新闻的重要原因之一。另外，很多体育传媒的从业人员缺乏体育方面的素养，从而使得报道错误百出。因此，加强体育传播从业人员的新闻传播素养和体育素养是尤为必要的。

3. 全球化的机遇与挑战

随着经济社会的不断发展，人们的体育需求也在不断增长，从而在一定程度上促进了体育产业的发展。因此，作为体育产业重要组成部分的体育传媒业也将不断发展壮大。在全球化发展背景下，传媒业不仅要实现区域、国家内的信息传播，还要注重国际体育信息的传播。因此，随着体育产业的不断发展，我国体育传媒官办的现状在市场经济环境下将发生适应性的变革，体育产业的优化升级面临着良好的发展机遇。

西方发达国家的传媒业发展水平相对较高。与我国相比，其传播媒体积极推行市场化运作，具有高度的专业化水平，并且在国民经济发展中发挥了重要的作用。我国长期以来对于传媒业的要求较为严格，传统的传媒业注重新闻信息的传播，注重社会效益的实现，产业化、商业化和专业化程度相对较低。因此，在全球化发展过程中，国外体育传播媒体对于我国体育传播媒体具有较大的冲击。

（四）我国体育传媒业的经营与管理的对策

1. 加强国际上的合作交流

世界传媒巨头都不会满足于一国之内开展相应的传播业务，还会涉及全球化业务运作，通过不断扩大规模，能够获得更好的发展空间。在全球化发展过程中，我国应注重全球化发展的趋势，积极与其他国际体育传媒机构展开交流与合作，加强自身的实力，在全球化发展过程中不断实现自身的发展。

2. 新理念的树立、高素质人才的培养

其一，学习先进的管理理念和经营方法。我国体育传媒业发展过程中，应积极学习和借鉴现代化的管理理念和经营方法，以更高的效率开展业务。通过学习和借鉴发达国家的经验，能够为我国体育传媒业的发展提供一定的思路和方向，避免走弯路。需要注意的是，在对西方的先进理念和管理方法进行学习时，应充分考虑我国的基本国情。我国体育传媒业具有自身的特殊性，应立足于我国的实际，结合我国的具体国情，来开展相应的经营管理方面的创新。

其二，加快高素质传媒人才的培养。现代多方面的竞争归根到底是人才的竞争，体育传播业的竞争也同样如此。鉴于我国体育传播业从业人员素质相对较低的问题，在体育传媒业发展过程中，应积极注重高素质体育传播人才的培养，提升体育传播从业人员的整体素质，这对于我国体育传媒业的发展具有积极的意义。我国应对社会需要进行分析，培养社会需要的体育传播人才。体育传播人才不仅要具备良好的新闻素养，还要掌握多方面传播技能，同时对于体育方面的理论和知识也应深入掌握。除此之外，还应注重体育传播方面的外语人才的培养，以及相关管理人才的培养。通过多种手段来建立完善体育传媒人才培养体系，促进体育传媒业的长远发展。

3. 体育传媒的集约化发展与综合化

其一，集团化发展。现阶段，我国的平面媒体、电视媒体与网络媒体之间并没有形成有效的整合，相互之间没有建立有效的联系，经常是独立运营和发展的。随着全球一体化的发展，对于规模经营的要求不断增加，体育传媒需要不断扩大规模，实现整体效益。体育传媒在发展过程中，通过进行多方面的合作，能够实现资源的合理配置，促进资源的利用，提高经营的规模。国内的传播媒体实现集团化发展，对于体育传媒业具有巨大的作用与深刻的影响。在体育传媒业发展过程中，应积极拓展体育传媒业的发展空间，探索传媒业与体育产业两者结合的更好方式，推动体育传媒业的规模化发展。

其二，跨媒体资源的优化整合。在传媒业发展过程中，只有积极整合相应的资源，充分利用资源优势，才能够实现更好的发展。进行跨媒体的资源组合是体育传媒业未来的重要发展方向，在体育传媒业发展过程中，实现跨媒体组合可通过以下两种方式来开展：平面媒体可开展相应的电视节目、电台节目以及相应的网络节目；电视台、网络媒体应拓展其发展空间，积极开展多方面媒体渠道的传播。

但在媒体的整合过程中，必须继续保持其核心优势，并且不断提高，不能一味地进行整合，而忽略了媒体本身的核心业务。只有把握核心，加强合作，才能够获得更多的市场份额，将体育传媒业的利益更大化。

4. 体育传媒业运作模式的改变

我国体育传媒业受到行政手段的影响相对较少，并且随着经济社会的发展，其在快速兴起。近年来，一些重大体育赛事的举办更是使得我国的体育传媒业得到了较大的发展。在体育传媒业发展过程中，我国应树立长远的发展目标，积极塑造传媒品牌，促进市场的开拓。应根据市场需要开发新的传媒产品，赢得受众的信赖。

5. 加强与资本市场的接轨

体育传媒业要想在激烈的竞争中获得更好的发展，应实现集团化发展，增进相互之间的合作，实现资源的优化配置。我国体育传媒业规模扩大、提高效益，最便捷的道路无疑是与资本市场进行合作。长期以来，我国传媒业与资本市场的接轨相对较为缓慢，并且存在着一定的风险。但是传媒业与资本市场的接轨是其必然的发展趋势。我国应积极促进传媒与资本市场的合作，同时制定相应的规避风险的措施，确保传媒业的健康发展。

6. 重视理论的研究以及传媒业相关的规律建设

现代传播学是一种新兴学科，还有很多有待发展和完善之处，体育传播学更是如此。因此，我国应积极注重体育传播方面理论的研究，在实践发展的同时积极注重理论的创新，掌握体育传播的基本规律，并将其应用于体育传播业的发展。高校、科研机构和相应的传播媒体应注重体育传播理论的研究，掌握体育传播的前沿理论动态。

参考文献

[1] 许赛赛．体育产业经营管理理论研究与实践探索［M］．北京：中国经济出版社，2020.
[2] 谷茂恒．我国休闲体育产业研究［M］．天津：天津科学技术出版社，2020.
[3] 吴宝升．我国体育产业治理研究［M］．北京：人民体育出版社，2020.
[4] 李霞．体育产业与养老产业融合研究［M］．北京：新华出版社，2020.
[5] 钟敬秋．区域体育产业发展评价与优化战略［M］．北京：中国水利水电出版社，2020.
[6] 陈博．多元视角下体育产业的融合发展研究［M］．北京：中国经济出版社，2020.
[7] 张树军．生态文明视域下休闲体育产业融资模式研究［M］．北京：中国商业出版社，2020.
[8] 刘巍．冰雪体育产业创新发展与结构优化研究［M］．北京：电子工业出版社，2020.
[9] 徐金庆．体育产业市场建设及其竞争力研究［M］．北京：中国书籍出版社，2020.
[10] 杨京钟．中国体育产业财税理论与政策研究［M］．长春：东北师范大学出版社，2019.
[11] 谢朝波．当代体育产业发展与体育行为心理探究［M］．北京：北京日报出版社，2019.
[12] 李书娟．我国体育产业供应链融资模式研究［M］．武汉：武汉大学出版社，2019.
[13] 魏建军．现代体育产业发展理论与经营管理研究［M］．北京：地质出版社，2019.
[14] 苗苗．社会发展新常态下体育产业发展研究［M］．北京：中国原子能出版社，2019.
[15] 童莹娟，郭子杰，胡佳澍．长三角体育产业结构布局及区域协同发展的策略选择［M］．北京：九州出版社，2019.
[16] 王拱彪．贵州体育与养老产业融合发展研究［M］．北京：科学技术文献出版社，2019.
[17] 陈秋丽．中国民族传统体育文化资源和产业发展研究［M］．西安：陕西人民出版社，2019.
[18] 聂锐新，杨晨飞，杨黎．“一带一路”背景下云南对外体育文化交流与产业创新合作发展研究［M］．北京：冶金工业出版社，2019.
[19] 刘忠良．体育产业发展理论探究［M］．北京：新华出版社，2019.
[20] 陈少峰，宋菲，王建平．体育产业与足球产业报告2019［M］．杭州：浙江工商大学出版社，2019.
[21] 郭轶群．我国体育产业发展的理论与实践［M］．延吉：延边大学出版社，2019.
[22] 季文．我国体育产业发展战略研究［M］．哈尔滨：哈尔滨地图出版社，2019.

[23] 杨乃彤．体育产业创新与科学运营管理研究［M］．北京：中国水利水电出版社，2019.
[24] 王康锋．体育产业的形成与未来发展研究［M］．北京：中国大地出版社，2019.
[25] 黄海燕．长三角地区体育产业发展报告［M］．北京：社会科学文献出版社，2019.
[26] 李颖川．国家体育产业基地发展报告 2017－2018［M］．北京：社会科学文献出版社，2019.
[27] 钟伟．体育产业政策发展及市场化运营研究［M］．长春：吉林出版集团股份有限公司．2019.
[28] 杨铁黎．京津冀体育产业一体化发展战略研究［M］．北京：国家开放大学出版社，2019.
[29] 许进．体育产业的发展及市场化运营研究［M］．徐州：中国矿业大学出版社，2018.
[30] 胡昕．经济学视角下的中国体育产业发展研究［M］．青岛：中国海洋大学出版社，2018.
[31] 余少兵，朱莉．当代体育产业发展与心理学引入探究［M］．北京：原子能出版社，2018.
[32] 彭志伟．“一带一路”背景下我国体育产业发展体系研究［M］．北京：中国纺织出版社，2018.
[33] 马道强．京津冀协同发展背景下高校体育资源与体育产业融合的联动发展［M］．上海：同济大学出版社，2018.
[34] 穆瑞杰．高校学术文库体育研究论著丛刊 京津冀一体化背景下体育产业的发展探讨［M］．北京：中国书籍出版社，2018.
[35] 刘青健．妈祖民俗体育文化及产业化研究［M］．厦门：厦门大学出版社，2018.
[36] 陈恒兴．体育产业及社会价值［M］．昆明：云南人民出版社，2018.
[37] 喻丙梅．现代体育产业的优化管理研究［M］．北京：中国水利水电出版社，2018.
[38] 黄超，宁亮生．体育产业经济与体育市场的发展研究［M］．哈尔滨：哈尔滨工业大学出版社，2018.
[39] 梁华伟．体育产业多元化发展战略研究［M］．北京：人民体育出版社，2018.
[40] 肖坤鹏，孙建华．供给侧改革与中国体育产业转型［M］．北京：人民体育出版社，2018.
[41] 张为付．江苏体育产业发展研究报告 2017［M］．南京：南京大学出版社，2018.
[42] 韩洋．体育产业理论与营销实践研究［M］．哈尔滨：哈尔滨地图出版社，2018.
[43] 吴业锦．体育产业发展的理论与实证研究［M］．北京：中国纺织出版社，2018.